KB196300

AI 비즈니스
트렌드 2025

기업과 개인이 가장 많이 쓰는 AI 서비스 40가지

AI 비즈니스 트렌드 2025

이예림·이소영·임종진·한지혜 지음

매일경제신문사

‖

"이 책은 AI가 각 산업에 미치는 혁명적인 변화와 최신 트렌드를 포괄적으로 다루고 있는 필독서다. 저자들은 AI 기술의 발전 현황과 실제 적용 사례를 통해 독자들에게 미래 산업의 청사진을 제시한다. 단순한 기술 소개를 넘어 AI가 가져올 사회경제적 변화까지 깊이 있게 분석하고 있기 때문에 우리가 AI 시대를 준비하는 데 필요한 통찰을 제공한다. 저자들의 도전과 용기에 큰 박수를 보낸다."

_이동우, 고려대 고령사회연구원 특임교수

"금융 및 보험 테크놀로지 분야에서 일하면서, AI가 이제는 선택이 아닌 필수라는 것을 현장에서 매일 체감하고 있다. 이 책은 AI가 단순한 기술 혁신을 넘어, 어떻게 다양한 산업에서 핵심 역할을 하고 있는지 명쾌하게 보여준다. 특히 이 책은 보험과 같은 데이터 중심의 분야에서 AI의 영향력과 가능성을 탐구하고 있어, 기술 혁신을 고민하는 모두에게 도움이 될 것이다."

_김영란, 삼성화재 CIO/CTO

"모든 것이 AI로 연결되고 재창조되는 시대! 이 책은 AI기술이 주요 산업에 어떻게 적용되고 있는지 한눈에 파악하게 해준다. 마치 AI기술 개발의 퍼즐을 한번에 맞출 수 있는 종합선물세트 같다."

_양병채, 해양수산인재개발원 원장

"《AI 비즈니스 트렌드 2025》는 AI 기술의 최신 동향을 바탕으로 실제 비즈니스에 적용할 수 있는 유용한 사례와 전략을 통합적으로 제공한다. AI 시대를 준비하는 데 필요한 미래 방향성을 제시하고 정부, 기업, 시민사회, 이용자 등 다양한 이해관계자들에게 다가오는 기회를 발견할 수 있도록 돕는 일종의 지침서다. AI의 미래를 준비하고 혁신에 대한 깊이 있는 통찰력을 얻고자 하는 모든 이들에게 일독을 권한다."

_ 이수영, 정책과 입법연구소 의장·한국인터넷거버넌스포럼 공동위원장

"AI라는 높은 파도가 몰아치는 낯선 해변. 나만 빼고 모든 이들이 웃고, 노래하고, 춤추고 있는 것 같다. '그래, 나도 한번 도전해보자' 했다가도 생소한 환경에서 바로 좌절하고 만다. 저자는 방금 AI 파도타기를 마치고 다가와 같이 파도타기를 즐기자고 한다. 쉽고 간결한 문장, 구체적인 수치와 생생한 사례로 AI 동네 이야기를 구석구석 다 듣고 나면 당신도 AI 파도를 즐길 용기를 갖게 된다. 오히려 그 두렵던 AI가 노령화, 기후위기, 인구절벽, 양극화, 민주화까지 걱정해주는 고마운 친구로 느껴질지도 모른다."

_서덕영, 경희대학교 전자공학과 교수

"인류의 출현 이래 인류 생존의 역사는 도구의 역사이다. 현재의 도구는 컴퓨터이고, 컴퓨터를 사용한 AI의 시대는 인류의 확정된 미래이다. 그런데 도래한 AI 시대에 우리는 불안하기만 하다. 불안한 이유는 친근하고 적절한 참고서가 없기 때문이다. 이 책이 불안한 AI 시대를 살아가는 기업체나 학생들에게 나침반 역할을 할 수 있을 것으로 기대한다."

_송완범, 고려대학교 문과대학 교수·박물관장·고령사회연구원 부원장

"AI가 운영체제의 지위를 갖게 되면서 이제 소프트웨어와 각종 서비스들은 인공지능과 연동하는 형태를 보일 것이다. 저자들은 마케팅, 검색, 부동산, 법률 서비스, 금융, 국방, 이커머스, 물류, 패션 등 다양한 분야에서 어떻게 AI가 기존 산업 및 서비스와 연계되는지를 사례와 함께 설명한다. 이 책은 AI 서비스를 준비하는 사람들에게 친절한 안내서가 될 것이다."

_이승준, 경희대학교 테크노경영대학원 겸임교수

"어느덧 AI를 떠나서는 경쟁에서 살아남을 수 없는 시대가 된 것 같다. AI와는 비교적 거리가 먼 나도 챗GPT를 쓰면서 그 혁신성과 확장성에 경외심을 넘어 두려운 생각까지 든다. 듣기만 했던 AI 관련 이야기를 이 책을 통해 조금은 이해할 수 있게 되었고 왜 AI 인재를 키워야 하는지 공감하게 되었다."

_배용수, 성균관대학교 생명과학과 특훈교수

"트렌드를 찾는 것이 하나의 트렌드가 될 만큼 트렌드가 흔해진 시대. 이 책은 AI를 빼놓고 설명할 수 없는 오늘날의 비즈니스 트렌드를 넘어, AI기술과 산업은 물론이고 새로운 비즈니스 기회를 포착할 수 있는 다양한 인사이트를 제공하고 있다. 특히 금융, 물류, 디자인, 패션, 뷰티 등 다양한 유망 산업들의 변화와 미래를 친절하고 상세하게 다루고 있기 때문에, AI와 직접 관련이 없더라도 비즈니스에 종사하는 모든 이들에게 필요한 도서이다."

_박종규, 뉴욕시립대학교 경영학과 조교수

"AI 트렌드는 빠르게 변화하는 산업이기 때문에, 기술 트렌드 책은 독자가 빠르게 현재의 기술을 파악하고 습득할 수 있도록 명확하고 요약적이어야 한다. 저자들은 다방면에서 쌓아온 풍부한 경험을 바탕으로 최신 AI 트렌드를 쉽게 풀어내어 독자들이 읽고 바로 적용할 수 있도록 했다. 나 역시 AI 기반 에듀테크를 개발하는 대표이자 이 책의 독자로서, 이렇게 다양한 산업과 영역에서 AI를 심도 있게 다룬 책은 드물다고 생각한다."

_김준호, 렛유인 에듀 대표

"AI는 이제 함께해야 할 비즈니스 파트너가 됐다. 이제는 우리가 놓치고 있던 시간을 되돌려줄 것인지 상상하지 못 했던 기회를 줄 것인지 꼭 이 책을 통해 확인해보기 바란다."

_정일진, 루트컨설팅 미디어콘텐츠센터장

"빅테크 기업이나 IT 기업만이 AI 비즈니스를 실행하는 시기는 지났다. 이제 제조업 같은 전통적인 굴뚝 산업이나 경직된 문화의 행정기관들에서도 유명 AI를 활용하거나 자사만의 AI를 개발하는 경우가 흔하다. 이 책에서 소개하는 다양한 AI 서비스를 살펴보다 보면 우리 회사에 꼭 맞는 AI를 찾을 수 있을 것이다."

_이형석, CJ CGV 부장

"AI는 이제 우리 삶과 업무 방식을 근본적으로 바꾸고 있다. 특히 기업 현장에서 목격하는 AI혁신은 정신을 차릴 수 없을 정도이다. 하지만 다행스러운 것은 AI가 진화할수록 점점 더 접근하기 쉬워지고 있다는 것이다. 이 책은 초심자도 이해할 수 있을 만큼 친절하게 최신 AI 서비스와 툴, 트렌드를 가득 채워 우리를 AI의 세계로 안내한다. 빠르게 적응하지 못하면 도태될 수밖에 없는 시대에, 미래의 경쟁력을 키우고자 하는 모든 이들에게 꼭 추천하고 싶은 책이다."

_진영심, KT 인재실 육성담당 상무

"최근 기업들의 사내 직원 교육의 핵심은 'AI를 업무에 활용하는 방법'에 있다. 그런데 언제까지 챗GPT와 미드저니만 사용하고 있을 것인가? 그동안의 기술 발달 속도가 빠르다고 느꼈다면 AI가 발전하는 속도는 느끼지 못할 만큼 빠르다. 이 책을 통해 지금 세계적으로 가장 핫하게 사용하고 있는 AI 서비스들을 빨리 따라가보자."

_정석목, 멀티캠퍼스 대표

AI혁명 시대, 당신과 회사가 AI로 더 강해질 수 있다

우리는 AI 시대의 티핑 포인트(Tipping point)를 지나고 있다. 딱 2년 전 챗GPT가 세상에 공개된 이후 세상은 바뀌었다. 아무도 모르는 사이에 조용히, 그러나 돌이킬 수 없이.

지금 이 순간에도 AI는 우리의 업무를 줄여주고, 쇼핑 편의성을 높이고, 새로운 창작 활동을 손쉽게 만들어주고 있다. 이른바 '1차 AI혁명 시대'에 돌입했다.

국가 간 AI 패권 경쟁이 치열해지는 가운데, 우리는 이 변화의 소용돌이 한가운데 서 있다. 이 책은 단순한 기술 전망서가 아니다. 이것은 당신이 몸 담은 비즈니스의 미래를 위한 생존 가이드다.

우리는 이 격변의 시대를 어떻게 헤쳐나가야 할까? 답은 명확하다. AI 시대를 '읽어내는' 능력을 키워야 한다. AI가 만들어내는 새로운 비즈니스 모델을 이해하고 기술의 발전 방향을 예측하며 이를 통해 새로운 기회를 포착해야 한다.

우리는 이 책에서 AI가 변화시키고 있는 다양한 산업분야를 탐험하며 앞으로 다가올 트렌드를 예측해볼 것이다. 새로운 검색 시장이나 법률에서 패션, 국방에 이르기까지, AI는 모든 영역에서 '게임의 법칙'을 바꾸고 있다.

실무적으로 가장 많이 사용하는 AI를 찾아라!

AI는 더 이상 기술적인 꿈이나 먼 미래의 이야기가 아니다. 이제 AI는 우리가 매일 숨 쉬듯 자연스럽게 모든 산업에 스며들어, 혁신의 중심에 자리 잡았다.

이 책은 그러한 AI 기술과 관련 기업들의 사례들을 통해 비즈니스 리더들과 현장에서 서비스를 만들어나가는 이들에게 실질적인 인사이트를 제공하는 것을 목표로 한다.

이제 AI가 기업의 성장을 좌우하는 핵심 요소가 됐다는 사실을 모르는 이는 없을 것이다. 자연히 다음 질문들에 대한 답이 필요한 시대가 왔다.

'어떤 AI 기술이 내 비즈니스에 도움이 될까?', 'AI는 과연 우리 산업에서 어떤 변화를 일으킬까?', '내가 놓치고 있는 AI 트렌드는 무엇일까?' 그 답들을 이 책에서 찾아보자.

먼저, 'Chat 1. AI 기술의 진화: 기술과 플랫폼의 혁신'에서는 현재 비즈니스와 서비스의 중심에 있는 핵심 AI 기술을 조명한다. 여기에서 우리는 '글로벌 마케터들이 주목하는 AI 서비스 Top 10'부터, AI가 인간과 협력하며 코딩을 발전시키는 방식 그리고 인간의 감정을 인식해 감성적으로 반응하는 '감정인식 AI'의 미래까지 다룬다. 단순한 기술적 설명을 넘어, 이러한 기술들이 실제로 기업에 어떤 가치를 창출할 수 있는지에 대한 통찰을 제공하고자 했다. 이 장을 통해 독자들은 '2025년 가장 영향력 있는 AI 기술'이 무엇인지 파악할 수 있을 것이다.

다음으로 'Chat 2. AI와 산업의 진화: 비즈니스와 서비스의 혁신'에서는 AI가 다양한 산업에서 어떻게 변화를 일으키고 있는지 보여준다. 보험, 재활용, 법률, 이커머스와 같은 필수적인 산업에서 게임 체인저 역할을 하는 AI를 살펴본다. 예를 들어, AI 보험 분석은 600페이지가 넘는 복잡한 보험 약관을 단 몇 분 만에 분석하고, AMP 로보틱스(AMP Robotics)는 AI를 활용해 재활용 프로세스를 완전히 혁신하고 있다. AI가 업무를 자동화하는 것뿐만이 아니라 실제로 산업을 어떻게 재편하고 있는지 느낄 수 있을 것이다. 이렇듯 AI가 가져오는 산업의 미래는 기존 비즈니스 모델의 근본적인 변화를 의미한다.

'Chat 3. AI와 일상의 진화: 소비자 경험의 혁신'에서는 AI가 우리의 일상생활에 얼마나 깊숙이 자리 잡았는지를 다룬다. 비즈니스가 곧 소비자 경험으로 직결되는 시대에, AI는 그 경험을 새롭게 디자인하고 있다. AI 음악 생성 앱 수노(SUNO)는 누구나 쉽게 음악을 창작할 수 있도록 돕고, AI 프레젠테이션 도구 감마(Gamma)는 버튼 하나로 완벽한 프레젠테이션을 만들어준다. 또한 AI 반려동물 케어는 단순한 서비스 제공을 넘어, 개인화된 AI 경험을 통해 소비자의 기대를 뛰어넘는 감동을 선사한다. 여기서 우리는 AI가 개인 맞춤형 경험을 어떻게 제공하며, 이러한 변화가 어떤 비즈니스 기회로 이어질 수 있는지를 엿볼 수 있다.

마지막으로 'Chat 4. AI와 경제의 진화: 패러다임의 혁신'에서는 AI가 경제 구조와 사회적 패러다임에 어떤 변화를 일으킬지에 대해 다룬다. AI 로봇이 물류와 생산을 책임지고, AI 트레이더가 금융 시장에서 활동하며, AI 튜터는 개인 맞춤형 교육을 제공하는 새로운 세상을 만든다. AI는 이제 인간의 노동력을 대체하는 수준을 넘어, 새로운 직업군을 만들어내고, 사람들이 생활하고 일하는 방식을 근본적으로 변화시키고 있다. 이러한 변화는 기업들에게 새로운 성장 기회를 제공하지만 미래를 준비하지 못하면 언제든 일자리를 빼앗길 수 있다는 점을 일깨워준다.

《AI 비즈니스 트렌드 2025》는 단순히 AI 기술만 나열하지 않는다. 이 책은 AI가 비즈니스와 산업 전반에 가져올 실질적인 변화와 기업들이 이를 어떻게 활용해야 할지를 보여주는 지침서다. 구체적인 사례와 실천 가능한 전략을 통해 AI가 우리 미래에 어떤 가치를 제공할지 그려내고 있다.

먼저 시작하면 앞설 수 있다, 아무도 잘 모르니까

과거의 성공 사례를 단순히 모방하는 것만으로는 더 이상 충분한 보상을 받기 어려운 시대다. AI의 뛰어난 추론 능력이 평균값을 대체하면서, 인간은 이제 평균을 넘어서는 특별한 가치를 창출해야 한다.

인간만의 고유한 가치는 AI와의 차별점을 만드는 핵심이 될 것이다. 단순히 똑똑하거나 대중의 평균적 취향을 파악하는 것을 넘어, 우리는 따뜻함과 독특함을 추구해야 한다. 이는 AI가 쉽게 모방할 수 없는 인간 고유의 특징이기 때문이다.

AI 도입과 관련한 신사업 미팅에서 자주 듣는 요구는 "유사한 성공 사례를 보여주세요"다. 물론 참고자료는 많을수록 좋지만, 앞으로는 다음과 같은 질문이 더 많아지길 기대한다.

"이런 AI를 만드는 것은 우리가 처음인가요?"

"Are we the first company/person to use AI?"

이러한 질문이 늘어갈 때, 우리는 한 단계 더 성장할 것이다.

또한 초대 문화부장관이셨던 고(故) 이어령 교수님의 통찰력 있는 말씀을 공유하고 싶다.

"이젠 AI(Artificial Intelligence)가 아니라 AW(Artificial Wisdom) 세상이에요. AI로 전쟁 무기를 만들었다면 AW로는 행복의 무기를 만드세요. 사랑하는 이와 떨어져 잠들어도 한 몸처럼 느끼는 AW 베개를 만드세요."

이 책을 통해 여러분 각자가 인생의 AW를 발견하고 자신만의 스토리를 만들어가길 바란다. 지식은 알고 지혜는 깨닫지만 언어는 이동하는 힘이 있다. 우리가 AI와 끊임없이 나누는 이 대화가 후세대에게는 평균값이 되어 그들의 길잡이가 될 것이다.

총 40개 장으로 구성된 이 책은 독립적으로 구성되어 있어 꼭 순서대로 읽지 않아도 된다. 마음에 끌리는 곳부터 골라 읽어도 상관없다. 각각의 내용은 독립적이지만, 미래 예측 전망은 하나로 이어진다는 공통점이 있다.

이 책의 페이지를 넘기는 손끝에서 AI와 인간의 경계는 흐려지고 새로운 아이디어의 씨앗이 싹틀 것이다. AI 트렌드는 계속해서 변화하겠지만, 이 책을 통해 떠오른 당신만의 고유한 생각들이 삶의 이정표가 되어줄 것이다. 그것만으로도 충분하다.

〔〔 차례 〕〕

Chat 1

AI 기술의 진화:
기술과 플랫폼의 혁신

Chat 2

AI와 산업의 진화:
비즈니스와 서비스의 혁신

Chat 3

AI와 일상의 진화:
소비자 경험의 혁신

Chat 4

AI와 경제의 진화:
패러다임의 혁신

AI 기술의 진화:

기술과

플랫폼의 혁신

글로벌 마케터들이 주목하는
AI 서비스 Top 10

〚 a16z 선정 생성형 AI 순위 〛

'브랜딩이 곧 브랜드의 인생'이라는 관점은 현대 마케팅 환경에서 더욱 중요해지고 있다. 마케터는 소비자와 공감대를 형성하고, 브랜드의 강점을 전달하는 새로운 방법을 찾아야 한다. 특히, 최근 인공지능(AI)의 발전은 브랜드와 고객 간의 상호작용을 더 효과적으로 만들어주고 있다.

AI는 인류의 문제 해결 능력을 혁신적으로 확장하고 있다. 챗GPT(ChatGPT)의 등장 이후 AI 서비스는 단순한 도구에서 일상적 파트너로 진화했다. 챗GPT는 사용자와의 상호작용에서 강점을 보여주며, AI 서비스의 대표 주자로 자리 잡았다. 마케터들은 이제 AI와의 긴밀한 협력을 통해 브랜드의 '인생'을 함께 그려나가고 있다. 하지만 AI가 챗GPT 하나로만 설명되지는 않는다. AI는 단순한 업무 보조가 아니라, 마케팅의 중심에서 고유성과 대중성의 균형을 맞추는 데 중심적인 역할을 담당한다. 다양한 AI 서비스들이 등장하며 브랜드와 소비자 사이의 상호작용을 돕고 있다.

지금부터 소개할 '생성형 AI Top 50(Top 50 Gen AI)' 웹 리스트가 그 대표적인 예다. 단순한 텍스트 생성에서 나아가, AI 서비스는 이제 이미지, 음성, 비디오 등 다양한 형태의 출력을 제공하며 마케터들에게 더 넓은 가능성을 열어주고 있다.

챗GPT를 넘어, AI 서비스의 판도 변화

과거 AI 서비스는 텍스트 기반 응답에 국한됐지만, 최근 AI 도구들은 다양한 형식의 데이터를 함께 처리하는 멀티모달(Multimodal) 방식으로 확장됐다. 이로 인해 마케터들은 보다 창의적인 방식으로 브랜드의 가치를 시각적으로 표현할 수 있다. AI 이미지 생성, 음성 합성 등의 기술을 통해 브랜드의 개성을 시각화하고 고객과 소통하는 방법이 혁신적으로 변화하고 있다.

예를 들어, AI 이미지 생성 도구를 활용하면 브랜드 정체성을 시각적으로 표현할 수 있으며, 이는 고객과의 연결을 더 깊게 만들어준다. 또한, 음성 합성 기술을 통해 브랜드의 독특한 '목소리'를 만들어낼 수 있다. 이러한 방식은 고객이 브랜드를 더 친근하게 느끼게 하며, 자발적으로 공유하고 싶은 '선물' 같은 존재로 생각할 수 있게 한다.

AI가 제공하는 다양한 기능 덕분에 기존의 소프트웨어 도구들이 AI 서비스로 대체될 가능성도 커지고 있다. 어도비(Adobe)나 마이크로소프트(Microsoft)와 같은 거대 소프트웨어 기업들은 AI의 성장이 자신들에게 실질적인 위협이 될 수 있음을 인식하고 있다. 텍스트 생성뿐만 아니라, 이미지 및 영상 편집, 음성 생성까지 가능한 AI 도구들이 대거 등장하면서 소프트웨어 시장의 기존 구조가 재편되고 있기 때문이다.

AI는 브랜드의 가치를 고객에게 전달하는 방식을 더욱 혁신적으로 만들고 있다. 예를 들어, AI는 고객의 피드백을 실시간으로 분석하고, 이에 맞춰 브랜드 메시지를 즉시 조정할 수 있게 해준다. 이는 마케터들이 더 정확한 방향으로 브랜드 전략을 수정할 수 있도록 도와준다.

이에 맞춰 등장한 차세대 AI 플랫폼 Top 50 Gen AI 웹 리스트에서 2위를 차지한 캐릭터 AI(Character. AI)는 개인화된 AI 캐릭터와의 상호작용을 제공하며, 3위에 오른 퍼플렉시티(Perplexity)는 기존 검색 방식과 차별화된 AI 기반의 검색 방식으로, 정보 탐색을 더욱 효율적으로 만들어준다. 4위 클로드(Claude)는 윤리적이고 안전한 AI 사용을 중시하는 앤트로픽(Anthropic)에서 개발한 AI 어시스턴트다. 5위 수노(Suno)는 오디오 콘텐츠와 관련된 도구로 다양한 음성 기능

TOP 50 Gen AI 웹 리스트

1. ChatGPT	11. SpicyChat	21. VIGGLE	31. PIXAI	41. MaxAI.me
2. character.ai	12. IIElevenLabs	22. Photoroom	32. Clipchamp	42. BLACKBOX AI
3. perplexity	13. Hugging Face	23. Gamma	33. udio	43. CHATPDF
4. Claude	14. LUMA AI	24. VEED.IO	34. Chatbot App	44. Gauth
5. SUNO	15. candy.ai	25. PIXLR	35. VocalRemover	45. coze
6. JanitorAI	16. Crushon AI	26. ideogram	36. PicWish	46. Playground
7. QuillBot	17. Leonardo.Ai	27. you.com	37. Chub.ai	47. Doubao
8. Poe	18. Midjourney	28. DeepAI	38. HIX.AI	48. Speechify
9. liner	19. YODAYO	29. SeaArt AI	39. Vidnoz	49. NightCafe
10. CIVITAI	20. cutout.pro	30. invideo AI	40. PIXELCUT	50. AI Novelist

Charts are for informational purposes only and should not be used for investment decisions. Past performance is not indicative of future results. None of the above should be taken as investment advice. See a16z.com/disclosures.

a16z Consumer

출처: 앤드리슨호로위츠(Andreessen Horowitz, a16z), 2024년 8월

을 제공해 많은 주목을 받고 있다.

이러한 AI 도구들은 특히 마케터들에게 고객과의 관계를 더욱 강화할 수 있는 기회를 제공한다. 고객의 피드백을 AI 도구로 실시간 모니터링하거나, AI 챗봇을 통해 '하루 24시간 일주일 내내(24/7)' 고객과 대화하면서 신뢰를 쌓을 수 있다. AI는 반복적이고 일상적인 작업을 자동화하면서도 더 나은 의사결정을 할 수 있는 통찰력을 제공한다.

6위를 차지한 제니터AI(Janitor AI)는 챗봇을 통해 다양한 사용자 요구를 해결하는 플랫폼이다. 7위 퀼봇(QuillBot)은 3,500만 명 이상의 월간 활성 사용자가 활용하며, 문법 오류 수정, 문장 재구성과 요약 기능을 갖춘 인기 AI 도구다. 8위에 오른 포(Poe, Platform of

Everything)는 여러 AI 모델을 한 곳에서 이용할 수 있게 하여 사용자에게 다양한 선택지를 제공하고, 9위 라이너(Liner)는 웹에서 텍스트를 하이라이트하고 관리할 수 있는 도구다. 10위 시비타이(CivitAI)는 AI 기반 이미지 생성 커뮤니티로 많은 사용자들에게 사랑받고 있다.

이들은 AI를 통해 고객과의 관계를 개인화하고, 브랜드의 목소리를 독특하게 유지하는 데 도움을 준다. AI의 발전은 마케팅 분야에서의 창의적인 프로세스를 자동화하고 더 나은 결과를 도출할 수 있게 한다.

모바일 AI와 AI 서비스의 대중화

스마트폰 제조사들도 AI 서비스 경쟁에 뛰어들고 있다. 애플(Apple), 삼성, 구글(Google) 등 주요 제조사들은 자사의 스마트폰에 AI 기능을 탑재하고 있다. 이는 AI 서비스가 더 이상 웹 브라우저나 특정 앱에 국한되지 않고, 모바일 OS 레벨에서 통합되고 있음을 의미한다. 검색 습관이 긴밀히 연결된 현대인들에게 별도의 앱을 실행하지 않고도 AI가 즉각적인 서비스를 제공할 수 있다는 사실은 AI 사용 패러다임의 대전환을 의미한다.

이러한 흐름은 마케터들에게 '고객 관계를 통한 맞춤형 서비스 및 상호 이해 증진'의 새로운 기회를 제공한다. 고객을 잘 이해하고 기억하여 커스터머 서비스(customer service)를 제공하며, 단골 손님들에게 감동을 주려고 노력하는 접근을 AI를 통해 더욱 효과적으로 실현할 수 있다. 예를 들어, 모바일 AI를 활용해 고객의 위치, 시간, 행동 패턴 등을 실시간으로 분석하고, 이를 바탕으로 가장 적절한 순간에 가장 관련성 높은 서비스를 제공할 수 있다.

AI 서비스 발전과 함께 비용 절감도 중요한 이슈로 떠오르고 있다. 많은 기업들이 더 효율적인 AI 모델 개발에 주력하고 있으며, 이는 AI 서비스의 대중화에 큰 기여를 할 것으로 예상된다. AI가 더 이상 고가의 기술이 아닌, 누구나 사용할 수 있는 도구로 자리 잡게 되는 순간, AI 서비스 시장은 새로운 전환점을 맞게 될 것이다.

이는 마케터들에게 업무 프로세스의 자동화 기회를 제공한다. 분기별로 체크리스트를 점검해서 고객과 많은 대화를 나누며 명확한 메시지를 전달하고 있는지, 고객 모니터링을 효과적으로 하고 있는지 등의 접근을 AI를 통해 더욱 효율적으로 실행할 수 있다. 저비용 고성능의 AI 도구들을 활용해 고객 피드백을 실시간으로 분석하고, 브랜드 메시지의 효과를 지속적으로 모니터링하며, 필요에 따라 빠르게 조정할 수 있다.

AI를 통한 브랜드 스토리텔링의 진화

Top 50 Gen AI 웹 리스트는 단순히 현재의 인기 서비스를 보여주는 것을 넘어, AI 기술의 미래 방향성을 제시하고 있다. 텍스트 생성, 이미지 처리, 음성 인식, 비디오 편집 등 다양한 영역에서 AI가 혁신을 일으키고 있으며, 이들 기술이 융합돼 더욱 강력한 멀티모달 AI로 발전할 것을 암시한다.

이러한 발전은 마케터들에게 AI 스토리텔링 도구를 활용해 브랜드의 역사와 가치를 다양한 형태의 콘텐츠로 재구성하고, 이를 통해 고객들과 더욱 깊은 감성적 연결을 만들어낼 수 있도록 한다. 더 나아가 '행동 AI(action AI)'의 개념으로 단순히 정보를 제공하는 것을 넘어, 사용자의 의도를 파악하고 실제 행동으로 옮길 수 있도록 돕는 것을 목표로 한다. 이는 AI가 사용자의 일상 생활에 깊이 통합된 '디지털 비서'로 진화하고 있음을 보여준다.

실제로 많은 기업들이 이미 AI를 활용한 마케팅 전략을 성공적으로 실행하고 있다. 예를 들어 글로벌 패션 브랜드 A사는 미드저니(Midjourney)를 사용해 소셜 미디어 콘텐츠 제작 비용을 30% 절감했고, 동시에 인게이지먼트(engagement, 활성도 또는 반응도)를 20% 높이는 데 성공했다. 이는 AI가 단순히 비용 절감 도구가 아니라 마케팅 효과를 높이는 강력한 수단이 될 수 있음을 보여준다.

고객 서비스 영역에서도 AI의 활용이 두드러진다. 대형 이커머스 플랫폼 C사는 캐릭터 AI를 기반으로 한 AI 고객 서비스 봇을 도입해 문의 응답 시간을 평균 2분에서 10초로 단축시켰다. 이로 인해 고객 만족도가 15% 상승하는 효과를 거뒀다.

이러한 성공 사례들은 AI가 마케팅 분야에서 가진 잠재력을 잘 보여준다. 앞으로 마케터들은 AI 도구를 자신의 워크플로우

(workflow)에 어떻게 효과적으로 통합할 것인지, 그리고 이를 통해 어떻게 더 혁신적이고 고객 중심적인 캠페인을 만들어낼 것인지 지속적으로 고민해야 할 것이다.

Top 50 Gen AI 웹 리스트는 마케팅의 미래를 보여주는 로드맵과 같다. "AI는 마케팅을 변화시키고 있습니다. 앞으로 몇 년 안에, AI를 사용하지 않는 마케터는 뒤처질 것입니다."라고 디지털 마케팅 전문가 닐 파텔(Neil Patel)은 단언한다.

AI 마케팅의 시대가 도래했다. 이제 마케터들은 이 강력한 도구를 어떻게 활용하여 브랜드의 가치를 높이고, 고객과의 관계를 더욱 깊게 만들어갈 것인지 고민해야 한다. AI는 마케팅의 새로운 언어가 되어가고 있으며, 이 언어를 능숙하게 다루는 마케터가 미래를 선도할 것이다. 브랜드의 '인생'을 AI와 함께 그려나가는 새로운 여정이 시작됐다. 이 흥미진진한 변화의 중심에 서서, 우리는 어떤 새로운 이야기를 만들어갈 수 있을까? 그 답을 찾는 과정이 바로 AI 시대의 마케팅이 될 것이다.

앞으로 10년,
검색 트렌드는 답변 엔진

‖ 퍼플렉시티 ‖

현재 세상에서 가장 강력한 도구 중 하나는 '검색'이다. 인류는 정보를 얻기 위해 끊임없이 질문해 왔으며, 그 질문의 답을 찾는 방식은 기술의 발전과 함께 진화했다. 야후(Yahoo!)와 알타비스타(AltaVista) 같은 검색 엔진들은 초기 인터넷 시대에서 새로운 세계의 문을 열어주었다. 그러나 이후 구글(Google)이 등장하면서 검색의 패러다임은 완전히 바뀌었다. 세계적으로 구글링(Googling)이라는 단어가 일상화될 정도로, 구글은 현재 글로벌 검색 시장의 90%를 독점하고 있다.

이 거대한 구글의 아성에 균열을 일으킬 수 있는 존재가 있을까?

텍스트 기반 인공지능 퍼플렉시티(Perplexity)가 바로 그 질문에 대한 답을 내놓고 있다. 이미 정보의 바다에서 링크를 따라 헤매는 시대는 끝나가고 있다. 이제는 단 하나의 질문으로 즉각적인 답변을 얻는 시대, AI가 주도하는 '답변 엔진'의 시대가 열리고 있는 것이다.

"링크는 가라, 답변이 온다" 검색 시장의 재편

기존 검색의 패턴은 사용자가 검색창에 질문을 입력하면, 검색 결과로 뜨는 수많은 링크들 사이에서 직접 필요한 정보를 선별해야 했다. 그러나 퍼플렉시티와 같은 새로운 AI 검색 엔진들은 이 방식 자체를 재편했다. 사용자는 더 이상 링크 밭을 헤매며 정보를 찾지 않아도 된다. AI 검색 엔진이 이 과정을 대리해 즉각적인 답변을 제공하기 때문이다. 답변의 신뢰도를 높이기 위해 출처를 명시하며 필요한 정보를 요약해 제공한다. 이는 특히 반복적인 검색을 하는 기자나 애널리스트처럼 정보의 정확성과 속도를 중시하는 사람들에게 최적화된 방식이다.

'AI 검색이 기존의 검색 엔진을 완전히 대체할 수 있을까?'라는 질문은 더이상의 의미가 없다. AI가 실시간으로 정보를 수집하고 분석하는 능력은 구글, 네이버와 같은 거대 검색엔진에 실질적인 위협이 되고 있다. 구글이 90% 이상을 장악하던 검색 시장이 흔들리는 이유가 바로 여기에 있다. 링크를 클릭하지 않고도 답을 얻을 수

출처: https://www.perplexity.ai/

있다면, 검색 엔진들이 심어놓은 광고 구좌의 링크를 클릭할 확률도 현저히 줄어든다. 이는 결국 거대 검색 엔진 플랫폼들의 수익 구조를 위협하는 핵심 요소로 작용한다. 월가 투자자들은 이러한 흐름에 주목하고 있으며, 구글의 주가에도 악영향을 미칠 수 있다는 분석이 이어지고 있다.

이는 광고주들에게도 새로운 도전을 의미한다. 광고를 통해 소비자를 유도하는 기존의 전략이 더 이상 유효하지 않을 수 있기 때문이다. 이에 따라 광고주들은 AI 검색 엔진의 작동 방식에 맞춰 새로운 마케팅 전략을 세워야 한다는 압박을 받고 있다.

구글이 2024년 5월 'AI 오버뷰'라는 이름의 AI 검색 서비스를 선보인 것도 바로 이러한 AI 검색 엔진들의 부상에 대응하기 위해서다. 하지만 퍼플렉시티는 단순한 AI 검색 엔진을 넘어서, 사용자의 질문을 보다 자연스럽고 인간적인 방식으로 처리하는 기술적 강점을 가지고 있다. 특히, 사용자의 반복적인 질문 패턴을 학습하고, 그에 맞춰 개인화된 답변을 제공하는 차별화된 기능이 핵심이다. 구글이 AI 검색에 대응하기 위해 대규모 투자를 단행하고 있지만, AI 검색이 전통적인 검색 광고모델 전략을 근본적으로 흔들 수 있다는 우려는 여전하다.

애플 인텔리전스 도입은 AI 검색 대중화?

애플(Apple)은 항상 시장의 판도를 뒤집을 만한 혁신적인 기술을 새롭게 도입해왔다. 2024년도 예외는 아니다. 애플은 아이폰16에 AI 검색 기능을 추가했다. '애플 인텔리전스'로 불리는 이 기능은 시리(Siri)와 GPT를 결합해 사용자가 보다 직관적인 방식으로 검색할 수 있도록 돕는다. 검색 습관이 스마트폰과 긴밀히 연결된 현대인들에게 잠금 화면을 열지 않고도 AI가 즉각적인 답변을 제공할 수 있는 편의는 검색 패러다임의 대전환으로 인식된다.

애플의 이런 행보는 검색 시장 전반에도 큰 변화를 예고하고 있다. 기존에 구글 검색이나 네이버 검색을 하던 사용자들이 AI 기반의 검색으로 전환할 가능성이 높아지면서, 애플은 AI 검색 대중화의 중요한 역할을 맡게 된 셈이다. 특히, 퍼플렉시티와 서치GPT(SearchGPT)와 같은 경쟁자들이 등장하면서, AI 검색의 진화는 이제 피할 수 없는 흐름이 되었다.

AI 검색의 미래, 비용은 내리고 성능은 올리고

AI 검색 발전과 함께 비용 절감도 중요한 이슈로 떠오르고 있다. 오픈AI(OpenAI)는 GPT-4 미니를 통해 AI 성능을 유지하면서도 비용을 대폭 낮추는 데 성공하며, AI 검색의 대중화에 큰 기여를 할 것으로 예상된다. AI가 더 이상 고가의 멤버십 비용을 지불하고 사용해야 하는 기술이 아닌, 누구나 사용할 수 있는 도구로 자리 잡게 되는 순간, 검색 시장은 새로운 전환점을 맞게 될 것이다.

구글이나 네이버 같은 기존 검색 엔진들이 AI 검색의 부상에 대응하기 위해 막대한 비용을 들여야 하는 상황임을 생각해볼 때, 오픈AI가 비용 절감 측면에서 유리한 위치에 있다는 것은 명확하다. AI 검색의 대중화는 이제 시간 문제일 뿐이다.

퍼플렉시티의 아라빈드 스리니바스(Aravind Srinivas) CEO는 여기서 한 발 더 나아가 '행동 엔진(action engine)'이라는 개념을 제시했다. 이는 단순히 정보를 제공하는 것을 넘어 사용자가 정보에 기반한 결정을 내리고 실제 행동으로 옮길 수 있도록 돕는 것을 목표로 한다. 예를 들어, 사용자의 질문에 답변한 후 자동으로 물건을 구매하거나, 예약을 하거나, 일정 관리를 할 수 있는 기능을 도입할 계획이다. 이것은 사용자의 일상 생활에 깊이 관여하는 AI 도구로 발전하겠다는 의지로 보인다.

AI 검색의 대중화는 우리 삶의 많은 부분을 변화시킬 것이며, 정보에 접근하는 방식뿐만 아니라 광고, 마케팅, 소비 패턴까지도 영향을 미칠 것이다. 더 중요한 점은 이 서비스가 제시하는 새로운 가능성이다. 단순히 검색 결과를 요약해주는 것이 아니라, 사용자 경험까지도 재정의하고 있다. 이로 인해 기존의 검색 엔진들이 당연하게 여겼던 방식이 서서히 변화하고 있으며, AI가 제공하는 새로운 검색 생태계가 형성되고 있다. 검색은 '답변 엔진'으로 진화하고 있다.

　AI 기반 검색 엔진은 단순히 검색 시장의 변화를 넘어, 우리가 정보를 얻고 활용하는 방식 자체를 근본적으로 바꾸고 있다. '답변 엔진'에서 '행동 엔진'으로의 진화는 AI가 우리 일상 생활에 더욱 깊이 통합될 것임을 시사한다.

　앞으로 AI 기술이 어떻게 발전하고 우리 사회에 어떤 영향을 미칠지는 아직 완전히 예측할 수 없지만, 한 가지 확실한 것은 AI가 그리는 미래가 우리가 상상했던 것보다 훨씬 더 빠르게 그리고 더 깊이 우리의 삶을 변화시킬 것이라는 점이다. 우리는 이제 그 변화의 한가운데 서 있다.

빅테크 거물들의
LLM 왕좌 전쟁

⟦ 라마 vs 챗GPT vs 팜 vs 큐원 ⟧

AI 시대가 열린 2020년대 초반부터 거의 모든 빅테크 기업들은 AI로 비즈니스 구조를 혁신하고 확장하고 있다.

폐쇄의 성벽 vs 개방의 물결

대표적인 글로벌 빅테크 기업인 메타(Meta), 애플, 구글, 알리바바(Alibaba)의 AI시장을 장악하기 위한 행보는 다음과 같다.

메타

마크 저커버그(Mark Zuckerberg)는 메타의 CEO로서 AI를 메타버스(Metaverse)에서 사회적 연결의 핵심 요소로 삼고 있으며, 이를 위해 회사 이름을 페이스북(Facebook)에서 메타로 변경하기까지 했다. 메타는 AI를 활용해 사용자 경험을 개인화하고, 가상현실(VR)과 증강현실(AR) 기술을 통해 새로운 디지털 세계를 창조하고자 하는 비전을 내세우고 있다.

메타는 AI와 머신 러닝을 통해 콘텐츠 추천 알고리즘을 개선하고 커뮤니케이션 도구를 강화해, 메타버스 발전을 위한 대규모 데이터 분석 및 실시간 AI 서비스를 개발하고 있다. 이 과정에서 수많은 페이스북 사용자 데이터를 수집해 라마(LLaMA)라는 LLM(대형 언어 모델) 서비스를 개발했으며, 이를 오픈소스로 공개해 에코시스템 구축을 목표로 하고 있다. 라마는 메타가 추구하는 메타버스에 통합됨으로써 보다 인간적인 환경을 제공할 것이다.

애플

팀 쿡(Tim Cook)은 애플의 CEO로서 AI를 하드웨어와 소프트웨어의 긴밀한 통합을 통해 사용자에게 직관적이고 개인화된 경험을 제공하는 데 중점을 두고 있다. 애플은 AI를 사용하여 기기 간의 원활한 연결과 특히 보안을 강화하는 데 중점을 두고 있다.

애플은 시리와 같은 개인 비서 기능을 강화하고, AI 기반의 사용자 인터페이스(UI)와 경험(UX)을 개발하는 데 집중하고 있다. 또한 최신 M 시리즈 칩에 AI 및 머신 러닝 기능을 통합하여 최신 아이폰, 아이패드, 맥북에 탑재하고 있다.

애플은 충분한 기술력이 있음에도 불구하고 자체의 LLM을 공개적으로 내놓지 않고 오픈AI의 챗GPT를 통합하며, 하드웨어와 보안을 강화하는 데 초점을 맞추고 있다.

구글

선다 피차이(Sundar Pichai)는 구글의 CEO로서 AI를 정보 접근의 혁신적 도구로 보고 있으며, 구글의 모든 제품과 서비스에 AI를 통합하려는 목표를 가지고 있다. 구글은 AI를 통해 검색, 광고, 클라우드 서비스 등에서 강력한 경쟁력을 유지하고 있다.

구글은 AI 시장을 선도하기 위해서 오랜 기간 동안 AI 연구와 개발에 막대한 자금을 투자했으며, 특히 텐서플로우(Tensor Flow)와 같은 오픈 소스 AI 도구를 통해 개발자와 연구자들에게 머신러닝(ML) 기술을 지원해왔다. 자체 AI 모델인 팜(PaLM)과 바드(Bard)를 통해 자연어 처리 및 생성형 AI를 선도하고 있고, 이를 통해 구글은 AI의 발전을 통해 자신들의 메인 비즈니스인 정보 검색을 강화하여 더욱 더 견고한 점유율을 가져갈 것으로 보인다.

알리바바

마윈(Jack Ma)은 알리바바의 창업자로서 AI를 이커머스와 물류 혁신의 핵심으로 보고 있다. 알리바바는 AI를 통해 비즈니스 운영을

모델	회사	오픈소스	속도	품질	용량	호환성
gpt-4	OpenAI	No	☆☆☆	★★★★	–	No
gpt-3.5-turbo	OpenAI	No	★★☆	★★★☆	175B	No
gpt-3	OpenAI	No	★☆☆	★★★☆	175B	No
ada, babbage, curie	OpenAI	No	★★★	★☆☆☆	350M - 7B	Yes
claude	Anthropic	Yes	★★☆	★★★☆	52B	No
claude-instant	Anthropic	Yes	★★★	★★☆☆	52B	No
command-xlarge	Cohere	No	★★★	★☆☆☆	50B	Yes
command-medium	Cohere	No	★★☆	★☆☆☆	6B	Yes
BERT	Google	Yes	★★★	★☆☆☆	345M	Yes
T5	Google	Yes	★★☆	★☆☆☆	11B	Yes
PaLM	Google	Yes	★☆☆	★★☆☆	540B	Yes
LLaMA	Meta AI	Yes	★★☆	★★☆☆	65B	Yes
CTRL	Salesforce	Yes	★★★	★☆☆☆	1.6B	Yes
Dolly 2.0	Databricks	Yes	★★☆	★★☆☆	12B	Yes

출처: DEV Community, 2023년 7월 23일

자동화하고, 고객 경험을 개선하며, 글로벌 물류 네트워크를 최적화하고 있다.

알리바바는 AI와 데이터 분석을 활용하여 전자 상거래, 금융, 물류 등 다양한 분야에서 혁신을 이루고 있다. 특히 알리바바 클라우드(Alibaba Cloud)와 AI 기반의 로봇 기술을 통해 그들의 기술력을 글로벌 시장에 보여주고 있다. 알리바바는 거대한 B2C 비즈니스를 영위하는 만큼 고객에게 최적화된 AI 서비스 개발에 힘을 쏟을 것으로 보인다. 특히 큐원(Qwen) LLM을 통해 아시아에 집중화된 AI 비즈니스가 이루어질 것으로 보인다.

최신 LLM 모델과 AI 경쟁

이처럼 빅테크 기업의 CEO들은 너나 할 것 없이 AI 기술에 대규모 투자를 하고 있으며, 시장을 주도하기 위해서 비즈니스 구조의 변화를 지속하고 있다. 위에서 언급한 빅테크 기업들의 대표적인 LLM에 대해서 살펴보자.

라마

라마(LLaMA, Large Language Model Meta AI)는 메타에서 개발한 대형 언어 모델 시리즈이다. 그 중 라마 3.1은 최신 버전으로, 성능과 효율성을 크게 개선한 대형 언어 모델이다. 이 시리즈는 기존의 대형 언어 모델보다 적은 데이터와 자원으로도 더 높은 성능을 발휘하도록 설계됐다. 특히 라마 3.1은 텍스트 생성, 번역, 질문 답변, 요약 등 다양한 자연어 처리 작업에서 매우 높은 정확도를 자랑한다. 특히 문맥을 이해하는 능력이 뛰어나며, 긴 텍스트에서도 일관된 문장을 생성하는 능력을 갖추고 있다.

특히 라마는 챗봇, 가상 비서와 같은 대화형 시스템에 활용되어 자연스럽고 유창한 대화 능력을 제공한다. 그 외에도 콘텐츠 생성, 데이터 분석, 코딩 보조, 수학 추론 등 다양한 분야에서 평균 이상의 능력을 발휘하여 '멀티 플레이어(Multi-Player)'의 능력을 펼치고 있다.

챗GPT

챗GPT는 오픈AI에서 개발한 대형 언어 모델로, 일반 사용자들에게 가장 유명하게 알려진 LLM이다. 특히 GPT-4 Omni(GPT-4o)는 텍스트뿐만 아니라 이미지, 음성, 비디오 등 다양한 형태의 데이터를 동시에 처리할 수 있는 '멀티모달 AI'로 설계됐다. 이를 통해 사용자에게 더 자연스럽고 직관적인 인터랙션(interaction)을 제공하며, 보다 복잡하고 종합적인 작업을 처리할 수 있게 되었다.

GPT-4o는 텍스트, 이미지, 영상, 음성 등 여러 형식의 데이터를 처리할 수 있기 때문에 버추얼 휴먼 AI, 의료 영상 분석, 음성 비서 등 더욱 더 다양한 시나리오에 활용되고 있다. 이는 최신의 기술을 이끌고 많은 대중들이 생성형 AI를 알게 만들어주었기 때문에 시장에서 '에이스(Ace)'로서 역할을 하고 있다.

팜

팜(PaLM, Pathed Language Model)은 구글이 개발한 LLM이다. 특히 다음 세대 언어 모델 팜 2는 자연어 처리(NLP) 능력을 대폭 강화한 멀티모달 AI 모델로 텍스트 생성, 번역, 추론, 코딩, 문제 해결 등 오랜 기간 동안 다수의 모델로 차근차근 발전해온 이력을 가지고 있다. 특히 팜 2는 수백 개의 언어로 훈련됐기 때문에 다국어 처리 능력이 뛰어나다. 또한 복잡한 논리적 추론과 수학적 문제 해결에 높은 성능을 발휘하여 논리적 사고를 필요로 하는 문제를 해결하는 데 뛰어난 능력을 가진다.

팜 2는 복잡한 논문 요약, 논리 문제 해결 등과 같은 사례에서 많이 활용되고 있다. 이 모델은 오랜 기간 동안 노하우를 쌓아 적절한 시나리오에 최적의 효율을 발휘하기 때문에 '베테랑(Veteran)'의 능력으로 시장을 이끌고 있다고 볼 수 있다.

큐원

큐원(Qwen, Quantum-enhanced Word Embedding Network)은 중국의 빅테크 기업인 알리바바 그룹에서 개발한 최신 LLM이다. 특히, 큐원2는 자연어 처리, 추론, 코딩, 문제 해결 등 다양한 작업에서 뛰어난 퍼포먼스를 보여준다. 또한 단순 텍스트 데이터를 처리하는 데 그치지 않고 이미지와 영상같은 다양한 형태의 데이터를 처리할 수 있다.

이 모델은 자연어 이해와 고급 추론 작업에서 탁월한 성능을 보인다. 이를 통해 논리적인 질문에 대한 답변, 복잡한 문제 해결, 분석 작업에 도움을 주고 있다. 특히 큐원2는 데이터 분석이나 비즈니스 인텔리전스 같은 복잡한 작업에서 우수한 성능을 발휘하고 있다.

허깅페이스(HugginFace_ 오픈소스 생성형 AI 모델을 공유할 수 있게 만든 플랫폼)에서 제공하는 LLM 리더보드를 확인해보면 항상 큐원 시리즈가 높은 평균 점수를 보이고 있다. 빅테크 기업이 만든 LLM 서비스 중 유일하게 동양에서 개발된 큐원은 '다크호스(Dark-Horse)'가 되어 시장을 뒤흔들고 있다.

이 외에도 수많은 생성형 AI 서비스들이 하루가 다르게 개발되고 발전하고 진화하고 있다. 우리는 AI의 소용돌이와 같은 시대에 어떠한 AI가 살아남고 시장을 이끌지 지켜보고 대비해야 한다.

이미지넷이 낳은
디지털 피카소

[[플럭스]]

머릿속 이미지가 순식간에 현실이 되는 세상을 상상해본 적이 있는가? 그 중심에는 AI 이미지 생성 기술이 있다. 디지털 콘텐츠 제작이 핵심 산업으로 부상하면서, AI 기술은 눈부신 발전을 이루고 있다. 특히 이미지 생성 분야에서 AI의 활약은 광고, 영화, 게임 등 다양한 영역을 재편하고 있다.

최근 AI 기술의 발전으로 우리는 놀라운 동영상 생성 기술을 목격하고 있다. 오픈AI의 소라(Sora)나 메타의 메이크어비디오(Make-A-Video)와 같은 혁신적인 모델들이 등장하면서, 단순한 텍스트 입력만으로도 사실적이고 창의적인 동영상을 만들어내는 시대가 됐다.

말하는 대로 이뤄지는 이미지 창조의 시대

이러한 트렌드의 중심에는 '이미지넷(ImageNet)'이라는 기술이 자리 잡고 있으며, 이는 단일 이미지의 중요성을 더욱 부각한다.

이미지넷은 컴퓨터가 세상을 '보고' 이해할 수 있게 만든 거대한 디지털 그림책이라고 할 수 있다. 1,400만 장이 넘는 사진으로 구성된 이 데이터베이스는 각 이미지에 대한 설명이 포함돼 있다. 마치 우리가 어릴 때 그림책을 보며 세상을 배우듯, 컴퓨터는 이 방대한 이미지 라이브러리를 통해 '강아지', '자동차', '꽃' 등 수천 가지의 개념을 학습한다.

이렇게 훈련된 AI는 새로운 이미지를 봤을 때 그 안의 내용을 정확히 인식하고 이해할 수 있게 된다. 이는 단순히 이미지 인식을 넘어서, AI가 우리의 시각적 세계를 이해하고 해석하는 기반이 되었다. 이미지넷은 최신 AI 이미지 생성 도구들의 발전에 결정적인 영향을 미쳤으며, 이를 통해 AI는 이제 단순히 이미지를 인식하는 것을 넘어 새로운 이미지와 영상을 창조할 수 있게 되었다.

이러한 발전에 따라 다양한 AI 이미지 생성 도구들이 등장했다. 달리(DALL-E), 미드저니(Midjourney), 스테이블 디퓨전(Stable Diffusion) 등이 대표적이다. 그리고 최근에 이들을 뛰어넘는 성능으로 주목받고 있는 것이 바로 '플럭스(Flux)'다. 플럭스는 독일의 AI 스타트업 블랙 포레스트 랩스(Black Forest Labs)가 개발했으며, 이 회사는 스테이블 디퓨전을 만든 연구진들이 설립했다.

AI 이미지 생성의 새로운 강자

플럭스의 성능은 정말 놀랍다. 기존 AI보다 30% 더 정확하게 인체 표현을 구현하며, 이는 창작의 패러다임을 완전히 바꾸고 있다. 플럭스의 가장 큰 특징은 이미지 생성의 기술적 한계를 극복했다는 점이다. 특히 인체 표현과 같은 정밀한 작업이나 텍스트, 로고와 같은 시각적 요소의 정확한 재현은 기존 도구들이 해결하지 못했던 문제였는데, 플럭스는 이를 해결하며 매우 정교한 이미지를 생성할 수 있는 능력을 갖췄다.

최근 출시된 플럭스 1.1 프로(Pro) 버전은 향상된 성능을 보여주고 있다. 이 버전은 이전보다 더 빠른 속도로 작동하면서도 이미지 품질이 상당히 개선됐다. 특히 다른 고가의 AI 이미지 생성 도구들에 비해 비용 효율성이 높고 속도도 빠르면서 이미지 품질이 매우 뛰어나다는 평가를 받고 있다. 이러한 특성 덕분에 영화 제작자나 다양한 창작자들에게 유용한 도구로 자리 잡을 것이다.

플럭스의 성능 덕분에 인체 표현과 같은 복잡한 작업도 자연스럽게 구현할 수 있다. 특히 패션, 광고, 게임 산업에서 세밀하고 정확한 인체 표현은 필수적이다. 상상 속의 디자인이 순식간에 현실로 구현되는 이유는 바로 이러한 정교한 기술 덕분이다.

인체의 미세한 표현까지도 정확하게 처리한다. 예를 들어, "한국 20대 여성이 요가를 하고 있는 장면"이라는 프롬프트로 이미지를 생성했을 때, 손가락과 발가락의 개수는 물론, 요가 동작의 섬세

한 표현까지 정확하게 재현했다. 기존 AI 도구들이 자주 범했던 오류들을 개선한 플럭스는 광고, 게임 캐릭터 디자인 등 다양한 분야에서 효율적으로 활용될 수 있다.

플럭스의 또 다른 강점은 텍스트와 로고의 표현이다. AI 이미지 생성 도구들이 텍스트를 이미지 안에 정확하게 삽입하는 것은 큰 도전이었다. 기존 도구들은 텍스트나 로고를 이미지 안에 삽입할 때 왜곡되거나 알아보기 힘든 형태로 표현되는 문제가 있었다. 하지만 플럭스는 이러한 문제를 완벽하게 해결하며 브랜드 로고와 텍스트를 이미지에 정확히 삽입할 수 있어, 맞춤형 광고 제작이 더욱 효율적으로 진행되고 있다. 이는 광고 제작 시간과 비용을 크게 줄이면서도 브랜드의 정체성을 정확하게 표현할 수 있게 해준다.

상상력의 한계를 넘는 창의적 이미지 조합

플럭스는 상상력이 필요한 복잡한 이미지도 정교하게 처리할 수 있어, 창작자들에게 무한한 가능성을 제공한다. 예를 들어, "정원에 노란 나무와 그 옆에 초록 고양이가 앉아 있고, 뒤에는 핑크색 자동차가 있다"는 다소 비현실적인 프롬프트에도 완벽한 이미지를 생성한다. 이러한 성능은 게임 디자인, 영화 세트 디자인 및 광고 이미지 제작 등에서 상상력을 극대화할 수 있는 기회를 제공한다.

또한 단순한 정지 이미지 생성에만 그치지 않는다. 플럭스로 생성한 이미지를 기반으로 디포럼(Deforum)이나 애니메이트디퓨전(AnimateDiff)과 같은 도구를 사용해 애니메이션이나 동영상을 제작할 수 있다. 이러한 기능은 단순한 스토리보드 작업뿐만 아니라 다양한 연출에서도 활용된다.

이처럼 이미지 생성의 가능성을 넓혀주는 도구이지만, 그와 함께 윤리적 문제도 존재한다. 텍스트와 로고를 매우 정확하게 생성할 수 있기 때문에 저작권이 있는 이미지나 로고를 무분별하게 생성할 가능성이 있다. 이는 지적 재산권 침해 문제를 일으킬 수 있으며, 이를 방지하기 위한 윤리 가이드라인이 필요하다.

전문가들은 2030년까지 영화 제작의 50% 이상이 AI 이미지 생성 기술을 활용할 것으로 전망한다. 이는 엔터테인먼트 산업의 판도를 크게 바꿀 전망이다. 더불어 교육 시스템의 변화도 예상된다. 예를 들어 미술 교육의 방향이 '그리는 법'에서 '상상하는 법'으로 변화할 수 있다는 관점이 제시되고 있다.

AI 이미지 생성 기술의 미래는 이제 플럭스가 선도할 가능성이 크다. 더 이상 달리와 미드저니의 사용이 능사는 아니다.

한편, 플럭스 외에도 주목할 만한 새로운 AI 이미지 생성 도구들이 계속해서 등장하고 있다. 일론 머스크(Elon Musk)의 xAI가 개발한 그록2(Grok2)는 텍스트 생성에 뛰어난 성능을 보이면서도 고품질 이미지를 동시에 생성하는 능력을 갖췄다. 또한 아이디오그램(Ideogram)은 로고와 텍스트 표현에 특화된 기능을 제공하여 브랜드 디자인에 유용하게 활용할 것으로 기대된다. 이처럼 AI 이미지 생성 기술은 놀라운 속도로 발전을 거듭하고 있으며, 앞으로 혁신적인 도구들이 계속해서 등장할 것으로 전망된다.

이제 우리에게 남은 과제는 '이 강력한 도구를 어떻게 현명하게 활용해 더 나은 미래를 만들어갈 것인가' 하는 점이다. 우리는 모두 이 새로운 디지털 창작의 시대를 각자의 방식으로 맞이하고 있다.

AI를 활용하는
인재를 키워라

‖ 증강 지능 ‖

2024년 7월, 인튜이트(Intuit)가 전 세계 직원의 10%에 해당하는 약 1,800명을 해고한다는 소식이 전해졌다. CEO 사산 구다르지(Sasan Goodarzi)는 이번 결정이 생성형 AI 기술로의 전략적 전환의 일환이라고 설명했다. 인튜이트는 AI 기반 금융 도구인 '인튜이트 어시스트'를 개선하고, 제품 라인업을 AI 기술 중심으로 재편하려는 목표를 가지고 있다. 비단 인튜이트만의 이야기가 아니다. 최근 들어 빅테크 기업들의 대규모 해고 소식이 잇따르고 있다. 이들 모두 기업 생존을 위한 고육지책이라고 말한다.

기업들은 생존과 성공을 위해 다방면으로 노력한다. 많은 회사들이 훌륭한 상품, 효과적인 마케팅 전략, 유대감 깊은 고객 리스트만 있으면 성공할 수 있다고 믿지만, 현실은 그리 단순하지 않다. 때로는 고객의 구매 욕구를 자극하는 한 줄의 카피라이팅이 기업의 성패를 좌우하기도 한다.

그러나 회사의 성장을 견인하는 수많은 요소 중에서도 가장 중요한 것은 결국 '사람'이다. 회사란 직원 개개인이라는 독특한 퍼즐 조각들이 모여 완성되는 걸작과도 같다. 각자의 재능과 역량이 조화롭게 어우러질 때 비로소 기업의 경쟁력이 발휘된다.

AI 시대에 귀중한 인적 자원(HR, Human Resource)을 관리하는 방법은 그 어느 때보다 중요해졌다. HR테크 분야에서 혁신적인 AI 도입으로 성공한 사례가 많이 있지만, 우리 기업은 어떤 키워드와 중심점을 가지고 기술 도입을 검토해야 할까?

이때 필요한 것이 '증강 지능(Augmented Intelligence)' 개념이다. 지식 사회에서는 인지 능력이 가장 중요했지만, 앞으로는 AI를 활용해 인간의 능력을 향상시키는 증강 지능이 핵심이 될 것이다. 미국 기반의 정보 기술 리서치 및 자문 기업 가트너(Gartner)는 증강 지능을 AI 기술 적용으로 인간의 인지 능력을 보완하고 향상시키는 능력으로 정의했다. 조직과 개인의 증강 지능을 개발하기 위해서는 구성원들이 AI를 활용해 일상 업무 시간을 절약할 수 있는 방법을 찾고, AI를 적극적으로 수용하며 학습해야 한다. 또한 리더들은 솔선수범하는 모습을 보여서 조직원들의 AI 수용도를 높일 수 있도록 가이드를 제공해야 한다.

채용 분야

HR 전반에서 AI를 활용한 다양한 사례가 등장하고 있지만, 가장 활용 가능성이 높은 영역으로 채용 영역이 주목받고 있다. 가트너의 연구에 따르면, AI의 적용 가능성과 비즈니스 가치라는 두 가지 관점에서 평가했을 때, 20가지 활용사례(Use Case) 중 직원의견 조사, 내부 인재시장, 채용 마케팅 영역에서의 활용 가능성이 가장 높은 것으로 나타났다.

사실 채용 과정에서는 이력서 심사부터 면접까지 다양한 영역에서 AI가 이미 널리 활용되고 있다. 그 중에서도 가장 트렌디한 부분은 '내부 채용' 관련 솔루션인 탤런트 마켓플레이스(Talent Marketplace)다. 이미 글로벌 HR 테크 영역에서는 핫하게 떠오르는 분야로 이전에 한국에서도 붐을 일으켰던 '경력개발(Career Development Plan)'과 유사하다. 이는 구성원의 현재 및 미래 스킬과 경력 기회를 연결하는 AI 기반의 내부 채용 플랫폼으로, 구성원들이 자신의 스킬을 기반으로 경력개발 기회를 찾고 다양한 역할이나 프로젝트에 참여할 수 있게 한다.

이러한 탤런트 마켓플레이스의 가장 성공적인 사례로 프랑스의 다국적 기업 슈나이더 일렉트릭(Schneider Electric)을 들 수 있다. 이 기업은 'OTM(Open Talent Market)'이라는 AI 기반 내부 탤런트 마켓플레이스를 도입하여 인재 미스매치 문제를 해소하고 직원들의 경력개발과 내부 이동성을 크게 향상시켰다.

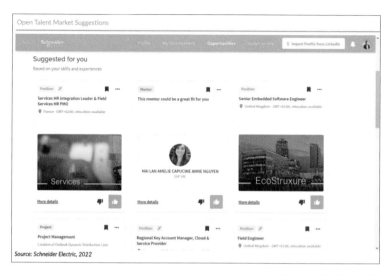

Source: Schneider Electric, 2022

OTM은 직원들이 자신의 프로필과 스킬을 등록하면 AI 알고리
즘이 이를 회사의 요구사항과 매칭시키는 방식으로 작동한다. 이를
통해 빈 자리 채우기, 멘토 찾기, 사이드 프로젝트 참여 등이 가능해
졌으며, 특히 내부 채용 과정이 '몇 주에서 몇 초로' 단축되는 놀라
운 효과를 보였다.

슈나이더 일렉트릭의 7만 5,000명 사무직 직원 중 3만 8,000명
이상이 OTM에 등록했고, 1만 7,000명 이상의 직원들이 내부 프로
젝트에 참여하게 되었다. 이는 단순한 인재 관리를 넘어 회사 내 '긱
이코노미(Gig Economy)'를 창출하는 효과를 가져왔다.

OTM의 성공 요인으로는 경영진의 강력한 지원, 내부 이동을
막는 정책 제거, 모든 공석을 OTM에 의무적으로 게시하도록 한 정

책 등이 있다. 이러한 노력들이 시스템의 효과를 극대화했다.

결과적으로 슈나이더 일렉트릭은 OTM을 통해 직원 유지율을 높이고, 다양성과 포용성을 증진시켰으며, 조직의 유연성을 크게 향상시켰다. 이는 직원들이 자신의 경력을 주도적으로 관리할 수 있게 하는 동시에, 회사가 내부 인재를 효과적으로 활용할 수 있게 만든 윈-윈(Win-win) 전략이었다.

교육 분야

130여 년의 역사를 자랑하는 독일의 보쉬(Bosch)는 오늘날 우리 일상 곳곳에서 만나볼 수 있는 기업이다. 자동차 부품에서 가전제품, 산업용 기술에 이르기까지 '생활을 위한 기술(Invented for life)'이라는 목표를 가진 보쉬는 단순한 제품 제조를 넘어 신기술을 적극적으로 받아들이는 기업 중 한 곳이다.

이러한 보쉬의 혁신 정신은 AI 시대를 맞아 더욱 빛을 발하고 있다. 2019년, 보쉬는 누구보다 일찍 AI 교육 프로그램을 시작했다. 이는 단순한 기술 교육을 넘어, 회사의 DNA에 AI를 새기는 대대적인 변혁의 시작이었다.

보쉬의 AI 교육 프로그램은 그 접근 방식부터 혁신적이다. 관리자, 개발자, 일반 사용자 등 다양한 직군의 요구를 반영한 3단계 교육 과정은 맞춤형 학습의 표본을 보여준다. 특히 주목할 만한 점은 실무 중심의 학습 방식이다. 직원들은 실제 업무에서 마주치는 문제를 AI 프로젝트로 가져와 해결하며, 이 과정에서 보쉬인공지능센터(Bosch Center for Artificial Intelligence, BCAI)의 전문가들로부터 멘토링을 받는다. 이는 이론과 실제의 간극을 좁히는 동시에 회사의 실질적인 문제 해결로 이어지는 일석이조의 효과를 거두고 있다.

더불어 보쉬는 최신 AI 기술을 교육 자체에도 적극 활용하고 있다. 신디시아(Synthesia)와 같은 AI 스타트업과 AI 도구를 이용한 교육 콘텐츠 제작을 협력하며, 비용 효율성과 품질 향상을 동시에 달성했다. 이는 글로벌 기업의 강점을 살려, 다국어 지원과 빠른 업데이트가 가능한 교육 시스템을 구축하는 데 큰 역할을 했다. 또한 AI 기반의 개인화된 학습 경로 생성, 실시간 피드백 시스템 그리고 가상현실(VR)과 증강현실(AR)을 활용한 실습 환경 구축 등, 최첨단 기술을 교육에 접목시키고 있다.

이뿐만이 아니다. 2024년 현재, 보쉬의 AI 교육 프로그램은 괄목할 만한 성과를 보여주고 있다. 2만 6,500명 이상의 직원이 AI 교육을 이수했으며, 이런 AI에 대한 관심과 이해를 바탕으로 120개가 넘는 AI 애플리케이션을 개발했다. 특히, 2023년 말 출시된 애스크보쉬(AskBosch)는 이러한 혁신의 정점을 보여준다. AI 기반 사내 검색 엔진으로 복잡한 기업 데이터를 단순한 자연어 질문으로 검색하고 적용할 수 있다. 단순히 기술을 도입하는 것을 넘어서 직원들이 그 기술을 실무에 적용할 수 있도록 적극적으로 교육하는 모습이 진정한 AX(AI Transformation) 교육의 핵심이다.

제조 현장에서도 AI의 활약은 두드러진다. 독일 내 보쉬 공장들은 생성형 AI를 활용해 합성 이미지를 만들어내고, 이를 통해 광학 검사 과정을 최적화하고 있다. 이는 품질 관리의 새로운 지평을 여는 혁신적 시도다. 이러한 노력의 결실은 이미 가시화되고 있다. 고장 서비스 요청의 40%가 AI 챗봇에 의해 자동 처리되는 등, 업무 효율성이 크게 향상됐다.

AI를 단순한 개념으로 이해하는 것을 넘어, 실제 맞춤형 학습 및 산업에 적용하고 떠오르는 AI 스타트업과 협력하여 AI 교육 과정을 개발하는 것은 매우 중요하다. 모든 기업이 새로운 기술을 도입할 때마다 각 부서에 적용할 수는 없다. 이럴 때 사내 재교육도 중요하지만, 매일 해당 분야를 연구하는 AI 스타트업과 협력하는 것이 보쉬의 끊임없는 혁신의 비결이기도 하다.

마이크로소프트의 최근 연구 'AI Data Drops: The 11-by-11 Tipping Point'에서는 '11×11' 법칙을 발견했다. 생성형 AI 코파일럿(Copilot)을 11주간 사용하면서 하루에 11분씩 절약하니 AI 사용 습관이 형성돼 조직의 생산성이 크게 향상되었다. 특히 생산성, 회의 감소, 업무의 즐거움, 일과 삶의 균형 등 4가지 분야에서 뚜렷한 개선 효과가 나타났다.

우리 조직도 지금 당장 '11×11' 원칙을 도입해볼 수 있다. 11주간 하루 11분이 아니더라도, 단 5분의 투자만으로도 업무 효율성을 크게 향상시킬 수 있다. 이러한 작은 변화가 모여 조직 전체의 혁신적인 변화를 이끌어낼 수 있다.

코딩은 이제
AI 멘토와 함께

║ 깃허브 코파일럿 ║

최근 우리 회사에 제이슨(Jason)이라는 신규 개발자가 입사했다. 그는 웹 개발을 전공하였으며, 프론트엔드 개발 분야에서 첫 발을 내딛었다. 우리 회사는 최근 많은 고객사의 프로젝트를 수주해 모든 개발자들이 활발히 개발 작업에 몰두하고 있다. 하지만 리소스의 한계로 인해 어쩔 수 없이 제이슨을 신규 개발 프로젝트에 바로 투입해야 했다. 이 프로젝트는 고객의 요구 사항이 급변하고 시간이 부족한 상황에 처해 있었기 때문에, 고급 개발자가 제이슨을 교육할 시간이 없었다.

제이슨은 밤을 새워 기존 코드를 분석하고 리액트(React) 책을 보며 코드를 한 줄 한 줄 작성했다. 그는 혼란스러운 에러 메시지와 끊임없는 구글 검색으로 많은 시간을 소모하고 있었다. 그러던 중, 그는 구글에서 많은 개발자들이 '코드 위저드'라는 AI 도구를 추천하는 것을 보았다.

제이슨은 즉시 '코드 위저드'를 활용해 개발을 시작했다. AI는 그가 작성하려는 코드를 예측하여 자동 완성을 제공함으로써 코드 입력 속도를 대폭 향상시켰다. 예를 들어, React 컴포넌트를 만들 때 필요한 기본 구문(import React from 'react';)이 자동으로 추가되었고, 일반적인 'props' 처리나 'state' 관리 코드도 쉽게 포함됐다. 프로젝트 진행 중 발생하는 모든 에러 코드를 분석해 어떤 구문에서 코딩 실수가 일어났는지 실시간으로 알려주며, 더 나은 코딩 방식에 대한 추천도 해줬다. 한 문단의 코드가 완료되면, 컴퓨터의 메모리와 속도에 더 적합한 코딩 방식으로 자동 수정돼 페이지 로딩 시간도 줄어들었다.

결국 제이슨은 본인을 가르쳐주는 사수 없이 프로젝트에서 맡은 부분을 성공적으로 완수할 수 있었다. 처음에는 AI 도구의 도움에 의존하는 것이 불안하게 느껴졌지만, 결과적으로 생산성과 효율성이 크게 향상됐고, 이는 팀의 다른 개발자에게도 전파돼 우리 회사의 개발 생산성을 극적으로 높일 수 있었다.

코드 위저드 AI의 종류

　기존의 개발 환경에서 개발자들은 신규 프로젝트에 투입되거나 플랫폼을 사용할 때, 업무에 도움을 받는 방법은 선임자의 지도나 구글 검색이 전부였다. 이 과정에는 많은 오류가 있었고, 무엇보다도 많은 시간이 소요됐다. 이제는 개발을 도와주는 '코드 위저드' AI 서비스들이 부족한 개발자 리소스의 많은 어려움을 메워주고 있으며, 실제 교육에도 많이 활용되고 있다. 다음은 대표적인 코드 위저드 AI들이다.

- **탭나인(Tabnine)을 사용한 대규모 프로젝트** : 대규모 프로젝트에서 활용되는 탭나인은 해외 빅테크 기업에서 널리 사용되고 있다. 특히 코드베이스가 매우 큰 프로젝트에서 반복적으로 사용되는 코드 패턴을 자동으로 제안해 개발자들의 피로도를 줄이고 코드 품질을 높인다.

- **리플릿 고스트라이터(Replit Ghostwriter)로 프로토 타이핑** : 고스트라이터를 통해 초보 개발자들이나 아이디어만 있는 비전공자들도 간단한 애플리케이션 프로토타입을 빠르게 만들 수 있다. 복잡한 알고리즘이나 산술적 계산, 함수 작성 없이 고스트라이터가 사용자의 언어를 이해하고 필요한 코드를 제안한다.

- **깃허브 코파일럿(GitHub Copilot)으로 개발 환경의 진화** : 현재 세계 개발 시장에서 가장 인기가 많은 코드 위저드 AI 서비스인 코파일럿은 스타트업이나 소규모 개발 팀에서 코드 작성 시간을 크게 줄일 수 있다. 한 개발자는 새로운

API를 사용하는 코드 작성에서 코파일럿이 60% 이상의 코드를 자동으로 완성해줌으로써 개발 시간을 크게 단축했다고 보고했다.

이 외에도 코드 라마(Code LLama), 커서(Cursor) 등 다양한 서비스가 이와 비슷한 코드 위저드 AI를 출시하고 있다. 이 중에서 최근 개발자들에게 가장 주목받고 있는 깃허브의 코파일럿 서비스에 대해 살펴보자

코딩 마법사, 깃허브 코파일럿

깃허브 코파일럿은 2021년 6월에 깃허브와 오픈AI가 협력하여 개발한 AI 코딩 도우미로, 오픈AI의 코덱스(Codex) 모델을 기반으로 자연어 처리 기술과 방대한 양의 공개된 코드 데이터를 학습해 코드를 자동으로 제안하는 기능을 제공한다. 이 기술은 개발자가 사용하기 쉽도록 IDE(개발자가 코딩할 때 사용하는 일종의 메모장)와 통합할 수 있으며, 초급 개발자도 하루만에 쉽게 적응하고 사용할 수 있다.

코파일럿에는 자동 변수명 추천, 함수 정의, 오류 자동 수정, 디버깅과 같은 개발자의 시간 소모가 많은 요소들에 대한 세부 기능이 포함돼 있다. 그 중 코파일럿 챗(Copilot Chat)은 특히 주목할 필요가 있다. 코파일럿 챗은 다음에 보이는 이미지와 같이 사용자가 필요한 요소들에 대해 세밀한 코딩 조언을 제공하는 개인화된 코딩 선생님

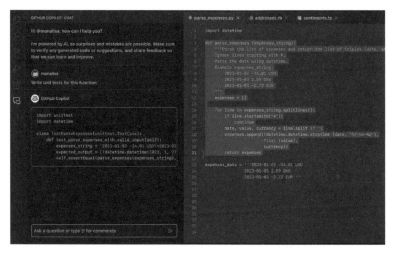

출처: https://github.com/features/copilot

과 같다.

코파일럿 챗을 사용하면 개발자는 직접 코드를 작성하기 전에 필요한 정보를 얻고, 궁금한 사항을 해결할 수 있다. 실제로 한 기업의 핵심 개발 리드로 활동하는 개발자는 챗GPT가 나온 이후 코드 관련 질문에 대해 구글링을 하는 횟수가 50% 감소했으며, 코파일럿 챗을 사용한 이후로 나머지 50%도 줄어들어 개발 생산성이 1.5배 가까이 증가했다고 밝혔다.

코파일럿이 인간의 언어로 코딩을 하는 과정은 다음과 같다. 개발자가 입력한 자연어(한국어, 영어 등)를 컴퓨터가 이해할 수 있는 언어로 번역하여 명령을 해석한다. 이후 기존의 빅데이터에서 학습된 데이터를 바탕으로 적절한 코드 샘플을 찾아, 이를 이용해 사용자의 요청에 맞는 코드를 제공한다. 사용자가 제공된 코드로 개발을 시작할 때, 작성 중인 코드의 맥락을 파악하여 자동 완성을 제공하고, 심지어는 개발 코드에 대한 매뉴얼 문서까지 자동으로 작성한다.

깃허브가 공식적으로 발표한 코파일럿의 효과 리포트에 따르면, 96% 이상의 업무 속도가 빨라지고 88% 이상의 생산성이 증가했으며, 다양한 언어를 지원해 협업에 유리하다고 발표했다. 최근 한국 교육 과정에서 화두가 되고 있는 코딩 교육에도 큰 도움이 될 수 있을 것이다.

하지만 코파일럿이 발전한다고 해서 개발자가 모두 일자리를 잃는 것은 아닐 것이다. 여전히 코파일럿이 제안하는 코드가 항상 최적화된 것은 아니며, 때때로 중복되거나 비효율적인 코드가 제안된다는 일부 개발자들의 우려가 있다. 또한, 사내의 중요한 데이터인 소스 코드가 외부로 유출될 위험성이 증가할 수도 있다.

이러한 문제점들이 개선되고, 비전공자도 쉽게 개발할 수 있는 '코드 위저드' AI가 만들어진다면, 업무 환경과 속도는 기하급수적으로 개선될 것이다.

인간을 공감하는
감정인식 AI 시장

∥ 휴 AI ∥

AI가 아무리 자연스러운 말투로 대답한다고 해도, 그것이 기계적 학습의 결과임을 우리는 잘 알고 있다. 그럼에도 AI와의 감정적 상호작용에 대한 대중의 기대 수준은 이미 상당히 높은 편이다. 아마 문화 콘텐츠를 통한 습득이 큰 역할을 했을텐데, 당장 관련된 영화 몇 장면을 어렵지 않게 떠올릴 수 있을 것이다.

〈아이언맨〉 시리즈에서 주인공 토니 스타크의 AI 비서 자비스(J.A.R.V.I.S, Just A Rather Very Intelligent System)가 급박한 위기 상황에서도 유머 감각을 발휘하는 장면이라든가, 스파이크 존즈 감독의 〈그녀(HER)〉에서 주인공 테오도르가 개인 맞춤형 AI 서비스인 사만다

와의 대화를 통해 사랑에 빠지게 되는 서사를 보며 자연히 그러한 미래에 대한 밑그림을 그릴 수 있었는지도 모른다.

특히 〈그녀〉의 경우, AI와 사랑에 빠진다는 영화의 설정이 당시 다소 파격적이었지만 그럼에도 몇 가지 가능성의 씨앗을 대중의 의식에 심어놓는 역할을 톡톡히 했다고 느껴진다. 인간처럼 근원적인 고독감을 피할 수 없는 존재에게 24시간 원하는 때 언제라도 닿을 수 있는 상대라는 것, 그리고 어쩌면 나보다 날 더 잘 아는 덕분에 대화의 '톤앤무드'를 맞춰줄 수 있다는 것은 얼마나 매력적인 제안인가. 더구나 많은 사람들이 가까운 관계에서 대화를 더 어려워하기도 하는데, AI는 앞으로 나와 지속적인 관계를 가질 대상임에도 진짜 인간이 아니라는 사실이 심리적 해방감을 선사하기도 한다.

감정을 이해하는 AI의 등장

감정인식 AI는 기술적 진보뿐만 아니라 사회적·문화적 변화도 함께 촉진시키고 있다. 이러한 변화 중 가장 중요한 것은 인간-기계 간 상호작용의 새로운 패러다임을 구축하는 것이다. 이전 시대의 AI가 단순히 명령에 반응하고 데이터를 처리하는 역할을 주로 했다면, 이제 감정을 이해하고 공감하는 AI가 등장하면서 우리의 일상 속 주요 대화 상대가 기계에서 사람으로 변하는 듯한 착각을 불러 일으키고 있다. 이는 단순한 기능적 혁신을 넘어 사회적 관계의 재구성으로도 이어질 수 있다.

　AI와의 감정적 교류의 순기능을 쉽게 떠올려볼 수 있는 만큼, 감정인식 AI 시장은 현재 급속한 성장세를 보이고 있다. 얼라이드 마켓 리서치(Allied Market Research)에 따르면 2022년 기준으로 약 18억 달러 규모에 불과했던 관련 시장이 가파르게 커져서 22.7%의 연평균 성장률을 기록하며 2032년까지 138억 달러에 이를 것으로 전망하고 있다.

　특히 AI가 인간의 감정을 인식하고 알맞은 상호작용을 도출하는 능력은 고객 서비스, 헬스케어, 교육, 마케팅 등 다양한 분야에서 활용되는 근간의 기술이라고 할 수 있다. 사실상 거의 모든 AI 서비스가 사용자 경험을 향상시키는 과정에서 빠트릴 수 없는 핵심적인 기여를 하게 될 것으로 예상된다는 말이다.

　감정인식 AI 분야에서 일반적으로 사람들이 가장 궁금증을 갖는 부분은, 어떻게 인간의 감정을 기계에게 학습시킬 것인지에 대한 방법론적 접근일 것이다. 감정은 주관적이며 미묘한, 어딘가 딱 떨어지지 않는 속성을 가지고 있다고 생각하기 때문이다. 하지만 이미 AI는 주관성이 짙은 예술 분야에서도 빠르게 이해를 넓혀가며 창작 능력을 증명해내고 있다. 감정이라고 해서 크게 다를 것은 없이, 차근차근 학습 단계를 만들어 나간다면 불가능한 영역이 아니다.

　우선 감정인식 AI의 핵심 기술의 두 갈래는 이미지 학습과 자연어 처리 기술로 볼 수 있다. 우선 컴퓨터 비전 기술은 사람의 얼굴 표정이나 제스처 등 시각적 데이터를 분석해서 감정을 인식한다. 아주 미세한 움직임까지도 포착할 수 있기 때문에 그 변화에 따른 감정 상태를 보다 정확하게 판별해낼 수 있다. 예를 들어, 처진 입꼬리는 부정적인 감정으로 분류되며 그 처지는 정도에 따라 '우울함'이나 '슬픔'의 정도를 가늠하여 라벨링할 수 있다. 머신러닝과 딥러닝 기술을 통해 대량의 감정 데이터를 학습하며 AI는 나름의 패턴을 인식하게 된다.

자연어 처리는 텍스트나 음성에서 감정적 뉘앙스를 파악하는 기술을 담당한다. 텍스트의 경우 사용자의 표현, 문맥 등이 감정을 추론하는 척도가 될 수 있고, 음성의 경우에는 톤이나 피치, 속도 등을 분석해서 감정 상태를 추론해 비언어적인 신호로 감정을 더욱 정확하게 인식할 수 있다.

여기서 한가지를 덧붙인다면 생체신호 처리가 있을 수 있다. 스마트워치나 스마트링 등의 웨어러블 디바이스를 통해 심박수나 피부 전도도 등 생리적 신호를 분석해서 감정 상태를 파악할 수도 있다. 지속적으로 사용자의 스트레스 상태나 긴장도를 모니터할 수 있기 때문에 좀 더 유기적이고 맥락적인 인식이 가능하며, 맞춤형 피드백을 제공할 수 있다는 것이 장점이다.

우리의 마음을 번역해줄 수 있을까

사실 모든 사람이 스스로 현재 어떤 감정을 느끼고 있는지 제대로 파악하는 일은 쉽지 않다. 겪고 있는 감정의 종류가 무엇인지, 왜 이런 감정을 겪고 있는 건지, 어떻게 하면 평상심으로 돌아갈 수 있는지에 대해 쉽게 인지할 수 있다면 오늘날 현대인의 정신 건강 평균이 이렇게까지 나빠지지는 않았을 것이다. 감정인식 AI는 텍스트, 음성, 생체 신호 등 다양한 채널을 통해 분석이 이뤄지기 때문에 스스로 파악하는 것보다 객관적인 정보를 전달받을 수 있고, 그 분석 정보를 확인하고 제안된 액션을 수행함으로써 자신의 감정을 객관적으로 볼 수 있는 시도가 가능하다는 것이 매우 긍정적이다.

AI와 감정적 유대감을 형성하는 것이 어려운 일이 아니라면, 인간이 더 이상 감정적으로 고립되지 않고 AI와의 상호작용을 통해 심리적 안정을 얻는 것도 가능해 보인다. 예를 들어, 감정 인식을 통해 AI가 사용자의 상태를 조용히 모니터링하고, 필요할 때 격려나 위로의 말을 건넬 수 있다면 이는 단순한 기계적 반응을 넘어선 진정한 상호작용이 될 것이다. 이 과정에서 AI는 사람의 기분을 조정하고 긍정적인 변화를 유도하는 도구로 작용할 수 있으며, 특히 현대 사회의 고립감과 스트레스를 해소하는 데 중요한 역할을 할 수 있을 것으로 기대된다.

여기서 더 나아가면 타인과의 갈등을 완화시키는 데도 효과가 있을 것으로 예상된다. 갈등을 빚은 당사자와 감정적으로 충돌하지 않게, 사전에 AI와 역할을 나누고 대화를 하면서 상대를 이해해보려는 시도를 해볼 수도 있을 것이다.

정신 건강을 돌봐주는 주치의

이러한 기술을 기반으로 최근 다양한 감정인식 AI서비스들이 떠오르고 있는데, 그 중에서도 알란 코웬(Alan Cowen)이 창립한 '흄 AI(Hume AI)'가 급부상 중이다. 흄 AI는 인간의 감정 이해와 공감 반응에 기술의 초점을 맞춘 신생 기업으로, 컴퓨터 감정 과학 분야에서 10년 이상의 연구를 기반으로 구축되었다. 흄 AI는 수백만 건의 인간 상호작용 데이터를 수집하여 AI를 훈련시켰고, 이를 통해 음성, 얼굴 표정, 언어 등에서 미묘한 감정 표현을 감지하는 기술을 고도화해가고 있다.

이 기업의 공감 음성 인터페이스(EVI, Empathic Voice Interface)는 세계 최초의 감정적 지능 음성 AI로 API를 통해 사용자 음성의 미묘한 변조를 측정할 수 있다. 공감적 대규모 언어모델(ELLM)을 사용해서 상호작용을 제공한다. EVI는 사용자의 감정 상태에 따라 자체 음성의 톤과 스타일을 조절할 수 있는데, 예를 들어 사용자가 화가 나 있는 상태라면 이를 경감시키기 위한 목적으로 차분하고 공감을 극대화한 톤으로 응답을 하는 식이다.

또한 오디오나 비디오 및 이미지를 분석할 수 있는 표정 측정 API를 통해 수백 가지 차원의 인간적 표현을 포착하고 인식할 수 있다는 것이 강점이다. 덕분에 기본적인 감정을 넘어 사랑, 존경, 당혹감, 안도감 등 좀더 복잡하고 미묘한 감정들을 처리할 수 있다. 이렇게 음성뿐만 아니라 얼굴 표정이나 텍스트 등 다양한 채널을 통해

감정을 인식하고 반응하면서 포괄적인 이해를 가능하게 한다.

감정인식 AI 기술에서 필요한 것이 다양성 변수 관리인데, 흄 AI
는 전세계 다양한 인구의 참가자 데이터를 수집해 데이터 세트의 편
견을 완화하기 위한 노력을 기울이고 있다. 감정인식 AI의 정확성
을 높이기 위해서는 데이터 편향성을 줄이는 것이 중요하다. AI가
다양한 문화적 배경과 감정 표현 방식을 이해할 수 있도록 훈련되지
않는다면, 이는 특정 그룹의 감정을 잘못 인식하거나 무시하게 될
위험성이 있다. 이는 감정인식 AI가 상업적으로나 사회적으로 성공
하기 위해 반드시 해결해야 할 과제이다. 또한 흄 AI 기술의 또 하나
의 강점은 실시간 적응 능력인데, 사용자와의 대화가 진행됨에 따라
지속적으로 학습을 진행하고 적응하여 점점 더 자연스럽고 개인화
된 상호작용을 제공할 수 있다.

위에서도 언급된 감정인식 AI 기술은 다양한 분야에서 활용될

수 있기 때문에 높은 가치로 평가되는데, 흄 AI가 주력하는 몇 가지 분야를 살펴보면 감정인식 AI 시장이 전반적으로 지향하는 방향성을 이해할 수 있다. 예를 들어, 고객 서비스 분야에서는 감정 인식을 바탕으로 공감 능력을 갖춘 챗봇이나 가상 비서에 해당 기술을 적용함으로써 고객의 감정에 맞춘 응대를 제공할 수 있게 된다.

정신 건강 분야에서는 환자의 감정 상태를 이해하고 즉각적인 대응을 통해 반응할 수 있는 AI 기반 치료 도구 개발에 쓰일 수 있으며, 환자 상태의 조기 진단이 가능하기 때문에 맞춤형 치료를 제공함으로써 정신 건강 관리의 접근성을 향상시킬 수 있다.

윤리적인 가이드가 필요한 감정인식 분야

교육 분야에서는 교육 콘텐츠를 제공할 때 학생들의 감정 상태나 집중도를 파악해 보다 더 개인화된 학습 경험을 설계할 수 있다. 만약 학생이 지루함이나 피로를 느낀다면, 흥미를 유발할 수 있는 방식의 학습을 제안하거나 휴식을 추천하여 학습 효율을 극대화할 수 있을 것이다.

엔터테인먼트 분야에서도 기대가 높다. 특히 게임 분야에서는 AI NPC(Non-Player Character) 캐릭터와의 감정적 교류를 통해 더욱 풍부하게 사용자 경험을 디자인할 수도 있다. 또한 사용자의 감정 반응을 분석하여 취향에 맞는 콘텐츠를 추천함으로써 더욱 몰입감 있는 감상을 가능하게 하기도 한다.

데이터 라벨링이나 딥러닝을 통해서 기술 고도화가 가능하지만 어려운 점은 여전히 남아있다. 감정 데이터는 개인의 가장 내밀한 부분을 반영하기 때문에, 이에 대한 보호와 사용에 있어서 더욱 높은 기준이 요구된다. 감정인식 AI의 발전이 긍정적인 방향으로 나아가기 위해서는 데이터의 수집과 활용에 있어 투명성을 유지하고, 프라이버시 보호를 최우선으로 삼아야 한다. 예를 들어, 감정 데이터를 활용한 서비스가 사용자의 동의 없이 데이터를 수집하거나 잘못된 용도로 사용되는 것을 방지하기 위한 법적 규제가 필요하다. 홈 AI와 같은 기업이 윤리적 기준을 엄격히 지키고 있는 것은 고무적이지만, 산업 전반에 걸친 지속적인 규제와 지침 마련이 필요하다. 감정인식 AI는 태생적 한계를 가진 기계에게 인간적으로 상호작용하는 방식을 알려주기 때문에 윤리적 기준의 필요성이 더욱 더 두드러질 것이다. AI기술의 전반적 발전에 따라 감정인식 AI의 활용 가능성이 계속해서 확장될 전망이다. 일례로, 감정 추적 앱이나 웨어러블 디바이스가 감정 상태를 실시간으로 피드백해주는 형태로 발전한다면, 개인은 자신의 감정을 더 잘 이해하고 관리할 수 있는 기회를 갖게 된다. 이를 통해 우리는 감정적 웰빙을 높이는 방향으로 생활습관을 바꿀 수 있으며, 나아가 정신 건강 관리의 패러다임을 변화시킬 수 있다. 이런 변화는 궁극적으로 사회적 비용 절감에도 기여할 수 있으며, 모두가 더 나은 정신적·감정적 삶을 살 수 있도록 돕는 데 중요한 역할을 할 것으로 기대된다.

이러한 기술적·사회적 변화는 감정인식 AI의 가능성을 더욱 넓혀주고 있으며, 미래에는 개인화된 감정 케어 서비스가 일반화될 가능성도 있다. 감정인식 AI가 제공하는 맞춤형 솔루션은 사람들 사이의 갈등을 완화하고, 자기 이해를 돕는 데 큰 기여를 할 수 있다. 이제 감정인식 AI는 더 이상 미래의 이야기가 아닌, 점차 우리 생활에 스며들어 개인의 행복과 건강을 지원하는 실체가 되어가고 있다.

AI 캐릭터
에이전트 시대가 온다

‖ 스포크홀로그램 ‖

1955년 7월 17일, 월트 디즈니(Walt Disney)의 이매지니어링 (Imagineering) 팀이 설계한 디즈니랜드가 처음으로 문을 열었다. 당시 세상을 뒤흔든 뉴스였으며, 개장일에는 수많은 관람객으로 인해 주변이 마비될 정도였다. 디즈니의 첫 마법이 시작된 순간이었다.

당시 이 마법을 현실화한 이매지니어링 팀의 이름은 '상상력 (Imagination)'과 '엔지니어링(Engineering)'의 합성어로 만들어졌고, 팀 이름 대로 창의성과 기술력을 결합한 개념을 바탕으로 2D 상상 속 공간을 3D로 체험할 수 있게 만들었다. 말 그대로 어린이와 어른들의 꿈속 상상의 세계를 현실화한 것이다.

화제를 낳는 AI 캐릭터 에이전트

약 70년이 지난 2024년, 또 다른 회사가 새로운 꿈을 꾸고 있다. 바로 북미 최대 가전제품 및 전자기기 회사인 베스트바이(Best Buy)다. 베스트바이는 지난 7월 23일, 새로운 슬로건인 "Imagine that"과 함께 AI 캐릭터 에이전트인 스포크홀로그램(Spokeshologram), '그램(Gram)'을 선보였다.

디즈니가 이매지니어링이라는 개념을 통해 물리적 공간에서 꿈을 실현했다면, 베스트바이는 AI 기술을 활용해 디지털 영역에서 새로운 고객 경험을 창출하고 있다. 베스트바이는 구글 클라우드(Google Cloud) 및 액센츄어(Accenture)와 협력해 생성형 AI 캐릭터 에이전트를 개발했고, 2024년 여름부터 미국 고객들에게 제품 문제 해결, 주문 배송 일정 조정, 소프트웨어 관리 등의 서비스를 제공하

출처: Youtube-Bestbuy

고 있다.

특히 전면으로 내세운 AI 캐릭터 에이전트는 디즈니 영화에서 튀어나온 듯한 '디지털 요정'처럼 여겨진다. 기존의 AI 챗봇이 단순히 대화만 나누는 로봇이었다면, 이 디지털 요정은 우리의 말을 이해하고 스스로 생각하며 행동할 수 있는 마법 같은 존재에 가깝다.

만약 내가 여행을 가고 싶다고 말하면, 이 요정은 내 취향을 파악해 멋진 여행 계획을 세우고, 심지어 티켓까지 예약해주는 능력을 지녔다. 마치 영화 〈알라딘〉의 지니처럼 우리의 소원을 듣고 이를 실현시켜주는 것이다.

음악을 틀어달라고 하면 우리의 취향에 맞는 플레이리스트를 만들어주고, 요리를 하고 싶다고 하면 냉장고 속 재료로 만들 수 있는 레시피를 제안해준다. 더 나아가 이 디지털 요정은 우리의 일정을 관리하고, 중요한 약속을 상기시켜주며, 쇼핑 목록을 작성하고 심지어 온라인으로 주문까지 해주는 만능 비서의 역할도 한다. 마치 우리 곁에 항상 존재하는 믿음직한 친구처럼 우리의 일상을 더욱 풍요롭고 효율적으로 만들어준다.

특히, 베스트바이가 선보인 스포크홀로그램인 그램은 이런 AI캐릭터 에이전트로서 주목해볼 만한 사례다. 우리가 미키마우스를 보면 디즈니를 떠올리듯, 그램은 베스트바이의 현대판 마스코트로 자리 잡으며, 대화형 AI 마스코트의 시장을 열 것이다.

흥미로운 점은 이 마스코트가 단순한 상징을 넘어 AI 브랜드 앰배서더로 진화했다는 것이다. 그램은 브랜드를 홍보하고 소비자와 적극적으로 대화하며, 베스트바이 내에서 다양한 역할을 수행하기 시작했다.

최근 베스트바이는 NBC유니버설과 협력해 미식축구 시즌에 그램을 깜짝 등장시켰다. 그램은 NBC 스포츠의 유명 진행자와 함께 출연하며 TV부터 에어프라이어까지 다양한 베스트바이 상품을 자연스럽고 위트 있게 소개했다. 이는 마치 미래에서 온 세일즈맨이 우리 거실에 나타난 것 같은 신선한 경험이었다.

엔터테인먼트 시장의 진화

이러한 AI 캐릭터 에이전트의 등장은 단순한 마케팅을 넘어 새로운 형태의 엔터테인먼트로 진화하고 있다. 이러한 변화는 인간의 근본적인 심리와도 깊은 연관이 있다. 우리는 외계인을 상상할 때도 눈, 코, 입을 그리듯, AI와의 상호작용에서도 의인화를 추구하는 경향이 있다. 이는 인간의 소통 욕구가 AI 에이전트에게도 투영되는 현상이라고 볼 수 있다.

챗GPT의 음성 기능 사용자들이 경험하듯, AI와의 대화가 점점 더 자연스러워지면서 사용자들은 AI의 정체성을 인지하면서도 더 깊은 상호작용을 하게 된다. 마치 사람들과 대화할 때 의도치 않게 다양한 주제로 대화가 확장되는 세렌디피티처럼, AI와의 대화에서도 유사한 경험을 하게 되는 것이다.

이러한 심리적 기제를 바탕으로 AI 캐릭터 에이전트 시장은 더욱 발전할 것으로 예상된다. 기존의 브랜드 앰배서더가 연예인의 이미지와 신뢰를 활용했다면, AI 캐릭터 에이전트는 일관된 이미지와 역할 수행이 가능하면서도 논란의 여지가 적다는 장점이 있다. 또한, 사용자의 니즈에 맞춰 '24/7' 응대가 가능하며, 개인화된 경험을 제공할 수 있다.

이처럼, 국내에서도 AI 캐릭터 에이전트를 기존 IP 방식에서 적극적으로 활용한다면 2025년부터는 큰 화제를 모을 수 있을 것으로 기대된다. 우리나라에서는 이미 캐릭터 인기가 뜨겁다. 어느 곳에서나 키링 형태의 캐릭터 굿즈를 가방에 달고 다니는 모습을 쉽게 볼 수 있을 정도다. Z세대를 중심으로 빠르게 퍼지는 이 유행은 꽤 오랜 시간 지속되고 있다.

2024년에는 특히 프로야구 구단의 캐릭터 콜라보레이션이 큰 사랑을 받았다. '두산베어스'와 '망그러진 곰'의 콜라보 제품은 판매 개시 13분 만에 완판되는 기록을 세웠다. 'NC다이노스'와 '조구만', '롯데자이언츠'와 '에스더버니'의 협업 상품들도 큰 화제를 모았다. 이러한 트렌드는 단순한 유행을 넘어 새로운 비즈니스 모델로 발전하고 있다. 롯데, 현대, 신세계 등 대형 유통기업들도 자체 캐릭터를 활용한 IP 사업에 적극 나서고 있다.

더 나아가, 2025년을 준비하는 우리가 기존의 IP 활용 방식을 넘어 베스트바이나 디즈니처럼 기술과 상상력을 결합한 소비자 경험을 만든다면, 국내를 넘어 전 세계적으로 수많은 사람들에게 재미와 감동을 선사할 수 있을 것이다. 증강현실, MR, NFC, QR 등 다양한 실감 기술을 활용한 몰입감 있는 경험을 제공하는 것이 그 시작이 될 수 있다.

결국, 캐릭터 산업은 단순한 상품 판매를 넘어 디지털 기술과 결합하여 새로운 차원의 사용자 경험을 창출하는 방향으로 진화하고 있다. 이는 국내 캐릭터 IP가 글로벌 시장에서 경쟁력을 갖출 수 있는 중요한 기회가 될 것이다

결과적으로, AI 캐릭터 에이전트는 브랜드 홍보와 고객 상호작용의 새로운 패러다임을 제시하고 있다. 이는 단순한 기술 발전을 넘어, 인간의 심리적 욕구와 소통 방식의 변화를 반영하는 현상이다. 앞으로 AI 캐릭터 에이전트는 더욱 정교해지고 인간과 유사한 상호작용을 제공할 예정이다. 우리나라에서도 늘 하던 팝업과 굿즈 아이템이 아닌 '세계 최초'로 이목을 집중시키는 AI 캐릭터 에이전트들이 등장하여 생동감 있는 3D로 구현될 것이다.

엔비디아의 파트너사를 보면
미래를 알 수 있다

〚 WPP 〛

낯선 사람을 처음 만나는 자리에서 우리는 종종 MBTI나 취미를 묻곤 한다. 서로에 대한 질문을 통해 짧은 시간 안에 상대방에 대해 알아갈 수 있기 때문이다. 비즈니스 세계에서도 이와 유사한 방식이 적용된다. 기업의 최신 뉴스는 그 회사를 이해하는 첫 단추가 되며, 어색한 첫 미팅에서 서로의 스몰토크 주제가 되기도 한다.

하지만 기업 간의 대화는 단순한 스몰토크를 넘어 더 깊은 의미를 지닌다. 한 회사의 비전과 방향을 이해하고, 이를 바탕으로 산업을 전망하여 자사의 비즈니스에 적용하는 것은 매우 중요한 과제다. 특히 현재와 같은 급변하는 시대에는 산업의 흐름을 신속하게 파악하고, 경쟁사의 전략을 정확하고 빠르게 분석하여 더욱 경쟁력 있는 자사의 액션 플랜을 수립해야 한다.

이에 더해 빅테크 기업들의 움직임은 산업의 미래를 예측하는 중요한 지표로 작용한다. 이들의 M&A 활동, 전략적 파트너십, 주요 임원 영입, 조직 개편 등을 주의 깊게 관찰함으로써 해당 기업의 장기적인 비전과 목표를 어느 정도 파악할 수 있다. 빅테크 기업들의 행보는 전체 산업 생태계에 큰 영향을 미치기 때문에, 이들의 동향을 파악하는 것은 미래 시장을 전망하는 데 핵심적인 역할을 한다.

빅테크 기업 중에서도 요즘 국내외 안팎으로 압도적으로 언급되는 엔비디아(NVIDIA) 파트너사들을 한번 살펴보자.

엔비디아 파트너 네트워크(NPN) 어워드

2024 엔비디아 파트너 네트워크(NPN) 어워드는 지역별로 나누어 진행됐다. 이 어워드는 아메리카, 유럽, 중동 및 아프리카(EMEA), 아시아 등 각각의 지역에서 별도의 시상식을 개최해 우수한 파트너사를 선정하고 있다. 특히 이번 어워드는 세 가지 새로운 카테고리를 도입했는데, 금융 서비스 분야의 AI 혁신, 전반적인 AI 우수성, 그리고 엔비디아의 전체 스택 포트폴리오 활용 능력이다.

2024 엔비디아 파트너 네트워크(NPN) 어워드의 핵심 수상 기업들 중 몇몇을 함께 살펴보자.

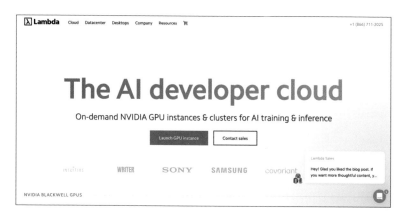

출처: https://lambdalabs.com/

람다(Lambda)는 AI와 딥러닝에 특화된 컴퓨팅 인프라를 제공하는 회사로, 4년 연속 NPN 파트너 상을 수상했다. 람다는 AI의 스케일링 법칙(scailing law)에 따라 가장 큰 수혜를 본 기업 중 하나다. AI의 스케일링 법칙은 컴퓨팅 파워와 AI 성능 사이의 중요한 관계를 설명한다. 이 법칙에 따르면 AI 모델에 투입되는 컴퓨팅 능력이 증가할수록 AI의 성능과 능력이 비례적으로 향상된다. 더 강력한 컴퓨팅 자원을 활용할수록 AI는 더 복잡한 패턴을 인식하고, 더 정확한 예측을 하며, 더 다양한 작업을 수행할 수 있게 된다. 이는 마치 인간의 두뇌가 더 많은 정보와 경험을 쌓을수록 더 현명해지는 것과 유사하다. 이 법칙은 최근 다양한 빅테크 기업들의 AI 개발에서도 그대로 증명되고 있다.

또 다른 주목할 만한 사례로 WPP를 들 수 있다. WPP는 최근 마케팅과 광고 업계에 AI 혁명을 일으키며 큰 주목을 받고 있다. NPN

어워드에서 산업혁신(Industry Innovation)상을 수상한 WPP는 엔비디아 옴니버스(NVIDIA Omniverse) 플랫폼을 기반으로 한 생성형 AI 콘텐츠 엔진을 개발해 업계에 새로운 지평을 열고 있다. 이 혁신적인 엔진은 다양한 브랜드들이 자신의 정체성을 유지하면서도 대규모로 고품질 콘텐츠를 생성할 수 있는 능력을 제공하여, 마케팅과 광고 분야에 획기적인 변화를 가져오고 있다.

특히 AI 기반 이미지 및 비디오 생성 기술도 WPP의 주요 서비스 중 하나다. 어도비 파이어플라이(Adobe Firefly), 엔비디아 피카소(NVIDIA Picasso) 등의 생성형 AI 모델을 활용하여 다양하고 충실도 높은 시각적 콘텐츠를 제작하고 있다. 또한 WPP는 3D 콘텐츠 통합에도 주력하고 있다. 어도비 서브스턴스 3D(Adobe Substance 3D), 캐드(CAD) 툴 등과 연계하여 사실적이고 브랜드에 부합하는 제품의 디지털 트윈을 구축함으로써, 2D 제품을 생동감 있는 3D 제품으로 전환하여 소비자와의 상호작용을 한층 더 강화하고 있다.

이외에도 WPP의 프로덕션 스튜디오는 AI 지원 앤드투앤드(End-to-end) 제작 애플리케이션으로, 텍스트, 이미지, 동영상 제작을 간소화하고 자동화한다. 이를 통해 창의적인 팀들은 반복적인 작업에서 벗어나 더 높은 수준의 전략적 사고에 집중할 수 있게 조직문화를 변화시키고 있다. 그중 주목받는 서비스 중 하나가 다국어 AI 카피라이팅 서비스다.

다국어 AI 카피라이팅은 글로벌 브랜드들에게 특히 유용한 서비스다. AI를 사용하여 브랜드의 '톤앤매너'를 유지하면서도 다양한

출처: YouTube-WPP to create generative 3D worlds in collaboration with NVIDIA

언어로 일관된 메시지를 전달할 수 있게 된것이다. 이는 글로벌 마케팅 캠페인의 효율성과 일관성을 크게 향상시킨다.

WPP의 CEO인 마크 리드(Mark Read)는 "생성형 AI가 마케팅 세계를 놀라운 속도로 변화시키고 있다"고 언급하며, 이러한 기술 혁신이 업계에 미치는 영향력을 강조했다. WPP의 AI 기반 솔루션은 단순히 기술적 진보를 넘어, 마케팅의 효율성과 창의성을 동시에 높이는 새로운 시대를 열고 있다.

거인의 파트너들을 주목하라

〈타임〉이 선정한 'TIME 100 AI 2024' 리스트는 AI 분야에서 영향력 있는 100인을 포함한다. 이 리스트에는 젠슨 황(Jensen Huang)

엔비디아 CEO, 마크 저커버그 메타 CEO와 같은 빅테크 기업 리더들부터 정부 관료, 학자, 예술가에 이르기까지 다양한 분야의 인물들이 포함됐다. 특히 한국의 이교구 수퍼톤(Supertone) 대표가 선구자 부문에 선정돼 주목을 받았다.

이러한 다양한 분야의 인물들이 선정된 것은 AI가 더 이상 특정 산업에 제한되지 않고 전 산업군에 광범위한 영향을 미치고 있음을 보여준다. AI는 음악, 영화, 의료, 금융, 교육 등 거의 모든 분야에서 혁신을 주도하고 있으며, 사람들의 일상생활과 업무 방식을 근본적으로 변화시키고 있다.

이에 대비하기 위해서는 엔비디아, 메타, X(구 트위터), 애플 등 주요 빅테크 기업들의 동향을 주시하는 것이 중요하다. 이들 기업의 파트너사들과 협력 관계, 그리고 주요 콘퍼런스나 키노트에서 발표되는 내용들을 통해 AI 기술의 발전 방향과 산업 적용 사례를 파악할 수 있다.

빠르게 변화하는 요즘, 빅테크 기업들이 주로 새벽 시간대에 진행하는 키노트 라이브(Keynote Live) 발표를 기다리며 인사이트를 얻고 미래를 준비해보는 것은 어떨까? 이러한 발표들은 최신 기술 트렌드와 혁신적인 아이디어를 직접 접할 수 있는 좋은 기회를 제공한다.

변화의 파도는 결코 멈추지 않는다. 우리는 이제 단순히 구글 검색을 하는 수준을 넘어서, AI 기술을 적극적으로 활용하고 이해하는 'AI 서핑'을 할 시기에 접어들었다. 이는 단순히 정보를 찾는 것을 넘어, AI 기술을 통해 새로운 인사이트를 얻고, 문제를 해결하며, 혁신을 창출하는 과정을 의미한다. 이제 웹 서핑을 넘어 AI 서핑을 함께 즐겨보자.

유튜브가 활용하는
AI TOP 3

〔〚 비오, 제미나이, 자동 더빙 〛〕

유튜브(Youtube)는 2005년 단순한 동영상 공유 플랫폼으로 시작했지만, 현재는 글로벌 미디어 생태계의 중심이 되었다. 과거의 관심경제를 기반으로 한 미디어 환경은 메타, X(구 트위터), 유튜브, 틱톡(Tiktok), 인스타그램(Instagram) 등 소셜미디어 플랫폼 중심으로 재편됐다. 이러한 플랫폼들은 사용자들과 지속적으로 연결되며 다양한 콘텐츠를 제공하고 있다.

그렇다면 2025년 유튜브는 AI를 통해 어떤 미래를 꿈꾸고 있을까?

생성형 비디오 '비오'와 꿈만 같은 드림 스크린

구글 딥마인드(Google Deepmind)의 최첨단 동영상 생성 모델 '비오(Veo)'가 유튜브 쇼츠에 통합된다. 비오는 고품질 영상을 생성하고 다양한 스타일을 구현할 수 있으며, 기존의 드림 스크린(Dream Screen) 기능을 크게 향상시켜 크리에이터들이 맞춤형 유튜브 배경을 만들고 생성형 쇼츠를 제작할 수 있도록 돕는다.

유튜브 관계자들에 따르면, 책 관련 크리에이터는 고전 소설 속 장면을 생생하게 구현할 수 있고, 패션 관련 크리에이터는 혁신적인 디자인 컨셉을 즉각적으로 시각화하여 시청자와 공유할 수 있다. 이뿐만 아니라, 여행 브이로그 제작자는 뉴욕 스카이라인과 같은 장면을 추가하여 영상에 맥락을 더할 수 있다고 설명한다.

특히나 인상 깊은 부분은 비오를 통해 생성된 모든 콘텐츠는 딥마인드의 신스ID(SynthID) 기술을 사용해 워터마크가 삽입돼 AI 생성 콘텐츠임을 명확히 표시할 수 있다는 점이다. 현재 다른 소셜 플랫폼에서도 유사한 기술 도입을 시도 중이지만 쉽지 않은 상황이다.

비디오 아이디어를 제안해주는 브레인스토밍

창작의 세계에서는 영감이 전부다. 누구나 카메라를 들고 영상을 찍을 수 있지만, 진정으로 사랑받는 콘텐츠를 만들어내는 것은 또 다른 차원의 도전이다. 유튜브 플랫폼에서 매일 수백만 개의 영상이 업로드되지만, 그중 시청자들의 마음을 사로잡는 것은 극소수에 불과하다. 이는 콘텐츠의 핵심, 바로 '기획'의 중요성을 여실히 보여준다.

이러한 창작의 첫걸음을 돕기 위해 유튜브가 혁신적인 도구를 선보였다. 구글의 생성형 AI 기술인 '제미나이(Gemini)'를 기반으로 한 이 새로운 브레인스토밍 도구는 크리에이터의 개성과 최신 트렌드를 정교하게 분석하여 맞춤형 아이디어를 제안한다. 이는 단순한 기술의 진보를 넘어, 창작의 민주화를 향한 도약이다.

새롭게 개편된 아이디어 탭은 단순히 동영상 주제를 제안하는 데 그치지 않고, 제목, 썸네일, 개요, 그리고 심지어 대본의 첫 몇 줄까지 자동으로 생성한다. 이는 크리에이터가 아이디어 구상부터 실제 제작 단계로 더 빠르게 넘어갈 수 있도록 돕는다.

특히 주목할 만한 점은 이 도구가 유튜브의 알고리즘을 고려해 최적화된 제안을 한다는 것이다. 이는 크리에이터의 콘텐츠가 더 많은 시청자에게 노출될 가능성을 높일 수 있다. 최근 늘 알고리즘의 트렌드를 공부해야 했던 마케터들에게는 희망적인 소식이다.

2025년에는 이 기능이 더욱 확장될 예정이다. 크리에이터는 자신의 인기 댓글, 다른 동영상, 또는 개인 카탈로그 등 다양한 소스에서 영감을 얻은 후 바로 아이디어 탭으로 이동할 수 있는 새로운 바로가기 기능이 도입될 것이다. 이러한 AI 도구의 도입은 콘텐츠 제작의 진입 장벽을 낮추고 크리에이터의 생산성을 높이는 데 기여할 것으로 보인다. 그러나 동시에 AI 생성 콘텐츠의 범람과 창의성의 획일화에 대한 우려도 제기되고 있다. 결국 이 도구를 활용해 얼마나 새롭고 참신한 아이디어를 창출할 수 있느냐가 관건이다.

자동 더빙

언어의 장벽은 때로 우리가 콘텐츠의 본질이나 창작자의 진정한 의도에 온전히 집중하지 못하게 만든다. 대사나 유머들을 이해하기 위해 자막에 의존하다 보면, 영상의 감동적인 순간들이나 미묘한 뉘앙스를 놓쳐 버릴때가 있다. 화면과 자막 사이를 오가는 시선 속에서 우리는 얼마나 많은 감동적인 순간들을 놓쳐 왔을까? 하지만 이제, 유튜브가 이 오랜 고민에 해답을 제시한다. AI 기반의 자동 더빙 기술로 크리에이터들은 언어의 경계를 넘어 전 세계 시청자들과 직접 소통할 수 있게 되었다. 동영상의 오디오 트랙을 다양한 언어로 자연스럽게 변환하는 이 기술은 우리가 꿈꿔온 진정한 글로벌 콘텐츠 시대의 서막을 알리고 있다.

초기에는 영어에서 스페인어와 포르투갈어로의 더빙만 가능했지만, 이제 프랑스어와 이탈리아어를 포함한 더 많은 언어가 지원될 예정이다. 유튜브는 앞으로 이 기능을 수십만 명의 크리에이터에게 확대 제공할 계획이며, 크리에이터들은 동영상 업로드시 자동으로 더빙을 적용하거나 선택적으로 이 기능을 사용할 수 있게 된다.

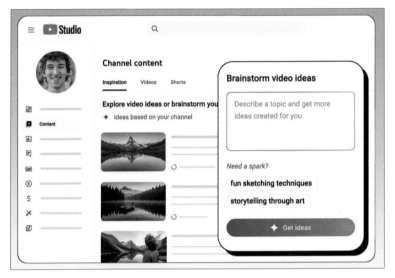

출처: http://blog.youtube/

특히 이번 더빙 기술은 단순한 언어 전환을 넘어 콘텐츠의 본질을 이해하는 데 큰 도움이 될 예정이다. 원본 오디오의 어조, 억양, 심지어 주변 소리까지 더빙된 오디오에 정교하게 반영함으로써, 시청자들에게 원작의 감성과 뉘앙스를 그대로 전달하는 것을 목표로 하기 때문이다.

이러한 발전은 〈오징어 게임〉과 같은 글로벌 히트 콘텐츠에서 드러났던 문화적·언어적 차이로 인한 의미 전달의 한계를 극복하려는 중요한 시도다. 실제로 〈오징어 게임〉의 영어 자막 번역에서는 한국어의 독특한 호칭 체계나 문화적 맥락을 완벽히 전달하지 못한 아쉬움이 있었다. 예를 들어, '형'이라는 호칭의 깊은 의미나 '깐부'와 같은 문화적 개념을 영어로 온전히 옮기는 것이 불가능했다.

하지만 이번 AI 더빙 기술은 이러한 간극을 메울 수 있도록 억양과 어조가 콘텐츠의 의도와 방향을 크게 좌우할 수 있다는 점을 인식하고, 세밀하게 재현하려 노력한다. 이는 단순히 대사를 번역하는 것을 넘어, 인플루언서들의 수많은 콘텐츠들을 이해하는 데 큰 도움이 될 전망이다.

이 기술의 도입으로 기존의 자막 시스템이 가진 한계를 극복하고, 시청자들이 영상에 더욱 집중할 수 있게 될 것이다. 크리에이터들은 이를 통해 더 넓은 글로벌 시장에 진출할 수 있는 기회를 얻게 되며, 유튜브는 콘텐츠의 국제화를 통해 플랫폼의 경쟁력을 한층 강화하게 된다.

이처럼 구글은 자체 개발한 대규모 언어 모델인 제미나이와 다양한 생성형 AI 모델들을 기존 서비스에 즉시 통합할 수 있는 강력한 이점을 보유하고 있다. 이러한 통합은 구글의 광범위한 서비스 생태계와 AI 기술력을 결합하여 사용자 경험을 혁신적으로 개선하고 새로운 기능을 신속하게 구현할 수 있게 한다. 이러한 상황 속에서, AI 기술 개발과 적용에 있어 빅테크 기업들이 상당한 우위를 점하고 있다. 이미 성공적인 플랫폼을 보유하거나 하드웨어 제조 능력을 갖춘 기업들이 AI 개발과 혁신에 더욱 유리한 위치인 것이다. 이들은 기존의 사용자 기반, 데이터, 인프라를 활용하여 AI 기술을 신속하게 통합하고 실제 서비스에 적용할 수 있기 때문이다. 이러한 경쟁 속에서 기존의 플랫폼들의 AI 하이브리드 서비스들을 더 많이 경험해볼 수 있게 될 전망이다.

AI와 산업의 진화:

비즈니스와

서비스의 혁신

글로벌 UI/UX 디자이너들이
주목하는 AI 서비스 Top 10

‖ 위자드, 갈릴레오 AI ‖

AI가 UI/UX 디자인에 불러온 변화는 더 이상 흥미로운 트렌드 수준을 넘어, 업계의 판도를 재편하는 핵심 요소로 자리매김하고 있다. UX 디자인의 세계는 오랜 시간 사람 중심의 사고와 분석, 그리고 반복적인 프로세스가 결합돼 만들어진 결과물이었다. 디자이너들은 사용자의 행동과 심리를 파악하며 눈에 보이지 않는 경험을 눈에 보이는 형태로 표현해왔다. 그런데 이 복잡하고 다면적인 작업에 AI가 본격적으로 도전장을 내밀면서, 우리는 그야말로 새로운 시대의 문턱에 서게 되었다.

직관과 창의력을 보완해주는 AI

기존 UI/UX 디자인에서 발생하는 가장 큰 페인 포인트(Pain point)는 무엇이었을까? 바로 '사용자의 경험'이라는 것은 절대적으로 추상적인 개념이라는 점이다. 각기 다른 문화, 배경 그리고 성향을 가진 사용자들은 같은 인터페이스를 두고도 저마다의 반응을 보이기 마련이다. 이를 일일이 분석하고 디자인에 반영하는 것은 시간이 많이 걸리는 것은 물론, 어느 정도 비효율적인 작업 방식이 필연적으로 요구될 수밖에 없었다. 더구나 새로운 제품이나 서비스가 끊임없이 등장하는 오늘날의 환경에서는 사용자에게 최적화된 디자인을 신속하게 적용하는 것이 중요해졌는데, 이런 상황에서 AI의 등장은 디자인 프로세스에 혁명일 수밖에 없다.

가장 주목할 만한 변화는 AI가 더 이상 단순히 이미지를 생성하거나 편집하는 수준에 머무르지 않고 '사용자 경험'이라는 무형의 영역에까지 도전하고 있다는 점이다. 그동안 이미지를 자동 생성하는 AI 기술은 그 자체로도 대단한 혁신이었다. 단순한 명령어 입력만으로도 상상 이상의 결과물을 얻어낼 수 있었으니까. 그런데 이제 AI는 한 단계 더 나아가 사용자의 행동 패턴, 감정, 요구사항 등을 이해하고 이를 기반으로 직관적이고도 매력적인 UI를 구성하는 단계까지 발전한 것이다.

특히 이러한 발전이 얼마나 빠르게 진행됐는지 주목할 필요가 있다. 불과 몇 년 전만 해도 디자이너들이 사용한 AI는 그저 간단한 반복 작업을 도와주는 도구에 불과했다. 그러나 지금의 AI는 사용자의 시선 흐름을 예측하고 클릭 가능성을 판단하며, 심지어 복잡한 워크플로우를 시각적으로 이해하고 개선하는 수준에 이르렀다. 이제 단순히 AI가 디자인을 '도와주는' 것이 아니라, 디자인 과정 전반을 '이끌어가는' 존재로 진화하고 있는 것이다.

이렇게 생성된 AI 디자인 결과물은 실용성 면에서도 뛰어나다. AI가 생성한 디자인 시안은 곧바로 웹이나 모바일 환경에 적용할 수 있을 정도로 정교한 퀄리티를 보여주고 있다. 수작업으로는 수십 시간이 걸릴 법한 프로토타입을 몇 분 만에 완성해내고, 그것을 바로 테스트해볼 수 있다는 점은 디자이너들에게 엄청난 경쟁력을 부여한다. 이런 배경 속에서 AI UI/UX 디자인 도구들은 단순히 효율적인 툴 그 이상으로 인식되고 있다. 이는 디자인의 본질을 재해석하고, 전통적인 프로세스에 새로운 활력을 불어넣는 파트너라고 해도 과언이 아니다.

AI 기반의 UI/UX 디자인 도구들은 이미 전 세계의 디자이너들에게 주목받고 있다. 뒤에서 소개할 이 도구들은 저마다 독특한 강점을 갖고 있는데 어떤 것은 사용자의 클릭 경로를 예측해 최적의 인터페이스를 제안하고, 또 어떤 것은 손글씨를 기반으로 고퀄리티 와이어프레임을 만들어내기도 한다. 기존의 UI/UX 디자인 작업은 보통 아이디어 구상에서부터 시각화 그리고 프로토타이핑에 이르기까지 여러 단계를 거쳐야 했는데 AI는 이 모든 단계를 하나로 통합해 디자인의 효율성을 극대화하고 있다.

물론 모든 것을 AI에 의존하는 것이 정답은 아니다. AI는 분명히 빠르고 정확한 결과물을 제시할 수 있지만, 여전히 인간 디자이너만이 포착할 수 있는 감성과 맥락이 존재한다. 예를 들어, 특정 컬러의 선택이나 미묘한 인터랙션 요소는 단순한 데이터로는 설명되지 않는 부분이 많다. 하지만 AI가 인간의 직관과 창의력을 보완해주고 반복적인 작업에 소요되는 시간을 줄여줌으로써 디자이너는 더 큰 그림을 그리는 데 집중할 수 있게 되었다.

10가지 AI 디자인 도구

앞으로 어떤 AI UI/UX 디자인 도구들이 성장해 나갈까, 그리고 디자이너들은 이 변화에 어떻게 대응하게 될까. 이제부터 살펴볼 주요 AI 디자인 도구 10선이 그 답을 어느 정도 알려줄 것이다.

1. 위자드 - AI 기반 빠른 프로토타이핑 도구

위자드(Uizard)는 AI 기술을 활용한 혁신적인 UI/UX 디자인 및 프로토타이핑 도구다. 오토디자이너(Autodesigner) 기능을 통해 간단한 텍스트 프롬프트만으로 다중 화면 프로토타입을 생성할 수 있어 아이디어를 빠르게 시각화할 수 있다. 스크린샷 스캐너 기능은 완전 마법 같은데 기존 앱이나 웹사이트의 스크린샷을 업로드하면 그걸 바로 편집 가능한 목업으로 변환해준다. 이게 어떤 의미냐 하면, 이미 있는 디자인을 빠르게 수정하거나 새로운 프로젝트를 시작할 때 영감을 얻을 수 있다는 뜻이다. 또한 손으로 그린 와이어프레임이나 스케치도 디지털 프로토타입으로 바로 변환할 수 있는 와이어프레임 스캐너 기능이 있어 디자인 초기 단계에서 작업을 바로 디지털화할 수 있다.

2. 갈릴레오 AI - AI 기반 UI 디자인 생성 도구

갈릴레오 AI(Galileo AI)의 '텍스트투유아이(Text-to-UI)' 기능은 '이렇게 만들고 싶어요!'라고 간단히 말하면, 해당 요청이 고품질 UI 디자인으로 빠르게 변환된다는 점이 혁신적이다. 이 기능 덕분에 브레인스토밍할 때 바로바로 아이디어를 시각화할 수 있어 시간 절약은 물론이고, 디자인 과정도 한결 수월해진다. '이미지투유아이(Image-to-UI)' 변환 기능도 놀랍다. 기존 이미지를 올리면 그걸 바탕으로 새로운 UI를 만들어주는데, 리디자인 작업에 들어가는 노력을 확 줄여준다. 마치 디자이너가 생각하는 걸 AI가 눈치채고 바로 만들어주는 느낌이다. 디자이너들의 최애 기능이 될 만한 건 바로 광범위한 UI 템플릿, 아이콘, 일러스트레이션 라이브러리다. 여기서 필요한 모든 요소를 바로 가져다 쓸 수 있으니 '디자인 에셋'을 찾기 위한 시간 낭비 없이 디자인에만 온전히 집중할 수 있다.

3. 어텐션 인사이트 - AI 기반 시선 추적 및 UX 분석 도구

어텐션 인사이트(Attention Insight)는 AI 기반 시선 추적 및 UX 분석 도구로, 디자인에서 '진짜 사용자라면 여기서 뭘 볼까?'라는 고민을 단번에 해결해주는 서비스다. 실제 사용자를 불러 모으지 않아도 90~96% 정확도의 시선 히트맵을 만들어주는데, MIT에서 검증된 기술이라고 하니 정확도에 대한 걱정은 접어둬도 좋다. 3~5초 내에 첫인상 분석이 가능해 디자인이 사용자에게 어떻게 보여질지 빠르게 알 수 있다. 그리고 'Clarity Score' 기능으로 디자인의 명확성을 경쟁사와 비교해볼 수 있어서 '내 디자인이 얼마나 깔끔한지?'를 한눈에 파악할 수 있다. A/B 테스트 없이도 디자인 버전 비교가 가능하니 더 빠르게 개선 방향을 잡을 수 있고, 덕분에 마케터와 디자이너들이 더 짧은 시간에 데이터 기반의 결정을 내리기 딱 좋다.

4. 비주얼아이즈 - AI 기반 디자인 분석 및 최적화 도구

비주얼아이즈(VisualEyes)는 AI 기반 디자인 분석 및 최적화 도구로, 디자이너와 마케터에게 특별한 인사이트를 제공하는 데 탁월하다. AI 주의력 히트맵을 통해 사용자가 디자인을 볼 때 시선이 어디에 집중되는지 미리 파악할 수 있어, 마치 실제 아이트래킹 테스트를 하는 것처럼 디자인의 주목도를 확인할 수 있다. 크롬 확장 프로그램으로 바로 웹사이트를 분석할 수 있어 경쟁사 분석이나 전환율 최적화가 필요할 때 바로바로 적용할 수 있다는 것도 큰 장점이다. 게다가 작업 중에도 끊김 없이 사용할 수 있는 디자인 툴 플러그인 덕분에 워크플로우에 방해받지 않고 바로 피드백을 받을 수 있다. A/B 테스팅 기능도 있어 다양한 디자인 버전의 효과를 비교할 수 있으니, 출시 전에 확실한 디자인을 선택하는 데 큰 도움이 된다.

5. 비실리 - AI 기반 디자인 자동화 도구

비실리(Visily)는 AI 기술을 활용해 UI/UX 디자인을 간소화하고 자동화하는 혁신적인 도구다. 직관적인 인터페이스 덕분에 디자인 경험이 없는 사용자도 쉽게 전문적인 디자인을 완성할 수 있고, 1,500개 이상의 템플릿으로 빠르게 시작할 수 있어 시간 절약도 만점이다. 복잡한 플로우차트를 자동으로 생성해주는 AI 기반 다이어그램 생성 기능 덕분에, 프로세스 시각화도 손쉽게 할 수 있다. 크롬 확장 프로그램을 통해 웹사이트 디자인을 즉시 캡처하고 비실리로 가져와 편집하는 것도 가능하니, 효율적으로 고품질 UI/UX 디자인을 만드는 데 큰 도움이 된다.

6. 피그마 - 업계 표준 협업 디자인 도구

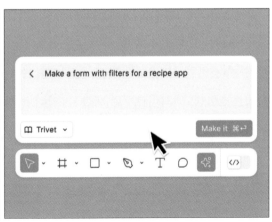

출처: https://www.figma.com/ko-kr/ai/

피그마(Figma)는 협업 디자인의 선두주자로, 최근 AI 기능을 추가하면서 더욱 혁신적인 도구로 거듭나고 있다. 'Visual Search' 기능을 사용하면 이미지를 업로드하고 비슷한 디자인을 순식간에 찾을 수 있어서 시간 절약에 효과적이다. AI 강화 'Asset Search'는 검색어의 의미를 이해해 관련 컴포넌트를 더 정확히 찾아주니, 원하는 디자인 요소를 찾는 일이 훨씬 쉬워진다. 'Make Prototype' 기능은 정적 목업을 인터랙티브 프로토타입으로 빠르게 변환해주기 때문에 아이디어를 시각화하는 데 유용하다. 또한 새로운 UI3 인터페이스가 몰입감 있는 캔버스를 제공해 디자인 경험을 한층 업그레이드해준다.

7. 캔바 - AI 기반 그래픽 디자인 도구

캔바(Canva)는 그동안 뛰어난 그래픽 디자인 도구로 잘 알려져 있었지만, 이제 AI 기술이 더해져 그 기능이 더욱 확장되었다. AI 기능 확장에 있어 'Magic Studio'가 바로 그 중심에 있다. 텍스트 프롬프트를 입력하면 'Magic Design'이 완벽한 디자인을 즉석에서 생성해주고, 기존 이미지의 특정 부분을 'Magic Edit'로 간편하게 수정할 수 있다. 불필요한 요소는 'Magic Eraser로 손쉽게 제거하고, 이미지를 AI로 확장해 새로운 콘텐츠를 만들어주는 'Magic Expand' 기능 덕분에 디자인의 가능성이 한층 더 넓어졌다.

8. 어도비 파이어플라이 - 어도비의 생성형 AI 디자인 도구

어도비 파이어플라이(Adobe Firefly)는 저작권 걱정 없이 상업적으로 사용할 수 있는 안전한 선택이다. 'Adobe Stock' 라이브러리와 공개 도메인 이미지로만 학습되어 저작권 문제에서 자유롭기 때문이다. 게다가 포토샵(Photoshop)이나 일러스트레이터(Illustrator) 같은 어도비 크리에이티브 클라우드(Adobe Creative Cloud) 앱과 완벽하게 통합되니, 기존 워크플로우가 한층 더 매끄럽게 진행된다. 다양한 생성 기능을 통해 텍스트를 이미지로 변환하거나, 이미지를 멋지게 수정하고 재색상화까지 할 수 있으니 기술적 장벽에 막혀있던 창의력을 맘껏 발휘할 수 있다. 개발자들은 파이어플라이의 기능을 자신들의 애플리케이션에 통합할 수 있는 API 접근성도 제공받으니, 한 번 사용해보면 지속적으로 손이 갈 것으로 예상된다.

9. 미드저니 - 텍스트 기반 이미지 생성 AI 도구

미드저니(Midjourney)는 UI 디자이너들이 디자인 프로세스를 훨씬 수월하게 만들어주는 도구다. 다양한 디자인 컨셉과 스타일을 빠르게 탐색할 수 있어 초기 단계에서 시각적 방향성을 잡는 데 큰 도움이 된다. 여러 스타일을 비교하고 팀과 공유할 수 있는 무드보드를 쉽게 만들어 최종 방향을 결정하기 전에 여러 옵션을 고려할 수 있다. 텍스트 프롬프트를 사용해 UI 레이아웃, 컬러 팔레트, 타이포그래피 아이디어를 즉시 생성할 수 있으니 초기 프로토타입 제작이 정말 간편해진다. 앱 아이콘, 로고, 일러스트레이션 같은 다양한 디자인 요소를 생성해 추가 작업을 이어갈 수 있고, 스타일 가이드 개발에도 유용해 일관된 디자인 언어를 만드는 데 도움을 준다. A/B

테스트를 위한 디자인 변형을 신속하게 만들어 클라이언트와 팀 간 소통을 훨씬 원활하게 해준다.

10. 디자인스 AI - 종합 AI 디자인 솔루션

디자인스 AI(Designs. AI)는 그래픽, 비디오, 오디오 콘텐츠를 모두 생성할 수 있는 멀티 툴이다. 직관적인 인터페이스 덕분에 초보자도 전문가처럼 고품질 콘텐츠를 빠르게 만들어낼 수 있다. AI 기반 자동화로 마케팅 자료도 척척 제작하니 시간과 비용도 아낄 수 있다. 다양한 템플릿과 커스터마이즈 옵션으로 브랜드에 딱 맞는 디자인을 쉽게 만들고, 'Color Matcher'나 'Font Pairer' 같은 도구로 완성도를 높일 수 있다.

이 새로운 시대의 디자인 툴은 인간과 AI의 협업을 전제로 하고 있다. 과거에는 하나의 아이디어를 실제 디자인으로 옮기기까지 오랜 시간이 걸렸다면, 이제는 AI가 그 과정을 가속화해주면서 디자이너들이 더 많은 시도를 할 수 있게 된 것이다. 무한한 반복과 실험 속에서 가장 완벽한 디자인을 찾아낼 수 있는 환경이 마련되었다는 점에서, 디자인 업계에 큰 기회로 작용하고 있다.

버튼 하나로 완성되는
집 거래

〚 엘리제 AI, 테스트핏 〛

비즈니스 세계는 끊임없이 변화하지만, 성공의 근본 원칙은 변하지 않는다. 아마존(Amazon)의 제프 베이조스(Jeff Bezos)와 버크셔 해서웨이(Berkshire Hathaway Inc.)의 워런 버핏(Warren Buffett), 두 거물 기업인들의 철학에서 우리는 이 불변의 법칙을 발견할 수 있다.

베이조스는 "앞으로 10년 동안 변하지 않을 것에 집중하는 것이 변할 것에 대한 질문보다 더 중요하다"고 강조했다. 비슷한 맥락에서 버핏은 2024년 버크셔 해서웨이 주주총회에서 '부동산은 근본적(fundamental)'이라고 선언했다. 이는 시장의 변화와 도전 속에서도 부동산의 본질적 가치가 변하지 않았음을 강조한 것이다.

부동산 시장은 여전히 많은 이들이 가치 있게 여기는 투자 대상이다. 그러나 부동산 투자에 필요한 고급 정보는 좋은 네트워크가 없으면 접하기 어려워, 정보의 비대칭성으로 인한 경제적 양극화가 심화되고, 시드머니가 없다면 더더욱 투자와는 거리가 멀어질 수밖에 없다. 이러한 배경 속에서 AI 기술의 도입은 부동산 시장의 민주화 가능성을 제시하고 있다.

2010년대 초반부터 사용되기 시작한 프롭테크(PropTech)라는 용어는 부동산을 의미하는 'Property'와 기술을 의미하는 'Technology'의 합성어로, 부동산 분야에 정보통신기술이 접목된 형태의 서비스를 언급할 때 주로 쓰인다. 초기에는 공유오피스나 온라인 중개 플랫폼(오늘의 집, 다방, 직방 등) 위주로 발전했지만, 최근에는 가상현실(VR), 사물인터넷(IoT) 등 첨단 기술과 결합하며 산업 영역을 다각화하고 있다.

이제 AI를 가장 적극적으로 사용하고 있는 부동산관리 영역과 생성적 설계(Generative Design) 부분을 살펴보자.

사람보다 뛰어난 소통능력을 가진 엘리제 AI

일단 부동산 관리 영역에서 요즘 떠오르고 있는 회사는 엘리제 AI(Elise AI)다. 2017년 미국에서 설립된 이 회사는 집을 빌리려는 사람과 임대인의 소통을 돕는 AI 챗봇 스타트업으로 최근 유니콘 기업으로 성장했다.

엘리제 AI의 핵심 제품은 부동산 관련 소통을 대신해주는 AI 챗봇이다. 이 챗봇은 단순한 질의응답을 넘어, 임대인 대신 임차인과 통화한 뒤 요약하여 내용 전달까지 해준다. 또한 부동산 분야에 특화된 데이터 학습을 통해 정확한 응답이 가능하다. 이외에도 아파트 임장 관리, 유지 보수 요청 처리, 임대 갱신 관리, 임대료 연체 처리 등 복잡한 업무를 처리한다.

또한 문자 메시지, 전화, 이메일 등 다양한 채널을 통해 소통할 수 있어 사용자 편의성이 높다. 24시간 응답 가능한 시스템으로 시간에 구애받지 않고 즉각적인 소통이 가능하며, 내부적으로 생성한 데이터만을 학습에 활용하여 개인정보 유출 우려가 적다. 실제로 해당 서비스에 AI를 도입한 후 임장 예약이 크게 증가하고, 임차인의 월세 연체가 50% 감소하는 등 실질적인 성과를 보여주고 있다.

엘리제 AI가 주목받는 이유 중 하나는, 소통 성능이 매우 뛰어나 실제 사람으로 착각하는 경우가 종종 생긴다는 에피소드 때문이다. 어떤 고객들은 임대 사무실에 와서 엘리제라는 이름의 담당자를 직접 만나고 싶다고 요청했다고 한다. 세입자들은 이 챗봇에게 커피를 마시러 가자고 문자를 보내기도 했고, 관리자들에게 엘리제가 월급을 인상받아야 한다고 말하기도 했다는 것이다.

머지않아 세입자들은 집주인에게 직접 "물이 나오지 않는데 수도 교체를 어떻게 하나요?"와 같은 질문을 할 필요가 없어질 것이다. 대신 AI 기반 챗봇이나 음성 비서가 24시간 내내 이러한 문의에

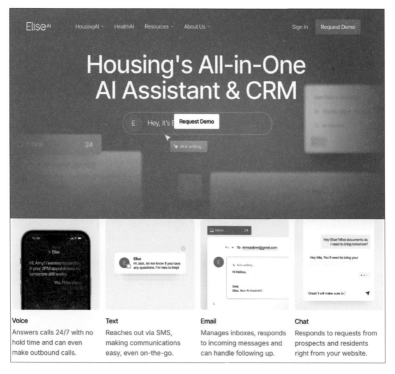

Voice
Answers calls 24/7 with no
hold time and can even
make outbound calls.

Text
Reaches out via SMS,
making communications
easy, even on-the-go.

Email
Manages inboxes, responds
to incoming messages and
can handle following up.

Chat
Responds to requests from
prospects and residents
right from your website.

출처: https://www.eliseai.com/

즉각적으로 대응하고 필요한 조치를 취할 수 있을 것이다. 이러한 기술의 발전은 부동산 관리의 효율성을 크게 높이고 세입자와 집주인 모두에게 편의를 제공할 것으로 기대된다. 하지만 동시에 직접적인 소통이 줄어들 수 있다는 우려도 제기된다. 따라서 AI 기술을 적절히 활용하면서도 인간적인 요소를 유지하는 균형 잡힌 접근을 항상 고려해야 한다.

최적의 설계안을 찾아주는 테스트핏

부동산 분야의 생성적 설계(Generative Design) 영역에서 주목받는
또 다른 기업으로 테스트핏(TestFit) 이라는 AI 기반 부동산 설계 플
랫폼이 있다. 2024년을 기준으로 테스트핏은 부동산 개발자, 건축
가, 계약자들 사이에서 필수적인 도구로 자리매김하고 있다. 이 플
랫폼은 실시간 AI를 활용해 사용자의 요청사항에 따라 최적의 건물
설계안을 즉시 생성하며, 부동산 개발 프로세스의 효율성을 크게 향
상시켜 준다.

단위 수, 주차 비율, 수익률 등 다양한 값을 입력하면 AI가 순식
간에 최적의 해결책과 A, B안을 제시한다. 뛰어난 효율성으로 인해,

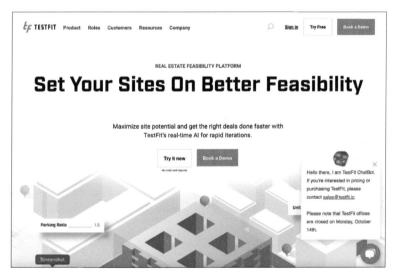

출처: https://www.testfit.io/

테스트핏의 사용자들은 부지 계획 과정을 4배 이상 빠르게 진행할 수 있었고 비용도 절감했다고 한다. 개발자들 역시 단 몇 분 만에 수백 가지의 설계안을 검토할 수 있게 되었다. 이는 부동산 개발에서 전례 없는 수준의 자동화와 최적화를 가능케한 사례다.

VR에 특화된 어라이크

국내에서도 다양한 AI 부동산 솔루션이 부상하고 있는데, 그 중 네이버랩스가 개발한 디지털 트윈 솔루션 '어라이크(ALIKE)'가 주목 받고 있다. 이 기술을 활용한 '부동산 VR 매물·단지투어' 서비스는 아파트 단지와 매물의 공간 내부를 실제와 동일하게 구현하여 사용자에게 현실감 있는 온라인 경험을 제공한다. VR기기를 착용하면 아파트 단지와 매물의 내부를 자유롭게 탐색할 수 있다. 이 과정에서 단지의 시간대별 일조량, 매물의 공간 구조, 깊이감 등을 생생하게 체험할 수 있어, 실제 방문과 유사한 수준의 정보를 얻을 수 있다.

특히 이 서비스는 360도 카메라로 촬영한 공간 데이터와 드론으로 촬영한 고해상도 2D 이미지를 AI로 취합한 후 3D로 복원하는 기술을 활용하며 높은 정확도를 자랑한다. 사용자는 아파트 건물의 형태와 높이, 외벽의 질감은 물론 주차장, 놀이터, 공원, 커뮤니티 센터, 상가 등 단지 내 모든 시설물을 현실과 동일하게 구현된 모습으로 확인할 수 있다.

콘테크도 투자해야 할 때

콘테크(Construction Technology)는 프롭테크 중에서도 가장 주목받는 분야로, AI 기술을 건설 현장에 접목해 생산성을 높이는 기술을 의미한다. 콘테크는 현장의 디지털화와 자동화를 통해 건설사들의 원가 급등 문제를 해결할 수 있는 방안으로 여겨져 왔다.

그러나 한국의 콘테크 시장은 아직 미미한 수준이다. 한국의 콘테크는 프롭테크 투자액 중 단 4%를 차지하는 데 그치는 상태다. 반면 미국의 경우, 콘테크 시장이 지난 10년간 11조 원의 투자를 유치하며 프롭테크 투자액의 17%를 차지할 정도로 크게 성장했다.

이러한 차이의 원인으로 업계에서는 한국 건설 산업의 보수적인 성향과 느린 디지털 전환을 지적하고 있다. 특히 부동산 중개나 관리 분야에 비해 개발이나 시공 분야에서 이러한 경향이 더욱 두드러진다. 따라서 한국의 AI부동산 산업이 더욱 발전하기 위해서는 미래를 위한 투자를 과감하게 고려해봐야 할 시점이다.

AI로 글로벌 재활용 인프라를
혁신하다

〚 AMP 로보틱스 〛

오늘날 지구는 마치 거대한 쓰레기 공장의 형상처럼 보인다. 이 거대한 공장에서는 매일 약 20억 톤 이상의 쓰레기가 쏟아져 나오고 있으며, 플라스틱 폐기물은 매년 3억 톤 이상을 포함한다. 쓰레기 산은 매년 무섭게 그 높이를 더해가고 있다. 이런 환경에서 재활용은 분명 중요한 해결책이지만, 현재의 재활용 시스템은 이 문제를 효과적으로 해결하고 있지는 못하다.

각국의 재활용 정책과 처리 방식은 저마다 다르지만, 전반적으로 재활용률은 여전히 낮은 수준에 머물러 있다. 예를 들어, 유럽 연합의 경우 2020년까지 생활 폐기물의 50%를 재활용하겠다는 목표를 세웠지만, 실제로 이 목표를 달성한 국가는 일부에 불과하다. 미국에서는 전체 폐기물의 35%만이 재활용되며, 나머지는 매립되거나 소각되고 있다.

이러한 상황에 따르는 문제점은 어렵지 않게 예상 가능하지 않은가. 매립지에서는 쓰레기가 분해되며 온실가스를 방출하고, 소각 과정에서는 유해 물질이 대기로 퍼져나간다. 특히나 쓰레기의 상당수가 개발도상국으로 보내져 처리되는데, 실제로는 대다수가 비공식적인 방식으로 처리되어 건강과 환경에 심각한 영향을 미치며 방치되는 경우가 많다. 태평양의 거대한 플라스틱 쓰레기 섬의 사진은 이미 잘 알려진 것처럼 그 크기가 프랑스 영토보다 넓다고 한다.

지속가능성이 '쿨'한 라이프스타일이 되기까지

이러한 상황에서 재활용의 중요성은 더더욱 부각된다. 단순히 쓰레기의 양을 줄이는 것을 넘어 자원을 다시 사용함으로써 새로운 자원 채굴의 필요성을 줄이고, 에너지를 절약하며, 온실가스 배출을 감소시킬 수 있다. 다행인 것은 산업혁명 이후, 인류가 쌓아온 쓰레기 업보에 대해 Z세대가 책임감을 느끼고 있다는 사실이다. 전 세계적으로 Z세대는 환경문제에 대해 가장 많은 관심을 표현하고 있고, 재활용을 인증하거나 하는 트렌디한 방식으로 제로 웨이스트를 실천하고자 애쓰고 있다.

또한 Z세대는 지속가능성 가치를 제창하는 브랜드를 소비하는 일에도 진심이다. 프라이탁(FREITAG) 같은 브랜드는 재활용 방수포로 만든 패션 소품을 통해 그들의 지갑을 열고 있다. '나의 작은 선택이 지구에 큰 변화를 가져올 수 있다'라는 의식 있는 소비가 그들의 정체성을 나타내는 중요한 표현 수단이 되고, 가장 쿨한 라이프 스타일이 되어가는 추세인 것이다. 앞으로도 쓰레기 문제는 점점 심화될 수밖에 없는 흐름이기 때문에, Z세대를 주축으로 재활용 문제는 점점 더 많은 관심을 받게 될 것이다.

재활용에 AI 기술이 어떤 기여를 할 수 있을까? 몇 가지 살펴보자.

- **재활용품 분류 및 식별**: AI는 컴퓨터 비전 기술과 머신러닝 알고리즘을 사용해 재활용품을 정확하게 식별하고 분류해낼 수 있다. 플라스틱, 유리, 금속 등 다양한 재질을 눈 깜짝할 사이에 분석하여 정리 가능한데, '이건 플라스틱, 저건 유리'라고 명령하는 AI 로봇이 마치 잘 훈련된 정리 전문가의 역할을 수행하는 것이다.

- **프로세스 최적화**: AI는 재활용 시설의 데이터를 분석해 비효율적인 부분을 찾아내고, 프로세스를 최적화한다. 실시간으로 데이터를 모니터링하면서 에너지 소비와 재료 흐름을 개선해 더 나은 결과를 만들어낼 수 있다. 이 단계에서는 AI가 재활용 공장의 감독관이 되어, 가장 효율적인 운영을 위해 끊임없이 고민하고 조정하는 것과 같다.

- **로봇 자동화**: AI 기반 로봇은 반복적이고 지루한 분류 작업을 자동화한다. 예를 들어, 글레이셔(Glacier)사의 로봇은 분당 45개의 품목을 30가지 이상의

재질로 분류할 수 있다고 하니, 사람보다 훨씬 더 빠르고 정확한 작업이 가능한 것이다.

○ **데이터 분석 및 의사결정**: AI는 재활용 프로그램의 방대한 데이터를 분석해, 트렌드를 파악하고 성과를 추적한다. 이를 통해 정책 입안자나 기업은 더 나은 재활용 전략을 수립할 수 있다. 말 그대로 데이터 기반 의사결정의 시대를 재활용 분야에서도 맞이하는 셈이다.

AMP 로보틱스의 AI는 슈퍼히어로로

이제는 AI가 실제로 어떻게 작동하는지 살펴볼 차례다. AMP 로보틱스(AMP Robotics)는 AI와 로봇 기술을 통해 재활용 인프라를 현대화하는 데 앞장서고 있는 기업이다.

AMP 로보틱스는 고급 비전 시스템과 머신러닝 알고리즘을 사용하여 재활용품을 인식하고 분류한다. 이 시스템은 인간보다 훨씬 더 빠르고 정확하게 재활용품을 분류할 수 있는데, 분당 최대 80개 품목 분류가 가능해 인력으로 치환하면 2배 이상의 속도를 보여준다. 한 시설에서는 분류 정확도가 50% 향상되고 인건비가 70% 감소했다고 알려진다. 또한 24시간 연속 운영이 가능하기 때문에 처리량 자체가 크게 증가한다.

이 혁신적인 기술은 온실가스 배출량을 줄이는 데도 기여하고 있다. AMP 로보틱스의 기술 덕분에 지금까지 약 500만 톤의 온실

가스 배출을 저감할 수 있었는데, 비교하자면 100만 대 이상의 자동차를 도로에서 사라지게 만든 것과 맞먹는 효과라고 하니 실로 그 성과가 어마어마하다. 또한 이들은 필름 및 유연한 포장재 회수를 위해 AI 기반 자동화 솔루션인 AMP Vortex™ 같은 새로운 기술을 지속적으로 개발하고 있다.

AMP Neuron™ AI 플랫폼은 색상, 질감, 모양, 크기, 패턴, 브랜드 라벨 등을 인식하여 지속적으로 학습하고 적용한다. 이렇게 데이터를 최적화해 나가면서 재활용 업체들은 회수 프로세스를 개선할 수 있게 된다. 재활용 시스템에서 가장 중요한 키 포인트가 분류 정확성이라는 것을 생각한다면, 그 효과에 대해서 어렵지 않게 가늠할 수 있을 것이다.

AMP 로보틱스는 북미, 아시아, 유럽에 걸쳐 시스템을 배치하며 글로벌 재활용 인프라 개선에 기여하고 있다. 이들은 AI를 통해 재활용 산업의 효율성, 경제성, 그리고 환경 영향을 크게 개선하고 있으며, 앞으로도 지속 가능한 혁신을 이어나가고자 하는 목표를 세우고 있다.

지속가능성의 미래를 여는 AI

AI는 단순히 재활용만 도와주는 것이 아니다. 결국은 앞으로의 지속 가능성을 위한 혁신의 중심에 서게 될 것이다. 글로벌 AI 폐기물 관리 시장은 2023년 16억 달러에서 2033년 182억 달러로 성장할 것으로 예상되는데, AI가 더 복잡한 재료와 전자 폐기물을 정확히 분류할 수 있게 되면서 순환 경제 실현에 기여하게 될 것이기 때문이다.

지구를 휩쓰는 쓰레기 문제와 AI의 혁신적 기술이 만났으니 뭔가 히어로 영화의 서막처럼 느껴지지 않는가? 다만 우리가 직면한 현실은 그리 만만치 않다. AI가 그저 버튼 하나로 모든 쓰레기를 신속히 분류하고 재활용의 신세계로 우리를 이끌어 줄 것 같지만 문제는 생각보다 복잡하다. 마치 우주비행사가 되기 위해 우주복만 입고 우주선에 올라타면 끝일 것 같지만, 그 전에 엄청난 훈련과 준비가 필요한 것처럼 말이다.

AMP 로보틱스가 보여주듯이 이 기술은 쓰레기 분류의 속도를 끌어올리고 효율성을 극대화하며 온실가스를 줄이는 데 큰 기여를 하고 있다. 그러나 이것이 전부일까? 사실 재활용이 성공적으로 이루어지려면 단순히 AI 기술을 적용하는 것 이상의 노력이 필요하다. 예를 들어, AI가 아무리 똑똑하게 쓰레기를 분류해도 우리가 애초에 재활용되지 않는 물건들을 마구잡이로 소비하고 있다면, 문제의 근본은 해결되지 않는다. AI가 플라스틱 병을 분류하는 데 능하다 해도, 애초에 플라스틱 병을 사용하지 않도록 노력하는 것이 더 나은 해결책이 될 수 있다.

또한 재활용만이 지속 가능성을 보장하지는 않는다. 사실 재활용은 마지막 단계의 해결책일 뿐, 감량(reduce)과 재사용(reuse)이 선행돼야 한다. 우리가 사용하는 물건들을 단순히 버리고 끝내는 것이 아니라 어떻게 더 오래, 더 잘 사용할 수 있을지 고민해야 한다는 이야기다. 여기서 AI는 우리에게 더 스마트한 소비 습관을 제안할 수도 있다. 예를 들어, AI가 집안의 쓰레기 패턴을 분석해 '이번 주에는 쓰레기가 너무 많네요, 다음 주에는 좀 줄여볼까요?'라고 제안할 날도 머지않아 다가올 것이다.

어쩌면 우리는 '디지털 가디언'이 필요할지도 모른다. AI가 우리의 소비 습관을 감시하고, 물건을 살 때마다 친환경 점수를 매기며, 지속가능하지 않은 제품을 카트에 담으면 귀신같이 나타나 경고를 하는 상상을 해보자. 다소 귀찮을 수는 있겠지만, 이게 바로 지구를 구하기 위한 우리의 일상 속의 히어로 역할 아닐까? 결국 AI는 우리 삶을 좀 더 지속 가능하게 만드는 데 중요한 파트너가 될 것이지만,

이 파트너십이 성공하려면 인간의 의식 변화가 먼저 필요하다.

그럼에도 불구하고, AI가 계속해서 재활용과 지속가능성을 위해 진화하고 있다는 점은 긍정적이다. 이제 우리에게 주어진 과제는 미봉책으로 문제를 해결하는 것이 아니라, 근본적인 변화를 이끌어낼 수 있도록 하는 것이다. 기술의 발전이 가져오는 편리함에 안주하지 말고, AI를 진정한 변화의 도구로 삼아야 한다. 마치 AMP 로보틱스의 기술이 단순히 쓰레기를 분류하는 것에 그치지 않고, 지속가능한 미래로 나아가는 길을 열어가고 있는 것처럼 말이다.

결국, AI가 재활용 문제를 혁신하는 것만으로는 충분치 않다. 우리 모두의 일상에서부터 소비와 폐기의 패러다임이 바뀌어야 한다. AI는 재활용 산업의 히어로로서, 우리가 만들어낸 쓰레기 산을 정리해줄 수 있다. 하지만 진정한 영웅은 AI가 일할 필요가 없는 깨끗한 세상을 만들어 나가는 우리 자신일 것이다. 쓰레기 문제 해결의 진정한 키는 기술이 아닌, 우리가 더 이상 문제를 만들지 않는 데 있지 않을까?

그래서 다음 번 쇼핑을 할 때 한 번 더 생각해보자. 정말 필요한 것인지, 재활용이 가능한 것인지, 그리고 내가 사용한 후 이 물건이 어디로 갈지를 말이다. 그 작은 변화가 모이고 모여 AI의 힘을 빌리지 않아도 될 깨끗한 지구로 가는 첫걸음이 될 것이다. AI가 분명 재활용 문제 해결에 혁신을 가져오고 있지만, 진짜 '쿨'한 변화는 바로 우리 자신에게 달려 있는 셈이다.

변호사에게도
위라밸이 생긴다?

∥ 케이스텍스트, 슈퍼로이어 ∥

'변호사들도 이제 퇴근할 수 있다?' 한때 야근과 주말 근무가 당연시되었던 변호사들이 이제는 AI의 도움으로 일과 삶의 균형, 즉 '위라밸'을 논할 수 있게 되었다. 단순한 트렌드가 아닌 법률 서비스의 패러다임 자체를 뒤흔들고 있다. 이 변화는 법조계에 혁명적인 새 시대를 열고 있다.

많은 변호사들은 AI 기술 도입으로 업무 효율성이 크게 향상됐다고 말한다. 그들은 AI를 활용하면 마치 추가적인 전문 인력을 고용한 것과 같은 효과를 얻을 수 있다고 입을 모은다. 물론 AI가 제공하는 정보에 대한 확인은 필요하지만, 업무 처리 시간이 눈에 띄게 줄어든 점은 변호사들에게도 워라벨의 가능성을 열어주고 있는 것이다. 이제 AI는 단순한 도구를 넘어 변호사들의 든든한 조력자로 자리매김하고 있다.

법률 서비스의 성공 신화 '케이스텍스트'

AI 법률 서비스의 성공 사례로 단연 케이스텍스트(Casetext)를 꼽을 수 있다. 2013년 설립된 이 회사는 2023년 6억 5,000만 달러에 톰슨 로이터(Thomson Reuters)에 인수되며 그 가능성을 증명했다. 케이스텍스트는 몇 주씩 걸리는 고된 법률 작업을 단 몇 분 만에 처리할 수 있는 기술을 제공하며 법률 서비스 시장에 돌풍을 일으켰다.

케이스텍스트의 공동 창립자 제이크 헬러(Jake Heller)는 "새벽 3시에, 수십억 달러 규모의 소송을 좌우할 수 있는 정보를 찾아내기 위해 고군분투하던 기억이 있습니다. 그런데 이런 정보는 찾기 너무나 어려웠죠. 그때, 아이폰을 열어 근처 태국 음식점을 쉽게 찾을 수 있다는 사실을 깨닫고 큰 괴리감을 느꼈습니다. 중요한 법률 정보는 '왜 이렇게 쉽게 접근할 수 없을까?' 하는 회의죠."라고 회고한다. 이런 문제의식을 바탕으로 헬러는 AI 법률 서비스가 변호사들의 시간을 획기적으로 절약하고 법률 접근성의 혁신을 이끌 수 있을 것이라 확신했다.

케이스텍스트가 성공할 수 있었던 비결은 고객 요구를 반영하여 지속적으로 개선해온 점에 있다. "우리의 성공은 '하룻밤'에 이루어진 것처럼 보일 수 있지만, 이는 10년간 지속된 끈기와 혁신의 결과였습니다." 헬러가 말하듯, 실제로 이 회사는 10년 동안 시장과 고객의 피드백을 받아들여 제품을 지속적으로 개선하며 최종적으로는 시장에서 인정을 받게 되었다. 또한 이렇게 말했다.

"우리는 챗GPT-4(ChatGPT-4)가 공개되기 약 6개월 전에 그것을 사용할 기회를 얻었습니다. 그때 우리는 이 기술이 법률 업계에 혁명적 변화를 가져올 것이라는 것을 깨달았습니다."

그들의 AI 서비스는 수백만 건의 문서를 읽고, 관련 문서를 찾아주며, 자동으로 조사를 수행하고, 방대한 양의 사건, 규정, 법령에서 올바른 답을 찾아준다.

국내 AI 법률 서비스의 선두주자 '슈퍼로이어'

AI 법률 서비스의 성장 속도는 놀랍다. 로톡(LawTalk)을 운영하는 리걸테크 기업 로앤컴퍼니가 2023년 선보인 슈퍼로이어(SuperLawyer)는 그 대표적인 사례다. 출시 두 달 만에 3,500명의 회원을 모으며 큰 인기를 끌고 법조계에서 주목을 받았다. 슈퍼로이어는 법률 문서 검색, 서면 초안 작성, 사건 기반 대화 등 폭넓은 기능을 제공하고, 변호사들이 법률 작업을 1분 30초 만에 완료할 수 있도록 지원한다.

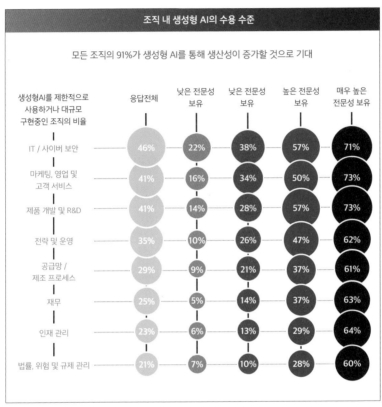

출처: Deloitte Insights

예를 들어, 복잡한 판례나 계약서와 같은 방대한 문서를 신속하게 요약하고 주요 쟁점을 추출해내는 능력은 변호사들에게 시간과 노력을 절감하게 하며, 변호사의 집중력을 더 중요한 법률 전략 수립에 투자할 수 있도록 만든다. 특히 야간이나 주말에도 AI를 통해 업무를 지속할 수 있다는 점에서 업무 효율성은 비약적으로 증가하고 있다. 이는 결국 법률 서비스 품질의 전체적인 향상으로 이어지며 고객 만족도 또한 높아진다. AI와의 협업은 선택이 아닌 필수가 되어가고 있으며 변호사들은 이를 통해 더욱 경쟁력 있는 법률 서비스를 제공할 수 있게 되었다.

AI, 법률 서비스의 민주화를 이끌다

AI는 법률 접근성을 획기적으로 높이며 법률 서비스의 민주화를 이끄는 중요한 도구로 떠오르고 있다. 캘리포니아 무죄 프로젝트는 AI의 도움으로 수천 건에 달하는 수감자들의 무죄 입증 서류를 빠르게 검토하는데, 과거 4년 걸리던 대기 시간을 1개월로 단축시켰다. 이는 AI가 방대한 데이터를 신속하고 정확하게 처리하는 능력을 보여주는 대표적인 사례다. AI 덕분에 무고한 사람들이 자유를 되찾는 사례가 증가하고 있다. AI는 법률 시스템에서 방대한 데이터를 신속하고 정확하게 처리해, 불공평한 대기 시간을 줄이고, 사회 정의를 실현하는 데 중요한 역할을 하고 있다.

· 그뿐만 아니라 인도에서는 문맹 수감자들에게 법률 정보를 제공하는 AI 보이스 봇(Voice Bot) 프로젝트가 진행 중이다. 이 보이스 봇은 복잡한 법률 문서를 읽어주고, 수감자들이 자신의 권리를 이해할 수 있도록 돕는다. 과거 변호사와의 상담 없이 법적 절차를 제대로 알지 못했던 이들이 이제 AI의 도움으로 그들의 사건을 더 잘 이해하고 대응할 수 있게 되었다. 이는 법률 서비스가 더 이상 특정 계층

의 전유물이 아닌, 모두에게 평등하게 제공될 수 있는 도구로 변화
하고 있음을 보여준다.

AI의 '블랙박스'문제, 변호사를 대체할 수 있을까?

그러나 AI의 급속한 발전으로 '변호사가 AI에게 대체될까?'라는
의문도 제기되고 있다. 하지만 대부분의 전문가들은 AI가 복잡한 법
적 판단이나 전략 수립, 고객과의 감정적 소통에 있어 인간 변호사
를 완전히 대체할 수 없을 것이라고 보고 있다. AI는 변호사들이 더
고차원적인 업무에 집중할 수 있도록 도와주는 도구로 자리 잡을 가
능성이 크다. 많은 신입 변호사들은 AI가 서류 작업 속도를 높여주
는 것은 사실이지만, 완전히 의존하기에는 아직 한계가 있다고 보고
있다.

AI 도입으로 법률 시장에 긍정적인 변화가 나타나고 있지만, 한
편으로는 윤리적 문제도 드러나고 있다. 2023년 한 미국 변호사가
AI가 생성한 가짜 판례를 법원에 제출해 자격 정지를 당한 사건은
AI를 맹신하는 것이 위험할 수 있음을 보여주는 대표적인 사례다.
AI의 '블랙박스' 특성은 어떤 과정에서 특정 결론이 도출되었는지
명확하지 않아 법적 책임 문제를 초래할 수 있다.

또한 AI가 학습하는 데이터의 편향성 문제도 중요한 쟁점이다.
만약 AI가 편향된 데이터를 학습한다면, 그 결과 역시 왜곡될 수 있

다. 이는 특히 형사 사건과 같이 중요한 사안에서 치명적인 결과를 초래할 수 있다.

AI의 도입은 법률가들에게 새로운 도전 과제를 제시하고 있다. AI와 협력해 더 나은 법률 서비스를 제공할 방법을 모색하는 것은 이제 선택이 아닌 필수다. 법학전문대학원들이 'AI와 법률' 관련 과목을 개설하고 있으며, AI와 함께 일할 수 있는 능력이 변호사의 필수 역량으로 자리 잡고 있다.

AI 시대에도 인간 변호사의 역할은 여전히 중요하다. AI가 처리할 수 없는 복잡한 윤리적 판단과 고객과의 감정적 소통 능력, 창의성이 앞으로 변호사들이 갖춰야 할 핵심 역량이 될 것이다. AI는 법률 서비스의 업무 개선을 높이고 변호사들의 워라밸을 찾아주며, 궁극적으로 더 나은 정의 실현에 기여할 것이다. 하지만 AI와 함께하는 법률 시대의 중심에는 여전히 인간 변호사가 있으며, 그들의 역할은 더욱더 가치 있게 빛날 것이다.

당신의 새로운
AI 자산관리사

‖ 로보어드바이저 ‖

오늘날 한국의 자영업 상황과 퇴직연금 문제는 심각한 사회적
이슈로 심심치 않게 대두된다. 한국은 OECD 국가 중에서도 자영
업자의 비중이 높은 편으로, 자영업자가 전체 취업자의 약 23%를
차지한다. 특히 50대 이상 자영업자 비중이 64%임을 고려해볼 때
고령화 역시 심각한 상황이다. 사실상 자영업이 우리나라의 은퇴 솔
루션인 것이다. 이는 한국의 조기 퇴직 문화와 밀접한 관련이 있다.
많은 직장인들이 50대 초반에 주된 직장에서 퇴직하고, 생계를 위
해 자영업에 뛰어들고 있는 것이 흔한 현실이다.

반면 미국, 독일 등 선진국의 자영업자 비중은 10% 미만으로 훨

씬 낮다. 이들 국가에서는 대부분 은퇴 연령까지 근로자로 일하는 경우가 많고, 퇴직연금 제도에 있어서도 한국과 차이가 있다. 미국의 경우 퇴직연금(401k) 적립금 규모가 약 7조 달러에 달하며, 연금 수령 비중도 상당히 높다. 반면 한국의 퇴직연금 적립금 규모는 382조 원(2022년 기준)으로 상대적으로 적고 일시금 수령 비중이 높다.

이러한 상황에서 한국의 자영업자들은 여러 어려움에 직면해 있다. 국세청에 따르면 2023년 폐업 사업자는 전년 대비 13.7% 늘어났으며, 이는 2005년 관련 통계를 집계한 이후 최대 폭이다. 최저임금 인상, 배달 수수료 인상 등 악재가 겹치면서 많은 자영업자들이 실질적인 어려움을 겪고 있는 것이 현실이다. 대안이 부족한 상황에서 여전히 많은 퇴직자들이 자영업으로 유입되고 있다. 이 안타까운 현실에, 도움이 될 만한 방법이 없을까? 물론 여러 해법이 있겠지만, 이번에는 로보어드바이저(Robo-Advisor)와 함께 그 실마리를 찾아보자.

금융권의 로보어드바이저 서비스

로보어드바이저는 로봇(Robot)과 투자 전문가(Advisor)의 합성어로, 인공지능과 알고리즘을 활용하여 자동으로 투자 포트폴리오를 구성하고 관리해주는 디지털 자산관리 서비스다. 현 시점에 어떤 상품들을 골라 얼마나 투자하면 좋을지 추천해주는 기능이 대표적이다. 또한 개인이 직접 자신의 투자 정보를 입력하여 맞춤형 로보어드바이저를 만들 수 있는 시장도 커지고 있다. 이를 통해 개인들은 단순히 자영업으로 사업을 하는 방식 외에도 AI와 함께 투자 계획을 수립하고 적용하면서 새로운 경제적 이익을 꿈꿀 수 있다. 특히 금융권에서 이 로보어드바이저 서비스가 주목받고 있다. 미래에셋증권과 하나은행의 사례를 살펴보자.

미래에셋증권은 '퇴직연금 로보어드바이저' 서비스를 통해 큰 성과를 거둔 바 있다. 지난 2022년 9월 출시 이후 약 2만 2,000개의 가입 계좌와 1조 6,100억 원의 평가 금액을 달성했다. 또한 2023년 AI 솔루션 본부를 신설하여 기존 5시간이 걸리던 리포트 작성시간을 5분으로 단축하여 서비스와 직결되는 업무 효율을 극대화한 경험도 있다. AI를 활용해 시장의 빠른 변화에 신속히 대응함과 동시에, 투자자들에게 더욱 신속하고 정확한 정보를 제공할 수 있는 기반을 마련하는 데 성공한 것이다.

하나은행의 AI 자산관리 서비스 '아이웰스(AI Wealth)' 역시 주목할 만하다. 은행권 최초로 도입된 이 서비스는 출시 1년 만에 자산관리 규모 6,200억 원을 돌파했다. 하나은행은 AI 알고리즘을 지속적으로 고도화하고 펀드 전문 서비스를 추가하는 등 초개인화 서비스로 발전시키고 있다.

이외에도 전방위적으로 은행권에서 AI를 적극적으로 사용하기 시작했다는 흐름을 읽을 수 있다. 로보어드바이저로 개인형 퇴직연금(IRP)을 운용할 수 있게 된 점 역시 그렇다. 이 내용은 혁신금융서비스(규제 샌드박스)가 시행되어 국내 퇴직연금 최초로 성과보수와 투자일임 상품이 도입될 가능성이 높아 주목된다.

로보어드바이저 서비스는 고객에게 저렴한 수수료와 24시간 접근성, 객관적인 투자 결정 등의 장점을 제공한다. 또한 고액자산가의 전유물이었던 자산관리 서비스를 일반 대중도 이용할 수 있게 문턱을 낮췄다. 앞으로 AI 기술의 발전과 함께 로보어드바이저 서비스는 더욱 정교해지고 개인화될 것으로 전망된다.

글로벌 선진 금융사의 혁신 서비스

해외를 보면 2024년 현재, 뱅크 오브 아메리카(Bank of America)의 AI 기반 가상 비서 '에리카(Erica)'는 로보어드바이저 기술을 활용한 혁신적인 금융 서비스의 대표적인 사례로 주목받고 있다. 에리카는 개인화된 금융 조언과 다양한 금융 서비스를 제공하며, 2024년에는 사용자 수가 무려 2,000만 명을 돌파했다. 이는 전년 대비 8% 증가한 수치로, 고객들의 높은 호응을 보여준다. 에리카는 많은 데이터를 소비자들로부터 학습할수록, 더욱 정교한 금융 분석과 예측 서비스를 제공하고 있으며, 특히 투자 포트폴리오 관리와 재무 계획 수립 기능이 크게 개선되었다. 2024년에는 ESG 투자 추천 기능이 새롭게 추가되어 고객들의 윤리적 투자 수요에 부응하고 있다. 또한 실시간 시장 분석을 통해 투자 기회를 포착하고 고객에게 알려주는

Erica helps you make the most of your money

Your virtual financial assistant is ready with personalized insights to help you put your cash to work.

✓ Explore strategies that work for you

✓ Available 24/7 in the mobile app

✓ Get referred to a specialist to discuss potential opportunities

출처: Bank of America

기능도 도입되어 큰 호평을 받고 있다.

뱅크 오브 아메리카는 에리카를 통해 고객 만족도를 높이는 동시에 운영 비용을 20% 절감하는 효과를 거두었으며, 이는 AI 기술이 금융 산업에 가져올 수 있는 긍정적인 변화를 보여주는 좋은 사례다.

또 하나의 사례인 베터먼트(Betterment)는 금융 기술의 혁신을 선도하는 미국의 대표적인 로보어드바이저 회사이다. 2008년 설립 이후, 베터먼트는 복잡한 투자 세계를 단순화하고 전문가 수준의 자산관리를 일반 대중에게 제공하는 것을 목표로 성장해왔다. 2024년 현재 450억 달러 이상의 자산을 관리하며, 85만 명이 넘는 고객들의 신뢰를 받고 있다.

베터먼트의 핵심 장점은 사용자 친화적인 플랫폼과 첨단 투자 전략의 결합에 있다. 고객은 간단한 질문에 답하는 것만으로도 자신의 재무 목표와 위험 선호도에 맞는 맞춤형 투자 포트폴리오를 받을 수 있다. 특히 세금 최적화 전략, 자동 리밸런싱, 목표 기반 투자 등의 고급 기능을 저렴한 수수료로 이용할 수 있어 큰 호응을 얻고 있다.

특히 베터먼트의 로보어드바이저는 전통적인 자산 관리의 장벽을 낮추어, 소액 투자자들도 전문가 수준의 포트폴리오도 관리하며 24시간 접근 가능한 서비스, 지속적인 포트폴리오 모니터링 등의 차별화된 서비스를 제공한다.

베터먼트와 같은 선도적인 로보어드바이저 회사들은 이러한 기술을 통해 투자 정보의 평등화를 실현하고 있다. 복잡한 금융 지식 없이도 누구나 효율적으로 자산을 관리할 수 있게 되었고, 이는 개인의 재무 건강과 장기적인 경제적 안정성 향상에 기여하고 있다.

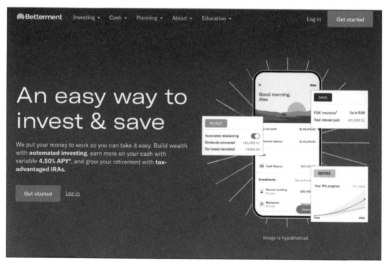

출처: https://www.betterment.com/

이뿐만이 아니다. JP모건은 올해 말까지 '머니볼'이라는 생성형 AI 도구의 사용을 확대할 예정이다. JP모건의 스펙트럼 포트폴리오 관리 플랫폼의 일부인 머니볼은 40년간의 데이터를 활용해 편향성에 대한 인사이트와 수정 사항을 제공해서, 매니저들이 편향된 판단에서 벗어나 더 나은 투자 결정을 내릴 수 있도록 돕는다. 은행 분석가들은 JP모건이 은행계의 엔비디아로 변하고 있다고 말했다.

우리나라도 이와 같이 적극적으로 기술분야에 투자해야 한다는 필요성이 대두된다. 우리나라의 은퇴 솔루션은 오랫동안 퇴직금과 자영업에 의존해왔지만, 이제 AI의 고도화된 알고리즘과 함께 새로운 희망을 모색할 수 있게 되었다.

은퇴자들을 위한 AI 재교육 프로그램을 통해 각 산업 분야로 재파견하는 방식은 스마트한 새로운 은퇴 전략이 될 수 있다. 이렇게 하면 퇴직 후의 경제적 안정을 넘어, 은퇴자들의 지식과 경험을 사회에 환원하고 지속적인 자기계발의 기회를 제공할 수 있는 기회를 줄 수 있다.

기존의 사고방식에 얽매이면 항상 같은 결과만을 얻게 된다. 새로운 기회에 대해 혁신적인 솔루션으로 대응하는 국가만이 미래의 경쟁에서 살아남을 수 있다. 이러한 변화는 단순한 은퇴 정책의 개선을 넘어, 사회 전반의 디지털 전환과 평생학습 문화 조성으로 이어질 것이다.

AI 보험 분석,
600쪽 넘는 약관을 1분만에

‖ 레모네이드 ‖

보험은 왜 이렇게 복잡할까? 보험이라는 단어를 생각하면 어떤 이미지가 떠오르는가? 끝도 없이 긴 계약서, 복잡한 약관, 클레임 하나 처리하려면 몇 주씩 기다려야 하는 불편함. 보험은 나의 위기 상황을 돕는 '안전망'이어야 하는데, 현실에서는 그저 머리 아픈 서류 작업과 복잡한 절차로 인식되곤 한다. 고객 입장에서는 가입부터 청구까지 과정 하나하나가 장벽처럼 느껴질 수밖에 없는 것이 사실이다. 하지만 보험 산업 분야에도 AI 기술이 적용되며 새로운 바람이 불기 시작했다. 바로 인슈어테크(InsurTech)라는 이름의 혁명이다.

인슈어테크 AI, 뭘 할 수 있길래?

전통적인 보험 시스템은 여러모로 비효율적인 형태를 띠고 있다. 가입자는 보험에 가입할 때 수많은 서류를 작성하고, 청구할 때는 증빙 서류를 내고 심사를 거쳐야만 보험금을 수령할 수 있게 된다. 이런 복잡한 과정에서 고객은 때때로 불만족스러운 경험을 하게 되는데, 사실 보험사 입장에서도 마찬가지로 수많은 인력과 시간을 쓰게 된다.

게다가 보험 사기 문제도 상당하다. 불순한 의도의 가짜 청구를 잡아내기 위해 보험사는 더욱 복잡한 절차를 마련하는데, 그 과정에서 오히려 정당한 고객이 불편을 겪기도 한다. 보험사도 손해, 고객도 손해, 이쯤 되면 다 같이 피곤한 게임을 하고 있는 셈 아닌가. AI가 이 게임의 룰을 뒤집을 수 있을까?

인슈어테크 AI는 보험 시장의 복잡한 문제를 해결하는 데 큰 역할을 할 수 있다. 여기서 AI는 데이터만 처리하는 도구가 아니라, 고객과 보험사 모두에게 효율성을 제공하는 강력한 비서와 같은 존재로 이해하면 된다.

먼저 AI는 빅데이터와 머신러닝을 활용해 보험 상품을 고객 맞춤형으로 개발한다. 고객의 생활 패턴이나 소비 습관을 분석해, 그 사람에게 딱 맞는 보험을 추천해주는 방식이다. 예를 들어, 차를 자주 타지 않는 사람에게는 사용 기반 보험(Pay-as-you-go)을 제안할 수 있다. 이렇게 되면 고객은 불필요한 보험료를 낭비하지 않게 되고,

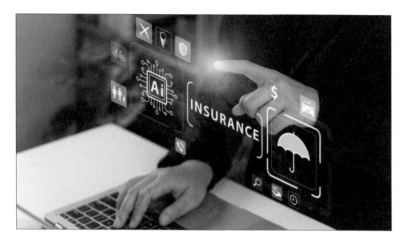

보험사도 고객을 더 정확하게 타겟팅할 수 있다.

또한 AI는 언더라이팅(보험 위험 평가)을 자동화해 보험 가입 절차를 간소화한다. 전통적인 언더라이팅은 수많은 데이터를 사람이 일일이 검토하고 평가해야 했지만, AI는 이러한 데이터를 빠르게 분석해 위험도를 평가하고, 몇 분 만에 가입 승인 여부를 결정할 수 있다.

가장 혁신적인 부분 중 하나는 클레임 처리 영역이다. 클레임 처리, 이제는 초고속이다. 예전에는 보험금을 청구할 때 증빙 서류를 모아서 제출하고, 몇 주씩 심사를 기다려야 했지만, AI는 이 과정을 단 몇 초 만에 끝낼 수 있다. 대표적인 인슈어테크 기업 중 하나인 레모네이드(Lemonade) 솔루션 사례를 보자. 이 솔루션은 청구 절차를 대부분 AI가 처리하는데, 간단한 클레임은 2초 만에 승인이 나기도 한다. 2초라면, 스마트폰으로 보험금을 청구한 후 말 그대로 눈

깜짝할 사이에 입금을 받게 되는 것이다.

레모네이드는 AI 챗봇 '짐(Jim)'을 활용해 고객의 청구를 처리한다. 고객은 짐과 대화하듯 정보를 입력하고, AI는 데이터를 분석해 보험 약관을 확인한 후, 청구가 정당하면 자동으로 승인한다. 반대로 부정 청구가 의심되면 추가 심사를 위해 인간 조사관에게 넘겨준다. 사람의 실수나 편견 없이, 정확하고 공정하게 청구 절차가 진행되는 것이다.

그들만의 비밀 무기

그렇다면 레모네이드는 어떻게 이 모든 걸 가능하게 했을까? 레모네이드의 혁신적인 접근은 보험 업계에서 흔치 않은 행동경제학과 AI의 결합에 그 뿌리를 두고 있다. 행동경제학은 사람들이 논리적이고 합리적인 결정을 항상 내리지 않는다는 점을 인정하고, 실제 소비자들의 행동 패턴을 분석해 더 직관적인 시스템을 만드는 데 기여한다. 레모네이드는 이 원리를 보험에 접목해, 전통적인 보험사의 복잡한 가입 및 청구 과정을 단순화하고 자동화했다. 고객이 복잡한 서류 작업이나 긴 대기 시간에 지치는 일이 없도록, AI와 행동경제학을 통해 '최소 노력'으로 서비스를 받을 수 있는 시스템을 구축한 것이다.

레모네이드는 고객들이 최소한의 정보만 제공하도록 설계해, 고객의 귀찮음과 좌절감을 줄이는 데 중점을 두었다. 예를 들어, AI 챗봇인 '마야(Maya)'는 고객이 보험에 가입할 때 단순한 질문을 던지고, 이를 바탕으로 즉시 맞춤형 보험 상품을 추천한다. 이 과정은 기존의 길고 번거로운 가입 절차를 단 몇 분 안에 해결할 수 있다.

레모네이드의 AI는 리스크 평가와 사기 탐지에서도 활약하고 있다. 머신러닝 알고리즘은 보험 청구 데이터를 학습하며 새로운 패턴을 파악해, 부정한 청구를 신속히 탐지하는 식이다. 인간이 일일이 데이터를 검토하던 시절보다 훨씬 빠르고 정확하게 보험 사기를 막아내고 있다.

중요한 것은 기술 그 자체가 아니다

이 서비스의 또 다른 핵심은 보험사가 고객과 대립하는 구조가 아니라, '같은 편'에서 일하는 모델을 채택했다는 점이다. 일반적인 보험 회사는 고객이 보험금을 청구할 때 그 비용을 줄이려고 하며, 그 과정에서 고객과 갈등이 발생하기 쉽다. 레모네이드는 고객이 낸 보험료에서 필요한 금액만 보험금 지급에 사용하고, 남은 돈은 자선단체에 기부한다. 이른바 '기브백(Giveback)' 프로그램인데, 이 시스템 덕분에 고객은 보험사가 자신들의 이익을 위해 청구를 거절하지 않을 거라는 믿음을 가지게 된다.

어쩌면 레모네이드의 진정한 강점은 단순히 AI라는 혁신적 기술을 도입하는 데 그치지 않고, 기술을 활용해 고객 경험의 본질을 개선하는 데 목적을 두고 있다는 점일 것이다. 많은 기업들이 새로운 기술을 접목해 단순히 경쟁력을 높이려는 경향이 두드러지는 가운데, 레모네이드는 고객의 심리와 행동을 깊이 이해하고 이를 기반으로 한 비즈니스 모델을 구축함으로써, 단순한 기술 혁신을 넘어선 가치를 창출해낸 것이다.

이 투명한 비즈니스 모델 덕분에, 레몬네이드는 AI의 강력한 기능뿐 아니라 고객과의 신뢰를 강화하는 서비스 개선에 중점을 두며, 브랜딩과 고객 만족도까지 고려하는 기업으로 자리매김하게 되었다. 결국, 레모네이드는 기술적 우위를 활용해 단순히 속도와 효율성만을 추구하는 것이 아니라, 고객의 심리와 신뢰를 기반으로 한 새로운 보험 서비스를 제안함으로써 더 나은 고객 경험과 브랜드 가치를 창출하고 있는 것이다.

인슈어테크의 미래: AI와 함께라면?

인슈어테크 시장은 이제 막 시작 단계에 불과하지만 그 잠재력은 엄청나다. 2024년 약 259억 달러였던 글로벌 인슈어테크 시장 규모는 2033년이 되면 4,965억 달러로 성장할 것이라 예상된다. 연평균 38.8%의 성장률이라니, 이 정도면 거의 로켓 발사 수준이라고 할 수 있다.

AI는 고객들이 '정말 나에게 필요한 보험이 무엇인지'를 스스로 잘 판단할 수 있도록 돕는 역할을 하게 될 것이다. AI는 방대한 데이터를 바탕으로, 고객의 행동 패턴, 생활 환경, 건강 상태, 그리고 다양한 리스크를 분석하여 최적의 보험 상품을 추천할 것이며, 고객은 방대한 정보 속에서 자신에게 맞는 상품을 찾느라 애쓰는 대신, AI가 제시하는 분석 결과를 바탕으로 올바른 선택을 할 수 있게 되는 것이다.

AI와 함께라면, 보험 가입도 클레임 처리도 더 이상 스트레스가 되는 일이 아니다. 고객이 자신의 필요와 상황에 맞는 상품을 정확하게 이해하고, 투명한 절차 속에서 안전하게 서비스를 이용할 수 있게 되는 것이다. 더 이상 무조건 저렴한 보험을 찾거나, 혹은 막연히 '잘 되겠지' 하고 가입하는 것이 아니라, AI가 제공하는 정보를 통해 자신에게 꼭 맞는 보험을 올바르게 선택할 수 있는 시대가 열린 것이다.

AI는 보험 산업의 모든 영역을 뒤바꾸고 있다. 클레임 처리, 보험 상품 개발, 고객 상담, 리스크 관리까지 AI가 관여할 수 있게 된다. 특히 앞으로는 온디맨드 보험(필요할 때만 가입하는 보험)이나 사용 기반 보험처럼, AI와 빅데이터를 결합한 새로운 보험 모델이 계속해서 등장할 것이다.

또한 AI가 사물인터넷(IoT)과 결합하면 보험사의 리스크 평가도 더욱 정교해질 것으로 예상된다. 예를 들어, 자동차에 설치된 IoT 기기가 운전자의 주행 습관을 실시간으로 모니터링하고, AI가 데이터를 분석해 위험도를 평가한 후 보험료를 산정하는 방식을 그려볼 수 있다. 고객 입장에서는 안전하게 운전하면 보험료가 내려가니, 자발적으로 더 안전한 운전을 하게 되는 선순환 구조가 만들어진다.

AI의 또 다른 장점은 투명성이다. 기존의 보험사들이 리스크를 자신들만의 방식으로 관리하고, 보험료 산정 과정이나 클레임 처리 절차를 쉽게 알 수 없었던 반면, AI는 이러한 과정을 투명하게 공개한다. 고객은 자신이 왜 특정 보험료를 내는지, 어떤 상황에서 청구가 거부되거나 승인되는지 명확히 알 수 있다. 이러한 투명성은 신뢰를 증대시키고, 고객이 더 이상 보험사에 대한 불신을 갖지 않도록 한다.

앞으로의 보험 시장은 더 스마트하고, 더 개인화된 서비스로 발전할 것이다. AI는 고객이 자신의 미래를 보다 안심하고 계획할 수 있도록 도와주는 든든한 파트너가 될 것이다. 보험 산업의 진정한 혁신은 기술 자체가 아니라, 그 기술이 고객에게 실질적인 신뢰와 안심을 제공하는 데서 시작된다는 사실을 AI가 보여주고 있다.

군대의 새로운
디지털 멘토

‖ 래티스 ‖

가상현실의 선두주자 오큘러스(Oculus)는 한 청년의 도전에서 시작됐다. 2011년, 18세의 팔머 러키(Palmer Freeman Luckey)가 부모님 차고에서 만든 오큘러스 리프트(Oculus Rift) 헤드셋은 VR 산업에 돌풍을 일으켰다. 이 혁신적인 기술은 2014년 페이스북(Facebook)의 눈에 들어 20억 달러에 인수됐고, 러키는 VR 산업을 부활시킨 인물로 평가받게 되었다. 페이스북의 현신인 메타는 이를 기반으로 VR·XR 기술에 막대한 투자를 지속하며, 메타버스 비전 실현을 위해 노력하고 있다.

국방 기술의 실리콘밸리

메타에 오큘러스를 매각한 후, 러키는 2017년 안두릴 인더스트리스(Anduril Industries)를 설립했다. 안두릴 인더스트리스는 가상현실(VR)과 인공지능(AI) 기술을 국방 산업에 접목시킨 회사로, '국방 기술의 혁신을 주도하는 유니콘 스타트업'으로 미국에서 크게 주목받고 있다.

안두릴 인더스트리스는 국방 기술의 실리콘밸리라고도 할 수 있다. 회사의 주력 제품인 래티스(Lattice)는 전쟁에서 전략 참모진 역할을 한다. 이 시스템은 마치 수천 명의 분석가가 24시간 쉬지 않고 일하는 것처럼 방대한 데이터를 실시간으로 처리하고 분석하는데, 이는 전장의 복잡한 체스판에서 항상 한 수 앞서 나가게 해주는 것과 같다. 또한 안두릴의 자율 드론 시스템은 현대판 공중 정찰대라고 할 수 있다. 과거 정찰병들이 위험을 무릅쓰고 수행하던 임무를 이제는 이제 무인 드론이 대신한다.

이뿐만이 아니다. 최근 공개된 펄사(Pulsar) 시스템은 흡사 천하무적이다. 적의 전자 공격을 막아내는 동시에 상대방의 통신을 교란하고 드론을 무력화시키는 능력이 있다.

이 모든 시스템의 중심에 AI가 있다. 수백만 가지 시나리오를 순식간에 분석하고, 최적의 대응 방안을 제시하는 능력으로 '스마트한 전쟁'이라는 개념이 현실화되고 있다. 물론 이는 윤리적 논쟁을 불러일으키기도 한다. 전쟁의 비인간화, AI의 판단 오류 가능성 등이 주요 쟁점으로 떠오르고 있는 것도 사실이다. 하지만 안두릴은 이러한 기술이 오히려 더 정확하고 효율적인 방어를 가능케 하여, 궁극적으로는 인명 피해를 줄일 수 있다고 주장한다.

한국 자주국방을 위한 AI 솔루션

그렇다면 우리나라의 국방에는 AI 솔루션들을 어떻게 적용해 볼 수 있을까?

우리나라는 저출산에 따른 인구 감소로 국군 병력이 50만 명 아래로 감소했다. 이 문제의 해결점 중 하나로 인공지능의 역할이 점점 중요해질 것이라는 전망이 따른다. 미국, 중국, 이스라엘 등 군사 강국들은 이미 초거대 AI 모델을 국방에 접목하고 있는 가운데, 한국 역시 이 흐름에 동참하여 2024년 4월 국방 AI 센터를 출범시켰다.

軍장교·부사관 부족 심각

2023년 선발 정원 대비 임관 비율 육군기준

장교
88.6%

부사관
45.8%

550명 부족

4790명 부족

출처: 한국국방연구원

복합 전투 체계는 AI를 기반으로 단계적으로 전환되고 있으며, 국방통합데이터센터는 클라우드데이터센터로 고도화됨에 따라 국방 AI 활용이 점차 구체화되고 있다. 이와 함께 다양한 교육훈련체계도 재편되어 AI 시대에 걸맞은 인재 양성에 박차를 가하고 있다.

특히 주목할 만한 점은 국방 분야에 특화된 생성형 AI 플랫폼들의 등장이다. 포티투마루(42Maru)와 같은 AI 스타트업들이 증가하면서, 국방 분야의 특수성을 고려한 맞춤형 AI 솔루션 개발이 활발히 진행되고 있다. 이러한 기업들은 군사 작전, 전략 분석, 위협 탐지 등 다양한 영역에서 AI 기술을 적용하여 국방력 강화에 기여하고 있다.

이는 국방과학기술혁신촉진법 제정 이후 국방연구개발(R&D) 분야가 민간협력 강화를 통해 개방되는 추세와 맥을 같이 한다. 이와 관련하여, AI국방 분야에 특화된 두 가지 주목할 만한 AI 솔루션을 제안하고자 한다.

첫 번째는 XR 지형 전술 훈련 시스템의 도입이다. 현재 미국은 STE(Synthetic Training Environment), 합성 훈련중심으로 다양한 전쟁 시뮬레이션을 교육한다. STE는 가상현실(VR), 증강현실(AR), 혼합현실(MR) 기술을 통합해 실제와 최대한 유사한 가상훈련 환경을 제공하는 것으로, 미국 육군을 비롯한 여러 국가의 군대에서 도입하고 있다. 주로 군인들이 실제 전장에 투입되기 전에 다양한 상황을 경험하고 대응 능력을 향상시킬 수 있도록 설계되었다. 실제 XR기기로 하는 훈련들도 많다 보니 언제 어디서나 접근 가능하고 고품질 훈련들을 무한적으로 시뮬레이션해볼 수 있는 장점이 있다.

우리나라도 미국의 STE를 모델로 삼되, 한국의 독특한 지형과 안보 상황에 맞춘 시스템 개발이 시급하다. AI와 XR 기술의 결합은 단순한 훈련을 넘어 완전히 새로운 차원의 전투 준비를 가능케 한다.

만약 AI 기술을 활용하여 실시간으로 2D 지도를 생생한 3D 지형으로 변환할 수 있다면, 군사 훈련과 작전 계획에 혁명적인 변화를 가져올 수 있다. 이러한 시스템을 통해 군인들은 실제 현장에 있는 것처럼 가상 공간에서 정확하고 상세한 지형을 탐색하고 시뮬레이션할 수 있게 된다.

두번째는 AI 부사관의 배치다. 2024년도 1분기 육군 부사관 모집에서 정원의 약 63%가 부족한 것으로 알려졌다. 특수전사령부를 제외한 전 부대가 정원을 채우지 못했으며, 해·공군의 상황도 크게 다르지 않다. 이러한 현실에서 우리는 단순히 인구 문제만을 탓할 것이 아니라, 혁신적인 해결책을 모색해야 한다.

경영 컨설팅 분야에서 이미 AI 컨설턴트들이 등장하고 있듯이, 군대에서도 AI 부사관 도입을 고려해볼 만하다. 베테랑 부사관들의 노하우를 다양한 케이스별로 AI에 학습시켜, 후배 군인들이 언제든 접근하고 배울 수 있는 시스템을 구축하는 것이다.

링크드인(LinkedIn)의 공동 창립자 리드 호프먼(Reid Hoffman)의 AI 쌍둥이 실험은 이러한 가능성을 보여주는 좋은 예다. 호프먼은 자신의 저서, 연설, 팟캐스트 등을 학습한 GPT-4 기반 AI 쌍둥이 호프만을 만들어서 대화를 나누며, AI가 얼마나 복잡한 개념을 이해하

출처: YouTube : Reid Hoffman meets his AI twin

고 창의적으로 해석할 수 있는지를 증명했다.

마찬가지로 AI 부사관도 음성 생성 기술과 비디오 아바타를 활용해 실제 부사관과 유사한 외모와 말투를 구현할 수 있다. 이를 통해 신병 교육, 상황별 조언, 멘토링, 시뮬레이션 훈련 등 다양한 영역에서 AI 부사관이 활용될 수 있다.

특히나 AI 부사관 시스템의 가장 큰 장점은 수십 년간 축적된 군사 경험을 언제 어디서나 접근 가능한 형태로 교육받을 수 있다는 것이다. 이는 실제 부족한 부사관들의 부담도 줄이고, 나머지 부사관들이 더 중요한 임무에 집중할 수 있게 해줄 것이다. 또한 군인 별로 개인화된 학습 경험을 제공함으로써 실제 1:1 멘토링 같은 효과도 얻을 수 있다.

물론 이 프로젝트는 여러 가지 중요한 질문을 제기한다. AI가 실제 인간 부사관의 직관과 현장 경험을 완전히 대체할 수 있을까? 군인들이 AI 시스템에 과도하게 의존하게 될 위험은 없을까? 민감한 군사 정보의 보안은 어떻게 유지할 것인가? 이러한 문제들은 프로젝트 진행 과정에서 반드시 해결되어야 할 과제들이다.

그러나 우리가 계속해서 AI와의 협업을 모색한다면, 이러한 문제들도 점차 해결될 수 있을 것이다. 단순히 현재의 문제를 탓하기보다는 적극적으로 행동하며 해결책을 찾는 것이 미래를 위해 더 바람직하다. AI 부사관 프로젝트는 군대의 인력 부족 문제를 해결하고, 더 효율적이고 지속 가능한 군사 교육 시스템을 구축하는 데 큰 도움이 될 수 있다.

잠들지 않는
이커머스의 비밀

[[루퍼스]]

어머니의 생신 선물을 고르는 과정을 상상해보자. 꽤나 복잡한 과정이 어렵지 않게 머릿속에 떠오를 것이다. 지인들에게 조언을 구하거나, 블로그에서 '부모님 생신 선물' 키워드로 검색해 리뷰를 읽어보며 고민에 고민을 거듭하는 그림이 그려진다. 하지만 이제 이런 과정이 훨씬 간소화될 전망이다. 바로 AI 쇼핑 어시스턴트의 등장 덕분이다.

AI 쇼핑 어시스턴트는 마치 모든 이의 취향을 꿰뚫고 있는 것처럼 우리의 고민을 듣고 맞춤형 조언을 제공한다. "어머니는 평소 무인양품(MUJI) 제품을 좋아하는데, 무인양품과 비슷한 느낌의 브랜드가 있을까?"라고 물으면, AI는 즉시 관련 브랜드와 유사한 브랜드 목록을 제시할 수 있다. 더 나아가 어머니의 연령대, 선호하는 색상, 평소 관심사 등을 고려해 구체적인 제품까지 제안할 수 있으니 이는 기존의 검색 엔진이나 온라인 쇼핑몰의 추천 시스템과는 차원이 다른 서비스다.

아마존 AI 쇼핑 어시스턴트 '루퍼스'

빅데이터와 머신러닝 기술의 발전으로 AI의 추천은 점점 더 정교해지는 추세다. 최근 아마존(Amazon)이 선보인 AI 쇼핑 어시스턴트 루퍼스(Rufus)는 이 변화의 선두에 서있는데, 단순한 제품 추천을 넘어 소비자의 쇼핑 경험을 근본적으로 재정의하고 있다. 방대한 제품 정보와 온라인 데이터를 학습한 루퍼스는 고객의 니즈를 정확히 파악해 최적의 제품을 추천한다.

특히 주목할 만한 것은 'AI 리뷰 하이라이트' 기능이다. 수천 건의 리뷰를 순식간에 분석하여 핵심 정보만을 추출해 제공해주기 때문에 더 이상 소비자가 리뷰를 일일이 확인할 필요가 없다. 의류 쇼핑의 고질적 문제였던 사이즈 선택의 어려움도 '핏 리뷰 하이라이트' 기능으로 해결된다. AI가 사이즈와 핏에 관한 정보를 정확히 분석하여 개인에게 최적화된 제안을 한다. 이는 단순한 편의를 넘어, 온라인 의류 쇼핑의 신뢰도를 높이는 획기적인 진전이다.

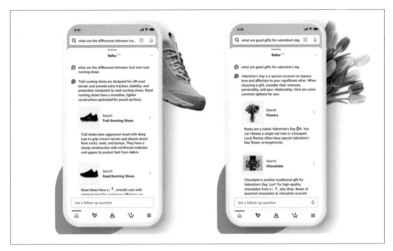

이뿐만이 아니다. 아마존의 혁신은 온라인에 그치지 않고 오프라인으로도 확장되고 있다. '아마존 고'와 '아마존 프레시'는 전통적인 쇼핑 경험을 완전히 새롭게 정의하고 있다. 사실 아마존 고는 초기에 혁신적인 '저스트 워크 아웃(Just Walk Out)' 기술을 통해 계산대 없는 쇼핑을 실현했지만, 일부 도시에서는 폐점을 면치 못하는 등 고전을 겪었다. 이는 과도한 기술 투자로 인한 비용 부담과 함께, 기술에만 초점을 맞추다 보니 소비자에게 제품 구매 경험의 차별성을 제공하지 못했기 때문이다.

반면 아마존 프레시에서는 최신 기술이 더욱 효과적인 방식으로 활용되고 있다. AI 카메라와 센서 기술을 활용한 무인 매장들은 계산대 없는 쇼핑을 실현했고, AI 비서 알렉사의 도입으로 소비자들은 매장에서 AI와 대화하며 쇼핑할 수 있게 되었다.

이러한 변화는 'AI 대화형 쇼핑 경험'의 시대가 본격적으로 열렸음을 의미한다. 아마존은 이를 통해 고객의 시간과 비용을 줄이는 것을 목표로 하고 있으며, 고객이 즐거운 쇼핑 경험에만 집중할 수 있도록 AI를 활용하고 있다. 이는 오프라인 쇼핑의 미래를 보여주는 혁신적인 시도라고 할 수 있다.

아마존의 부사장 라지브 메타(Rajiv Mehta)는 이 모든 기술이 아직 초기 단계임을 인정하면서도, 지속적인 개선과 발전을 약속했다. 제품 정보의 더 깊은 이해, 할인 혜택의 효율적 검색, 더욱 정교한 추천 시스템 등 앞으로의 발전 방향은 무궁무진하다.

이커머스 플랫폼의 2가지 핵심 요소

AX(AI Transformation) 시대에 이커머스 플랫폼이 가장 주목해야 할 두 가지 핵심 요소는 데이터와 소비자다.

첫째, 데이터는 AI의 생명줄이다. 역사 이래 데이터가 중요하지 않았던 적은 단 한 순간도 없었다. 하지만 실제로 대다수의 기업들이 보유한 데이터를 열어보면 두 가지 경우가 지배적이다. 수많은 연산식으로 방대한 양의 데이터가 들어있으나 체계를 갖추지 못했거나, 아날로그 방식의 데이터 수집으로 인해 디지털 데이터 자산에 구멍이 생긴 경우다. 하지만 AI 시대에는 체계를 갖춘 데이터와 유

의미한 디지털 데이터가 필수적이다. AI는 데이터를 양분 삼아 학습하고 진화하기 때문이다. 더 풍부하고 다양한 데이터를 확보할수록 AI는 더 정교하고 유용한 서비스를 제공할 수 있다. 따라서 AI 챗봇을 선제적으로 도입하는 기업은 데이터 축적의 선순환을 통해 경쟁 우위를 확보할 수 있게 되는 셈이다.

둘째, AI 에이전트가 주도하는 소비자 행동 변화에 주목해야 한다. 이는 단순한 챗봇과 코파일럿 같은 기술의 진보를 넘어, 우리의 일상과 소비 행태를 근본적으로 변화시키는 새로운 물결이다.

AI 에이전트, 즉 '내 손안의 비서'의 등장은 소비자들에게 전에 없던 편의성과 효율성을 제공한다. 이제 소비자들은 복잡한 앱의 미로를 헤매거나 끝없는 리뷰의 바다에 빠져 시간을 허비할 필요가 없어졌다. 대신, AI와 대화하며 원하는 정보와 제품을 손쉽게 찾아낼 수 있게 되었다.

예를 들어, 쇼핑을 할 때 소비자는 AI 에이전트에게 "이번 주말에 필요한 정장을 추천해줘"라고 요청할 수 있다. 그러면 AI는 사용자의 취향, 예산, 최신 트렌드 등을 고려하여 맞춤형 추천을 제공해 준다. 이제 '보물찾기식의 쇼핑'에서 벗어나, AI와의 대화를 통해 신속하게 원하는 아이템을 발견하고 구매할 수 있는 시대에 접어들었다. '지능형 쇼핑 도우미' 시대가 도래한 것이다. 이는 소비자들에게 시간 절약과 함께 더욱 만족스러운 쇼핑 경험을 제공한다.

모든 기업의 필수 서비스, AI 챗봇

이처럼 빠르게 바뀌는 AI 대화형 쇼핑 경험 시대를 준비하기 위해서 우리는 어떻게 준비해야 할까? 먼저 자사의 AI 챗봇 개발이 우선돼야 한다. AI 대화형 쇼핑 경험의 새 시대를 준비하는 기업들의 첫 단계는 자사의 AI 챗봇을 개발하는 것이다. 많은 기업들이 AI 챗봇에 관심은 있으나, 다른 기업의 성공 사례를 기다리며 눈치를 보고 있다. '우리가 꼭 먼저 해야 하나?'라는 의문을 가질 수 있지만, AI 챗봇은 단순한 대화 기능을 넘어 AI를 적용할 수 있는 가장 기본적인 단계이다.

전통적인 이커머스 경험을 살펴보면, 소비자가 원하는 제품을 찾기 위해 여러 단계를 거쳐야 했다. 산업별 분류, 키워드 검색, 리뷰 확인 등 최소 4단계 이상의 과정이 필요했다. AI 이커머스의 핵심은 이 과정을 단순화하는 것이다. 소비자들은 복잡한 구매 과정을 선호하지 않기 때문이다.

AI 챗봇은 이러한 문제를 한 번에 해결할 수 있다. 예를 들어, "어머니의 생신 선물로 파란색 접시를 찾고 있어. 무인양품 같은 깔끔한 스타일의 브랜드를 좋아하시는데, 인기 있는 순서로 top 10을 추천해줘."라는 요청에 AI 챗봇은 즉시 맞춤형 제품 목록을 제시할 수 있다. 기존에 네 단계로 이루어지던 프로세스가 한 단계로 줄어든 것이다.

과거의 챗봇은 미리 입력된 답변만을 제공했지만, 현재의 AI 챗봇은 소비자와의 대화를 통해 지속적으로 학습하고 진화한다. 예를 들어, 소비자가 앞서 제시된 결과값에 더해 "더 심플한 디자인은 없나요?"라고 물으면, AI는 이를 학습하여 다음 추천에 반영한다. 이렇게 AI 챗봇은 사용할수록 더욱 똑똑해지며, 일종의 집단 지성을 형성하게 된다.

앞으로 AI 챗봇은 단순한 기술 도구를 넘어 소비자와 기업을 연결하는 핵심 인터페이스로 자리 잡게 될 것이다. 특히 대화형 AI는 개인화된 경험을 제공하며, 소비자의 니즈를 더 정확하고 빠르게 충족시킬 수 있기 때문에 모든 서비스 이전에 가장 먼저 고려돼야 하는 부분이다.

AI 챗봇 서비스, 이제는 선택이 아닌 필수다. 마치 디지털 세상의 '골드러시(Gold Rush)'처럼, 기업들은 AI 챗봇이라는 새로운 광맥을 향해 달려가고 있다. 몇 년 후, 우리는 AI와의 대화 기술을 익힌 '챗봇 마스터' 브랜드와 그렇지 못한 브랜드 사이의 엄청난 격차를 목격하게 될 것이다. 이는 마치 스마트폰 시대의 도래와 비슷할 것이다. 당시 스마트폰을 받아들인 기업과 그렇지 않은 기업의 운명이 갈렸듯, AI 챗봇 도입 여부가 기업의 생존을 좌우할 수도 있다.

신사업 미팅에서 가장 안타까운 점은 레퍼런스를 요구받을 때다. 물론 보고와 사업의 안정성을 위해 레퍼런스가 필요하다는 점은 이해할 수 있다. 하지만 신기술로 인해 사업 전반적인 생태계가 태동하는 시기에는 레퍼런스보다 더 중요한 질문이 있다. 바로 "이것이 우리가 처음인가요?"라는 질문이다.

이런 혁신적인 질문이 많아질수록 우리나라의 산업도 더욱 발전할 것이다. 선도적인 자세로 새로운 기술을 도입하고 적용하는 기업들이 늘어날 때, 전체적인 산업 경쟁력도 높아질 수 있기 때문이다.

이제 AI 챗봇 도입은 비즈니스를 한 단계 발전시키는 중요한 첫 걸음이다. 마치 체스 게임에서 첫 수를 두는 것과 같다. 첫 수가 게임의 승패를 결정짓지는 않지만, 유리한 국면을 만들어내는 것처럼 말이다. 준비된 자만이 AI 시대의 승자가 될 수 있다.

똑똑,
로봇이 배송왔습니다

〚 통이 〛

많은 한국 남성들은 소형 IT 관련 기기를 구매하는 것을 선호한다. 보조 배터리, 케이블, 충전기, 멀티탭 같이 일상 생활에서 필요한 IT 제품을 미리미리 사두고, 필요할 때 꺼내서 사용하고는 한다. 예전에는 이런 것들을 '다이소'와 같은 종합상점에서 구매했지만, 이제는 알리익스프레스(AliExpress)나 테무(Temu)에서의 구매가 늘고 있다.

2022년까지는 알리익스프레스에서 어떤 제품을 주문하면 최소 15일, 길게는 2개월까지 기다려야만 제품을 받을 수 있었다. 친한 지인끼리 우스갯소리로 "알리에서 산 물건들은 뭘 샀는지 잊어버릴

때면 배송이 온다."라고 농담을 할 정도였다. 하지만 요즘엔 상황이 많이 달라졌다. 처음에는 5일 배송이라는 이벤트를 열어 5일 이내 배송이 안되면 배상금을 주기도 했으며, 거의 2~3일 내에 상품이 도착할 때도 있었다. 이러한 진화는 알리익스프레스의 한국 시장 투자도 물론 영향을 끼쳤지만, 물류 시스템에 AI가 도입된 것이 가장 큰 이유였다.

세계적으로 투자가 커지는 물류 AI

사실, 한국의 소비자들은 물류 시스템의 중요성을 비교적 낮게 평가한다. 우리는 오래전부터 당일 배송, 새벽 배송이라는 시스템을 당연한 듯이 받아들이고 있으며 택배가 하루만 지연돼도 불만이 쌓이고는 한다. 사실 우리나라의 뛰어난 물류 환경은 좁은 땅에 많은 인구가 집약되어 살아가는 구조를 가지고 있기 때문이며, 물류 창고나 배송 인프라가 너무나도 잘 준비되어 있기 때문에 누릴 수 있는 혜택이다. 하지만 전 세계의 미국, 중국, 인도, 브라질과 같은 큰 땅을 가지고 있는 국가들은 효율적인 물류 환경을 구축하기 위해 물류 AI에 많은 투자를 진행하고 있다.

AI가 물류에 도입된 이유는 여러 가지가 있다. 먼저, 전 세계에서의 가장 큰 이슈 중 하나는 인구의 축소, 노령화, 노동 인구의 축소이다. 특히 대부분의 젊은 노동자 계층은 물류 관련 업무를 하는 것을 기피하며 만약 업무를 시작했더라도 오랜 기간을 지속하지 못한다. 그래서 물류 관련 서비스업은 항상 인력난에 처해 있다. 또한, 원자재와 인력 비용의 상승도 큰 문제다. 우리나라 배송비의 소비자가는 3,000원가량에 고정돼 있으며 심지어 몇몇 이커머스 기업에서는 무료 배송을 당연시하며 처리하고 있다. 반면 최저 시급, 기름값, 물류를 처리하기 위한 기계 값 등은 지속적으로 오르고 있어, 이커머스 회사에서는 손해가 점점 커질 수밖에 없는 구조가 되었다.

이러한 구조를 극복하기 위해 국내외 대기업들은 물류 AI 개발에 힘을 쏟고 있다. 먼저, 아마존(Amazon)은 키바(Kiva) 로봇 시스템을 개발하여 상품을 효율적으로 관리한다. 키바 로봇은 지정된 경로를 따라 이동하며 상품을 잡고 포장하는 작업을 자동으로 처리한다. 이 시스템 덕분에 창고 작업이 훨씬 빠르고 정확해졌다.

한국의 주요 이커머스 기업인 쿠팡은 '로켓배송' 서비스를 위해 물류 AI 기반의 물류 자동화를 적극 활용하고 있다. 쿠팡은 AI 알고리즘을 통해 고객의 주문을 접수하는 순간부터 배송이 완료될 때까지 모든 과정을 최적화하고 있다. 여기에는 배송 경로 계획, 재고 관리, 창고에서의 상품 분류 작업이 포함된다. 또한 구매될 상품을 예측하여 미리 배송 창고에 적재시켜 물류 프로세스를 혁신한다.

알리바바의 차이냐오

알리바바(Alibaba)도 중국의 엄청난 이커머스 경쟁 속에서 시장을 선도하기 위해 물류 시스템에 AI를 이식하기 시작했으며, 많은 혁신을 이뤘다.

알리바바는 다른 이커머스 기업과 같이 물류에 대해 고민을 가지고 있었다. 2011년, 11월 11일(중국에서는 이 날은 1이 4개 있는 날, 즉 외로운 날이라고 칭하며 '나에게 선물을 주는 날'로 온라인 몰에서 큰 규모의 소비가 이루어지는 날이다)에 알리바바의 창업자인 마윈 회장은 거대한 이벤트를 진행하며 약 1조 원의 판매액을 달성했다. 그러나 2,200만 건이라는 물류 택배 용량을 알리바바는 효율적으로 처리하지 못했으며 주문 건들은 대부분 지연돼 소비자들에게 많은 원성을 들었다.

그래서 마윈 회장은 물류 시스템을 개선하기 위해 차이냐오 (Cainiao)라는 이름의 단독 물류 회사를 설립하며 디지털 물류 시스템에 대해 고민하기 시작했다. 그는 '10년 안에 전국 1일 이내, 글로벌 3일 이내 배송'이라는 슬로건을 내세웠고 온라인, 오프라인, 스마트 물류가 통합된 개념으로 물류 시스템을 혁신할 것이라고 선포했다.

거대한 알리바바의 이커머스 시스템에 차이냐오의 물류, 알리바바 클라우드(Alibaba Cloud)의 IT가 더해지며 알리바바 그룹의 물류 시스템은 빠르게 발전해 나갔다.

알리바바의 자율주행 물류 로봇인 '샤오만뤼'

o **중국 광군제 (11월 11일)의 대규모 트랜젝션 처리** : 알리바바 그룹은 매년 11월
11일에 열리는 광군제(중국의 최대 쇼핑 축제) 동안 엄청난 물류량을 오류없이 처
리할 수 있었다. 이 처리는 AI 기반의 경로 최적화 및 스마트 분류 시스템이
중요한 역할을 한다. AI는 대규모 주문을 실시간으로 분석하고, 각 물류 허브
에 어떻게 상품을 배치할지 결정해 물류 혼잡을 최소화한다. 2019년에는 광
군제 기간 동안 차이냐오 네트워크를 통해 하루 동안 10억 건 이상의 주문을
처리할 수 있었으며, 이는 AI 기반 물류 시스템 덕분에 가능한 일이었다.

o **자율 배송 로봇** : 알리바바는 시골 및 접근이 어려운 지역에서 자율주행 드론
을 활용하여 빠르게 배송을 처리하고 있다. 이 드론은 AI가 최적의 비행 경로
를 계산하며, 날씨와 장애물 등을 실시간으로 파악해 안전하게 목적지에 도
착한다. 또한 도시 내 단거리 배송은 자율주행 물류 로봇 '샤오만뤼'가 담당

한다. 이 로봇은 AI기술을 통해 주변 환경을 인식하고 보행자 및 교통 상황을 실시간으로 감지해 안전하게 배송을 완료한다. 한 번에 최대 50개의 소포를 운반하고 100km를 주행할 수 있는 능력을 갖추고 있다.

o **스마트 물류 창고** : AI 기반 로봇을 활용해 물품의 자동 분류 및 적재, 출고를 관리한다. 이 로봇들은 각기 다른 물품을 감지해 위치에 맞게 이동시키고, 인간의 개입 없이 자동으로 물품을 처리한다. 이러한 시스템 덕분에 대규모 물류 처리가 훨씬 신속해졌다. 특히 알리바바의 본사가 위치한 중국 항저우의 스마트 물류 센터에서는 물류 로봇이 창고 내에서 상품을 정확하게 찾고, 포장 후 출고하는 작업을 거의 100% 자동화했다. 또한, '하이퍼로컬' 배송 시스템을 운영하며, AI를 이용해 사용자의 구매 추이를 분석하여 소규모 창고에 미리 인기있는 제품을 배치한다. 주문이 들어오면 인근 창고에서 상품을 빠르게 발송해 24시간 이내에 고객에게 도착할 수 있도록 처리하고 있다.

알리바바 그룹은 L4급(고도의 자동화 단계) 무인 배송 차량 개발 및 운영에 많은 투자를 하고 있다. L4급은 사람이 개입하지 않고 완전한 자율주행이 가능한 시스템을 의미한다. 특히 알리바바 그룹이 개발한 인공지능 기술인 '통이(Tongyi)'를 도입하여 모든 물류 프로세스를 혁신하고 있다.

AI는
프라다를 입는다

‖ 아우라, 아마존 스타일 ‖

패션 브랜드의 성공은 고객의 머릿속에 각인되는 강력한 이미지에 달려 있다. 시각적 정보가 가장 큰 자극을 주기 때문에 브랜드들이 시각적 요소에 집중하는 것은 당연한 일이다. 하지만 브랜드의 '감도'를 유지하면서도 지속 가능성을 추구하며 비용을 관리하는 일은 늘 도전 과제다. AI는 바로 이 난제에 대한 해답을 제시하고 있다. AI 이미지 생성 도구를 활용하면 월 구독료 1만 원으로 수백 장의 고품질 이미지를 만들 수 있다. 이것은 단순한 비용 절감을 넘어, 제품 상세 페이지에서 고객의 구매 여정을 완전히 변화시키는 도구가 될 수 있다.

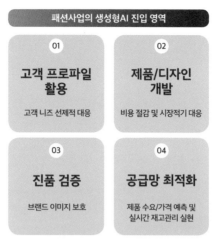

01

고객 프로파일 활용

고객 니즈 선제적 대응

02

제품/디자인 개발

비용 절감 및 시장적기 대응

03

진품 검증

브랜드 이미지 보호

04

공급망 최적화

제품 수요/가격 예측 및 실시간 재고관리 실현

출처: Deloitte Insights

글로벌 패션 시장에서 AI 영향력을 부정하기는 어려워졌다. 딜로이트의 2024 보고서에 따르면, 생성형 AI 기술 덕분에 2028년까지 360억 달러(약 50조 원) 규모의 매출이 창출될 것으로 전망된다. 이 성장은 패션과 뷰티 산업의 핵심 성장 동력으로 AI가 자리 잡고 있음을 보여주는 증거다. AI와 창의성을 결합하여 완전히 새로운 지평을 열고 있다.

AI, 패션의 새로운 크리에이티브 파트너

2023년 뉴욕에서 AI 패션위크(AIFW)가 열렸다. 메종 메타(Maison Meta)가 주최한 이 행사에서는 AI 도구인 미드저니(Midjourney)와 스테이블 디퓨전(Stable Diffusion)이 패션 디자인에 어떻게 활용될 수 있는지를 보여줬다. 이 행사는 AI가 패션계에 본격적으로 발을 들여놓았음을 알리는 중요한 순간으로 창의적인 디자인들을 선보였다.

럭셔리 브랜드 프라다(Prada)도 AI를 디자인 프로세스에 도입하고 있다. 프라다 디자인팀은 AI를 효율성만을 높이는 도구로 보지 않고, 창의력을 확장하는 동반자로 활용하고 있다. AI는 디자이너의 역할을 대체하기보다는 그들의 창의적 작업을 지원하고 증폭하는 역할을 한다.

패션 브랜드들은 AI를 창의적인 광고 캠페인에도 활용하고 있다. 디지털 패션 모델링과 가상현실 쇼케이스를 통해 소비자들에게 전에는 볼 수 없었던 새로운 경험을 제공하고 있으며, 이는 브랜드의 독창성과 정체성을 동시에 강조하는 수단으로 자리 잡고 있다.

개인화된 시대를 열다, AI와 맞춤형 패션

오늘날 소비자들은 자신만의 스타일을 추구한다. 이러한 욕구를 충족시키기 위한 AI 기반 맞춤형 패션 서비스가 빠르게 성장하고 있다. H&M의 크리에이터 스튜디오처럼 AI를 통해 자신만의 의류를 디자인할 수 있는 플랫폼이 큰 주목을 받고 있다. AI는 체형, 피부톤, 취향을 분석하여 맞춤형 의류를 제안해준다. 패션이 단순한 소비를 넘어서서 개별화된 경험이 된 것이다. 이제 소비자들은 AI가 추천하는 맞춤형 스타일로 더 나은 패션 경험을 누릴 수 있다.

이러한 개인화된 소비 트렌드는 패션 산업의 미래를 재구성하고 있다. 고객의 개별적인 취향과 라이프스타일에 맞춘 패션은 더 이상 일부 고급 소비층만을 대상으로 하지 않으며, 대중 소비자도 AI를 통해 개인 맞춤형 의류를 경험할 수 있다. 이는 패션 산업 전반에 걸쳐 새로운 기회를 열어주며, 브랜드들이 개인화된 쇼핑 경험을 통해 차별화를 꾀할 수 있는 큰 기회로 작용하고 있다.

AI는 단순한 디자인 도구를 넘어, 패션 산업 전반의 효율성도 크게 향상시키고 있다. 예를 들어 루이비통모에헤네시(LVMH)는 구글 클라우드와 협력하여 AI 기반 수요 예측 및 재고 관리 시스템을 구축했다. 이를 통해 생산 효율성을 높이고, 재고 부담을 줄이면서도 고객이 원하는 제품을 정확한 타이밍에 제공할 수 있게 되었다.

AI의 예측 분석 능력은 브랜드들이 제품을 공급하고 재고를 관리하는 역량을 강화시킨다. 단순한 생산 효율성을 넘어 비용을 절감하고, 환경에 미치는 영향을 줄이며 지속 가능성도 높이는 데 중요한 역할을 한다.

이뿐만 아니라, LVMH는 알리바바와의 파트너십을 통해 AI 클라우드 기술을 활용하여 중국 내 옴니채널 비즈니스를 확장하고 있다. AI 기반 혁신은 글로벌 시장에서 패션 산업의 경쟁력을 높이는 중요한 요소로 자리 잡고 있다.

지속가능성과 진정성, AI의 역할

패션 산업은 환경 오염의 주요 원인 중 하나로 지목되어 왔다. AI
는 과잉 생산을 줄이고, 더 나은 수요 예측을 통해 환경 부담을 경
감하는 데 중요한 역할을 하고 있다. 로레알이 CES 2024에서 선보
인 에어라이트 프로(AirLight Pro)는 에너지 소비를 최대 31% 줄이면
서도 고성능 모발 관리를 제공하는 혁신적인 제품이다. 이는 패션·
뷰티 산업에서 AI가 지속가능성을 어떻게 높일 수 있는지 보여주는
중요한 사례이다.

이에 더해 AI는 위조품 문제를 해결하는 데에도 기여하고 있다.
LVMH는 마이크로소프트와 협력해 블록체인 기반의 아우라(Aura)
플랫폼을 개발했으며, 이를 통해 제품의 진위 여부를 빠르게 확인할
수 있다. 한국의 스타트업 마크비전(Marqvision)은 AI 기반의 위조품
탐지 기술로 글로벌 시장에서 주목받고 있으며, 95% 이상의 탐지
율을 기록하고 있다.

AI는 위조품 문제를 해결하는 것 외에도, 브랜드의 진정성을 지
키는 수호자 역할을 하고 있다. 이는 소비자로부터 브랜드 신뢰도를
높이고, 나아가 브랜드의 가치를 보호하는 데 필수적인 요소이다.

패션 마케팅의 새로운 장을 열다

아마존(Amazon)의 '아마존 스타일(Amazon Style)'은 AI, AR, IoT 기술을 접목하여 온·오프라인 쇼핑의 경계를 허물며 새로운 고객 경험을 선사한다. 피팅룸에서 AI가 추천한 옷을 입어보고, 쇼핑 앱과 연동해 개인 맞춤형 쇼핑 경험을 즐길 수 있다. 이는 단순히 제품을 추천하는 데 그치지 않고, 소비자와 브랜드 간의 상호작용을 강화하고 더 개인화된 경험을 제공한다.

프랑스 패션 브랜드 카사블랑카(Casablanca)도 AI를 활용한 가상 모델로 2023년 봄/여름 컬렉션 캠페인에서 가상 모델을 활용했다. 실제 인물 없이 AI가 생성한 모델이 등장한 캠페인은 초현실적인 비주얼로 대중의 관심을 사로잡았다. 이는 마케팅 비용을 절감하면서도 창의성과 주목도를 높이는 방식으로, 향후 더 많은 브랜드들이 이러한 전략을 도입할 가능성이 크다.

AI와 3D 프린팅, 미래 패션의 진화

AI는 3D 프린팅과 결합해 개인 맞춤형 의류 생산을 가능하게 하고 있다. 소비자는 자신의 몸에 맞는 의류를 AI로 디자인하고, 이를 3D 프린팅 기술로 제작할 수 있다. 더 이상 대량 생산된 옷을 고르는 것이 아니라, 나만을 위한 맞춤형 옷을 제작하는 시대가 온 것이다.

또한 기능성 의류에서도 큰 역할을 하고 있다. 헬스케어와 스포츠웨어 분야에서 AI는 사용자의 신체 상태를 실시간으로 모니터링해 데이터를 제공하며, 기능성 원단과 결합해 더 높은 수준의 개별화된 소비 경험을 제공한다. 패션은 이제 단순히 멋을 위한 것이 아닌, 우리와 상호작용하는 동반자가 되어가고 있다.

AI는 패션의 모든 과정을 바꾸고 있다. 디자인, 생산, 마케팅, 유통, 고객 서비스까지, AI는 패션의 정의를 다시 쓰고 있다. 코닥 (Kodak), 켈로그(Kellogg's), 나사(NASA) 같은 브랜드들이 AI를 통해 패션 브랜드로 새롭게 태어나고 있다. MZ세대에게 패션은 더 이상 옷이 아니어도 괜찮다. 그들이 좋아하는 그것이 곧 패션이 되고, MZ세대의 소비 트렌드 변화와 맞물려 더욱 가속화되고 있다. 이제 어떤 브랜드든지 멋지고 힙해질 수 있다.

AI는 패션과 뷰티 산업에서 끝없는 가능성을 열어주고 있으며, 3D 프린팅과 결합해 개인 맞춤형 의류 생산을 현실화하고 있다. AI 기반 스마트 의류는 건강 모니터링부터 환경 적응까지 다양한 가능성을 열어주고 있다. 그러나 이러한 변화의 중심에는 여전히 사람이 있다.

AI가 프라다를 입을 수는 있지만, 그 브랜드의 영혼과 이야기를 만들어내는 것은 사람의 몫이다. 패션과 뷰티의 리더들은 기술의 잠재력을 최대한 활용하면서도 인간의 창의성과 직관을 잃지 않고, AI 시대에 기술과 예술, 효율성과 창의성, 글로벌 트렌드와 개인의 취향이 조화를 이루는 산업을 만들어야 한다. 당신은 이 흥미진진한 변화의 여정에 동참할 준비가 되어 있는가?

AI와 일상의 진화: 소비자 경험의 혁신

AI로 2분이면
나도 게임 개발자

⟦ 커서 AI, 리플릿 AI ⟧

게임은 영상, 음악, 스토리 등 문화, 예술, 기술의 종합 예술이라 할 수 있다. 게임 산업은 항상 최첨단 기술을 선도적으로 수용하며 발전해왔으며, 이제 AI 기술이 게임 분야 전반에 걸쳐 광범위하게 활용되고 있다. 기획 단계부터 개발, 운영, 품질 관리(QA)에 이르기까지 게임 제작의 전 과정에서 AI가 중요한 역할을 담당하고 있다.

이제는 일상 언어로 입력만 하면 AI가 2분 만에 게임을 만들어 주는 시대다. 대표적인 예로 스네이크(Snake) 게임을 들 수 있다. 뱀이 먹이를 먹으며 길어지는 이 간단한 2D 게임은 많은 사람들에게 친숙한 중독성 있는 고전 비디오 게임이다. 커서 AI(Cursor AI)나 리플릿 AI(Replit AI)와 같은 AI 자동 개발 플랫폼의 등장으로 이제는 누구나 쉽게 이러한 2D 게임을 만들 수 있게 되었다. 복잡한 코딩 지식 없이도 일상 언어로 게임의 규칙과 구조를 설명하면, AI가 이를 해석해 실제 작동하는 게임으로 만들어낸다. 이는 게임 개발의 진입 장벽을 크게 낮추고 더 많은 사람들이 창의적인 아이디어를 게임으로 구현할 수 있는 기회를 제공한다.

이뿐만 아니다. AI 기술이 게임 산업에 가져온 혁신은 단순한 게임 제작을 넘어서고 있다. AI는 실시간으로 게임 환경을 생성하고 렌더링하는 수준에 이르렀다. 이러한 발전의 핵심적 기술이 바로 구글 연구팀이 개발한 게임N젠(GameNGen)이다. 이 기술은 플레이어들이 게임을 하는 동안 즉각적으로 반응하여 게임 상황과 배경을 실시간으로 업데이트할 수 있는 엔진이다.

이러한 발전은 게임 창작의 개념 자체를 근본적으로 변화시키고 있다. 더 이상 게임 개발자가 모든 세부사항을 개발하고, 정해진 시나리오대로 게임을 만들지 않는다. 게임 속에서 플레이어들이 AI와의 실시간 협업을 통해 더욱 풍부하고 역동적인 세계를 만들어내는 새로운 시대가 열린 것이다. 더욱 다양하고 개인 특화된 게임 경험을 제공할 수 있는 가능성이 커진 게임 산업은 그 미래가 매우 기대되고 있다.

상호 작용하는 AI NPC

과연 이런 AI게임 엔진과 기술로 어떻게 실제 비즈니스에 적용해볼 수 있을까?

AI 에이전트(AI agent)에 사람 얼굴이나 캐릭터를 입히고 싶거나, 이미 보유한 IP를 효과적으로 활용하는 방법을 고민하는 분들을 위한 탁월한 전략이 있다. 바로 AI NPC다.

AI NPC는 게임을 즐기는 사람들에게는 익숙한 용어지만 일반인들에게는 다소 생소할 수 있다. 간단히 말해, AI NPC는 게임 속에서 컴퓨터가 제어하는 캐릭터를 의미한다. 이 캐릭터들은 플레이어의 행동을 이해하고 그에 맞게 대화하거나 반응할 수 있어, 마치 실제 사람과 대화하는 것처럼 자연스러운 상호작용이 가능하다.

AI NPC는 게임 상황에 따라 스스로 판단하고 행동할 수 있어 더 재미있고 현실감 있는 게임 경험을 만들어준다. 매번 게임을 할 때마다 실제 상대가 존재하기 어렵기 때문에 마치 사람처럼 게임 파트너가 되어 그 역할을 대신해주기도 한다. 또한 NPC의 행동 패턴을 유연하게 만들고 각 NPC에 개성과 성격을 부여해 사용자가 마치 살아있는 사람을 대하는 듯한 느낌을 줄 수 있다. 이러한 NPC들은 앞으로 게임이 아닌 실제 웹사이트나 모바일에서도 AI 에이전트로 활약할 가능성이 높다.

영화 〈그녀〉를 떠올려보면, 주인공은 소프트웨어인 '사만다'와 교감과 대화에는 만족하지만 물리적 경험이나 신체적 교감을 나누고 싶은 본능이 채워지지 않아 결국 인간을 찾게 된다. 현재 우리는 AI 비서나 챗봇과 텍스트로 대화하고 있지만 미래에는 인간과 유사한 외모와 성격을 가진 AI 캐릭터와 시각적으로 상호작용할 것이다. 이러한 AI 에이전트들은 실제 사람의 얼굴과 표정을 모방하며, 더욱 자연스럽고 몰입감 있는 대화 경험을 제공할 것이다

컨바이의 가상 캐릭터

이미 엔비디아의 파트너사인 인월드(Inworld)와 컨바이(Convai) 같은 기업들은 AI NPC 기술 발전의 선봉에 서 있다.

인월드는 2021년 구글과 딥마인드 출신들이 설립한 스타트업으로, AI 기반 가상 캐릭터 개발 플랫폼을 제공하는 기업이다. 이 회사는 AI 기반 가상 캐릭터 및 NPC 생성 엔진을 제공하며 사람과 유사하게 인식, 인지, 행동 등 세 가지 요소로 구성된 AI 스택을 통해 사람과 비슷하게 대화할 수 있는 대화형 특화 AI 개발에 솔루션을 가지고 있다. 특히 게임, 메타버스, VR, AR 등 몰입형 환경을 위한 AI 캐릭터 개발 플랫폼으로 주목받고 있다.

컨바이는 실시간 음성 기반 상호작용에 최적화된 AI NPC 생성 엔진을 제공하는 기업이다. 이 기술은 캐릭터를 실제 존재하는 사람처럼 훈련시키는 AI로, 캐릭터의 배경 스토리, 음성, 전문 지식 등을 쉽게 설정할 수 있는 인터페이스를 갖추고 있다. 또한 게임 엔진과

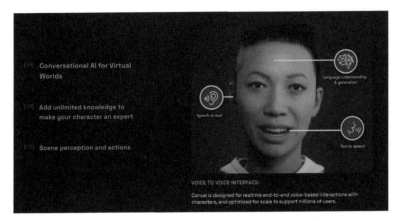

의 통합을 지원하여 개발자들의 편의성을 높였다.

컨바이의 AI는 사용자가 입력한 정보를 바탕으로 캐릭터에게 정체성을 부여한다. 예를 들어 "나는 한국에서 태어났고, 남자이며, 말투는 상냥하다"라고 입력하면, 캐릭터는 상냥한 한국 남자로서의 정체성을 갖고 다양한 대화를 할 수 있다. 이를 통해 마치 실제 사람과 대화하는 듯한 경험을 제공한다.

특히 컨바이의 AI는 뛰어난 공간 인지 및 사람과 같은 이해 능력을 갖추고 있다. 이로 인해 NPC가 주변 환경을 실시간으로 인식하고 상호작용할 수 있어, 더욱 현실감 있는 가상 세계 경험을 만들어 낸다. 이러한 기술력을 바탕으로 컨바이는 게임과 가상 환경에서 더욱 진보된 AI 캐릭터 구현을 선도하고 있다.

최근 컨바이는 유니티(Unity)와 협력하여 AI NPC 기술을 게임에 접목시키는 데 주력하고 있다. 이를 통해 게이머들은 더욱 현실적이고 몰입도 높은 게임 경험을 제공받을 수 있게 되었다. 또한 프로스트 자이언트 스튜디오(Frost Giant Studios), 린든 랩(Linden Lab) 등 유명 게임 개발사들과 파트너십을 맺어 AI NPC 기술의 실제 적용 사례를 늘려가고 있다. 또한 인월드처럼 엔비디아의 아바타 클라우드 엔진(Avatar Cloud Engine, ACE)과 기술을 통합해 더욱 정교한 얼굴 애니메이션, 립싱크, 음성 감정 제어 등을 구현하고 있다. 향후 컨바이는 게임뿐만 아니라 교육, 브랜드 에이전트, 실제 세계의 AI 동반자 등 다양한 분야로 적용 범위를 확대할 계획이다.

나를 이해해주는 브랜드가 가슴을 뛰게 한다

"사람들은 이유가 없으면 구매하지 않는다." 브랜드의 핵심은 바로 그 이유를 창조하는 것에서 출발한다.

지금까지 브랜드들은 고정된 시나리오와 화려한 굿즈로 소비자의 관심을 끌어왔다. 하지만 시대가 변하고 있다. AI 맞춤형 서비스가 새로운 기준이 되어가고 있다. 이제 더 이상 소비자들은 다른 브랜드와 유사한 목소리를 내는 브랜드에 가슴이 뛰지 않는다.

좀 더 맞춤화되고, 나를 이해해주는 브랜드들이 사랑받고, 브랜드와 소비자의 브릿지 역할은 AI NPC의 몫이다. 더 이상 거액을 주고 옥외 광고나 인플루언서에 의존하지 않는 브랜드로 거듭나기 위한 그 중심에는 AI NPC와 AI Agent가 있다.

효율적인 광고의 본질은 변하지 않았다. 그것은 새로운 것을 만들어내는 것이 아니라, 익숙한 요소들을 새롭게 조합하는 예술이다. AI는 이 조합을 가장 잘한다. 하지만 인간은 더 잘한다. 이 둘의 조합이 소비자들에게 그 브랜드를 사야만 하는 이유를 만들어줄 것이다.

AI와
반려동물 케어

‖ 티티케어 ‖

유튜브 쇼츠의 알고리즘을 따라가다 보면, 반려견이나 반려묘 관련 콘텐츠가 상당 부분을 차지한다는 것을 쉽게 알 수 있다. X나 인스타그램에서도 대부분의 밈 콘텐츠가 귀여운 동물을 주인공으로 한다. 점점 각박해지는 세상 속에서 반려동물은 유일하게 힐링을 제공하는 존재로 자리매김하고 있다.

KB경영연구소가 발표한 '2023 한국 반려동물 보고서'에 따르면, 2023년 기준 우리나라의 반려동물 양육 가구는 552만 가구에 달하며, 반려동물을 가족처럼 여기는 문화 역시 점차 보편화되고 있다. 이는 프리미엄 제품과 온라인 채널을 중심으로 반려동물 관련 시장이 지속적으로 성장할 것이라는 전망을 뒷받침한다. 특히 반려동물 건강과 케어에 대한 관심이 높아지면서 수의료 시설 역시 확장되고 있는 추세다.

가족을 지키는 반려동물 케어 기술

반려동물 케어는 어린 아기들 케어와 유사한 점이 있다. 그들이 스스로 아프다고 말할 수 없기 때문에, 보호자의 주기적인 관찰과 동물병원 진료가 필수적이다. 식사량이 줄었다거나 걸음걸이가 평소 같지 않다거나 하는 등 특이사항을 빠르게 파악하지 않는다면 그만큼 치료 시기가 늦어지기 때문에 조기 발견이 아주 중요하다는 점도 그렇다.

이러한 이유로 반려동물 케어 시장에서 AI 기술은 특히 주목받고 있다. AI 기반 반려동물 케어 솔루션은 건강과 정서적 안정 모두에 실질적인 도움을 줄 수 있기 때문이다. AI는 보호자가 직접 케어하는 과정을 보조해주어 병원비 부담을 줄여줄 뿐 아니라, 더 짧은 주기로 건강 상태를 확인할 수 있는 장점이 있다.

현대 사회에서 반려동물은 가족의 일원으로 자리 잡았지만, 그들의 상태를 지속적으로 모니터링하고 관리하는 것은 여전히 쉽지 않다. 특히 1인 가구일 경우 더욱 그러하다. AI 기술은 이러한 문제를 해결할 수 있다. 반려동물의 건강, 행동 패턴, 감정 상태를 실시간으로 분석해 맞춤형 케어를 제공함으로써 보호자에게 큰 도움을 준다.

AI 반려동물 케어의 핵심 기술은 이미지 분석, 음성 인식 그리고 사물인터넷(IoT) 기술이다. 예를 들어, AI 카메라는 반려동물의 움직임을 감지하여 이상 행동이 포착되면 주인에게 알림을 보낸다. 음성 인식 기술을 통해 반려동물의 소리와 반응을 분석하고 그들의 스트레스나 외로움 같은 정서 상태도 파악할 수 있다. IoT 기기와 연동된 자동 급식기나 스마트 토이를 통해서는 더욱 정교한 케어가 가능해진다.

AI 반려동물 케어의 진화는 건강 관리에 그치지 않는다. 이제는 반려동물의 정서 상태까지 관리하는 든든한 조력자로 자리 잡아가고 있다. AI가 반려동물의 스트레스 수준을 감지하여, 보호자가 자리를 비웠을 때 음악을 재생하거나 스트레스를 해소할 수 있는 활동을 제안하기도 한다. 이렇듯 AI 기술은 반려동물의 심리 상담사 역할도 톡톡히 해내고 있다.

스마트 스피커나 AI 카메라가 반려동물의 이름을 부르며 대화하고 간식을 자동으로 주는 서비스도 등장하고 있다. 만약 AI가 반려동물의 외로움과 스트레스를 줄여줄 수 있다면, 보호자는 더욱 안심하고 일상에 집중할 수 있을 것이다. 나아가 AI는 반려동물의 정서 상태를 기록하고 분석하여 보호자가 감정 변화를 쉽게 파악할 수 있도록 돕는다. 반려동물이 말을 할 수 없다 해도 AI가 그들의 행복을 관리하는 데 큰 도움이 될 수 있는 것이다.

이상 징후를 빠르게 감지하는 티티케어

많은 보호자가 "반려동물이 말을 할 수 있다면 무슨 말을 가장 듣고 싶냐"는 질문에 "어디가 아픈지 알려줬으면 좋겠다"고 답한다. 이는 대화를 통한 소통은 불가능하지만 반려동물과 더 구체적으로 소통하고 싶다는 보호자들의 바람을 엿볼 수 있는 대목이다.

AI의 음성 인식 기술은 반려동물의 소리와 울음소리를 분석해 그들이 전하는 감정과 의도를 파악하는 데 도움을 준다. 여러 연구에 따르면 반려견의 짖음이나 반려묘의 울음소리는 그들의 감정과 밀접한 관련이 있다. AI는 이러한 데이터를 학습하여 보호자가 반려동물의 상태를 더 명확히 이해할 수 있도록 돕는다. 앞으로는 반려동물의 소리를 해석해 그들이 무엇을 원하는지 알려주는 AI 통역 기기나 앱이 등장할 가능성도 높다.

국내 기업 에이아이포펫(AIFORPET)의 티티케어(TTcare)는 대표적인 AI 반려동물 케어 솔루션 중 하나다. 이 앱은 이미지 분석 AI를 기반으로 반려동물의 눈, 피부, 치아, 걸음걸이 등을 촬영한 사진이나 영상을 분석해 건강 이상 징후를 감지한다. 멀티모달 접근이라 다양한 신체 부위와 행동을 종합적으로 분석할 수 있어, 보다 정확한 건강 상태 파악이 가능하다.

반려동물은 동물병원에서 평소보다 더 긴장하다 보니 생활 공간에서 보이던 증상을 그대로 재현하지 못할 때가 많다. 하지만 티티케어를 통해 일상 속에서 촬영한 영상을 분석해 병원을 가지 않고도

무심코 지나치게 되는 아이의 이상 징후,
과목별 전문의와 AI 전문가들이 함께 만든 인공지능으로
1분 만에 체크해보세요.

이상부위 탐지　움직임 패턴 분석

왼쪽 앞다리　오른쪽 앞다리

왼쪽 뒷다리　오른쪽 뒷다리

관절

강아지 : 걸음걸이 분석
(2023.05 기준)

출처: https://www.ttcareforpet.com/ko-kr

건강 상태를 확인할 수 있는 것이다. 특히 노령 반려동물은 관절 질환이나 백내장 같은 문제에 취약한데, 이를 조기에 발견하고 치료 시기를 놓치지 않도록 도와준다. AI 분석 결과를 바탕으로 수의사와 비대면 진료를 받을 수도 있어 접근성도 크게 개선되었다. 비록 현재는 안과 질환에 한정된 서비스지만, 향후 진료 범위는 더 넓어질 것으로 기대된다.

반려동물이 행복해지는 AI 케어 시스템

AI는 많은 반려동물 데이터를 학습해 시간이 지날수록 건강 이상 징후 감지의 정확도를 높인다. 이를 바탕으로 개별 반려동물에 맞춤형 건강관리 솔루션을 제공할 수 있게 될 것이다.

이러한 기술은 반려동물의 생애 주기 전체를 관리하는 방향으로 나아갈 가능성이 크다. 보호자는 반려동물의 나이, 체중, 활동량 등을 AI를 통해 체계적으로 관리할 수 있다. 나아가 AI가 행동 패턴을 분석해 맞춤형 훈련 방법을 제시하는 것도 가능할 것이다. 만약 진료 기록, 예방 접종, 투약 정보를 통합 관리할 수 있다면, 긴급 상황에서도 더 종합적인 건강 관리를 지원할 수 있다. 또한, 웨어러블 기기를 반려동물에게 착용시켜 체중, 체온, 심박수 등을 실시간으로 트래킹하고, 비정상적인 상태를 감지해 보호자에게 알림을 보내는 시스템도 구체화될 수 있다. 이를 통해 가까운 동물병원 정보를 제공받거나 응급 진료를 지원받을 수도 있을 것이다.

AI는 반려동물의 유전적 특성을 분석해 잠재적인 유전병 발생 위험을 예측하고, 이를 관리하는 솔루션도 제안할 수 있다. 나이가 들수록 활동량이 줄어드는 반려동물에게는 체력에 맞춘 운동 프로그램을 제공하고, 질병 발생 가능성이 높아질 경우 예방적인 생활 습관을 추천하는 방식도 가능하다.

AI가 반려동물의 일과를 관리해주는 매니저 역할을 한다면, 보호자는 반려동물의 식사 시간, 운동 시간, 약 복용 시간 등을 AI에 맡길 수 있을 것이다. AI는 반려동물의 식사 패턴과 체중 변화를 추적하여 필요시 식사량을 조절하거나 영양소가 더해진 식단을 제안할 수도 있다. 약 복용 시기를 기억해 알림을 주고, 복용 과정에서의 불편함을 줄일 방법도 함께 제안한다면 보호자에게 큰 도움이 될 것이다.

AI는 반려동물 케어에서 보호자의 역할을 대신할 수는 없지만, 훌륭한 '보조자'로서 기능할 수 있다. 기술이 발전할수록 AI가 제공할 수 있는 케어의 범위는 더욱 넓어질 것이다. AI를 통해 반려동물의 건강과 행복을 더욱 철저히 관리할 수 있는 시대가 왔다.

텍스트 몇 줄로 만든 음악으로
저작권료까지

‖ 수노 ‖

AI가 음악 생성 분야에 불어넣은 변화는 단순한 트렌드를 넘어, 음악 제작의 전통적인 방식을 근본적으로 뒤흔드는 핵심 요소로 자리 잡고 있다. 음악 창작은 오랫동안 창의성, 감정 그리고 기술의 조화를 요구하는 복잡한 과정이었다. 작곡가와 뮤지션들은 멜로디와 가사를 엮으며, 청중에게 감동을 줄 수 있는 곡을 만들기 위해 수많은 시간과 노력을 투자해왔다. 하지만 이제 AI가 이 과정에 참여하면서, 우리는 새로운 음악의 시대에 발을 내딛고 있는 상황이다.

기존 음악 제작 과정에서는 한 곡을 완성하기 위해 소모되는 시간과 비용이 막대한데, 창작의 영역 외에도 스튜디오 녹음, 믹싱, 마스터링 등 여러 기술적인 단계가 발생하기 때문이다. 이러한 이유로 음악을 제작한다는 것은 매우 장벽이 높은 영역이었다. AI의 등장은 이러한 문제를 근본적으로 해결해줄 수 있는 혁신적인 대안이 되고 있다.

판매할 수 있는 수준까지 창작하는 AI

가장 주목할 만한 변화는 AI가 단순히 음악의 일부 요소를 생성하는 데 그치지 않고 전체 곡을 창작할 수 있는 능력까지 갖추게 되었다는 점이다. 몇 줄의 텍스트 프롬프트만으로도 AI가 감정과 분위기를 이해하고, 그에 맞는 멜로디와 가사를 창작해내는 모습은 그야말로 놀라움 그 자체다. 이러한 기술적 발전 덕분에 이제는 누구나 손쉽게 자신만의 음악을 만들어낼 수 있는 기회를 얻게 되었다.

AI 음악 생성의 발전 속도는 매우 빠르다. 불과 몇 년 전까지만 해도 음악 생성 AI는 단순한 샘플 제작에 그쳤지만, 지금은 곡 전체를 작곡하고 편곡할 수 있는 수준에 이르렀다. 사용자의 입력에 따라 다양한 스타일과 장르의 곡을 생성해내며, 심지어 저작권료를 벌 수 있는 경로도 제시하고 있다. 이는 기존의 음악 제작 방식을 완전히 재편하는 변화라고 할 수 있다.

이렇게 생성된 AI 음악은 실용성 또한 뛰어나다. AI가 만든 곡들은 방송, 광고, 소셜 미디어 콘텐츠 등 다양한 분야에서 즉시 활용 가능할 정도로 퀄리티가 높다고 평가받는다. 음악 제작에 소요되는 시간을 단축시킬 수 있으니 아티스트와 크리에이터들이 더 넓은 영역의 작업에 집중할 수 있게 해준다. 이러한 배경 속에서 AI 음악 생성 도구들은 단순한 도구가 아닌, 크리에이티브 파트너로 자리매김하고 있다.

AI 기반의 음악 생성 도구들은 전 세계의 아티스트들 사이에서도 큰 인기를 끌고 있다. 다양한 AI 음악 생성 앱들이 등장하고 있으며, 각기 다른 강점을 내세우고 있다. 특정 감정을 표현하는 데 강점을 보이거나 특정 장르의 음악을 쉽게 만들어낼 수 있다는 식이다.

물론 음악 작업을 AI에만 의존하는 것은 모든 것의 해결책이라고 할 수 없다. AI는 빠르고 효율적인 결과물을 제공할 수 있지만, 여전히 인간 아티스트만이 만들어낼 수 있는 독특한 감성과 표현이 존재하기 때문이다. 예를 들어, 특정한 감정의 뉘앙스나 사운드의 깊이는 단순한 데이터로는 포착할 수 없는 부분이다. 하지만 AI가 반복적인 작업에서 아티스트의 시간을 절약해주면서, 아티스트들은 더 창의적인 영역에 집중할 수 있는 여지를 마련해주고 있다.

따라서 이 새로운 시대의 음악 생성 도구는 인간과 AI의 협업을 전제로 하고 있다. 과거에는 곡을 완성하는 데 걸리는 시간이 길었지만, 이제는 AI가 그 과정을 가속화해주면서 아티스트들이 더 많은 실험과 창작을 할 수 있게 되었다. 다양한 시도 속에서 가장 완벽한 음악을 찾아내는 환경이 조성되었다는 점에서, 이는 음악 업계에 커다란 기회를 제공하고 있다. 이러한 기술적 발전이 앞으로 어떻게 음악 산업을 변화시킬지, 그리고 아티스트들은 이 변화에 어떻게 적응할지, 이제부터 살펴볼 AI 음악 생성 도구의 매력이 그 답을 알려줄 것이다.

누구나 힙한 작곡가로 만들어주는 '수노'

우리가 주목해야 할 주인공은 바로 수노(Suno)다. 수노는 최신 머신러닝 기술과 자연어 처리(NLP)를 활용하여, 사용자가 입력한 텍스트를 바탕으로 음악을 생성하는 앱이다. 텍스트 몇 줄로도 완전한 곡을 만들어낼 수 있다는 건, 마치 마법과도 같은 일이 아닐까? 이 앱은 음악적 요소를 분석하고 대규모 음악 데이터 세트로 학습된 신경망을 통해 멜로디와 화성을 창조해낸다. 수노는 단순히 AI가 음악을 만들어낸다는 차원을 넘어, 인간의 창작 과정을 보완하고 확장하는 역할을 하고 있다.

이런 수노의 기능은 특히나 음악 제작의 장벽을 확실히 낮춰준다. 전통적으로 음악을 만들기 위해서는 수많은 기술과 경험이 필요했지만, 그 과정을 대중에게 열어주는 것이다. 누구나 자신의 아이디어를 음악으로 변환할 수 있게 되니, 이제는 음악에 대한 지식이 부족한 사람들도 창의력을 발휘할 수 있는 시대가 도래했다.

그렇다면 수노는 어떤 기능들을 제공할까? 먼저, 사용자가 간단히 입력한 텍스트 설명으로 곡을 생성하는 기능이 있다.

출처: https://suno.com/

예를 들어, '슬프고 서정적인 느낌의 팝송'이라는 텍스트를 입력하면, 그에 맞는 곡이 자동으로 생성된다. 다양한 장르를 지원하고 생성된 음악의 템포나 악기 구성을 조정할 수 있다는 점은 사용자에게 큰 자유를 준다. 예를 들어, 특정 악기를 추가하거나 템포를 바꾸어 나만의 스타일로 곡을 발전시킬 수 있는 것이다. 또한 사용자가 업로드한 오디오를 바탕으로 새로운 음악을 만들어내는 기능도 있어, 기존의 음악을 리믹스하는 데도 유용하다.

수노의 또 다른 멋진 기능은 AI 보컬 합성이다. 사용자가 작성한 가사와 생성된 멜로디를 결합하여 자연스러운 보컬을 생성할 수 있다. 이 기능은 마치 프로 뮤지션과 함께 작업하는 듯한 경험을 제공하며, 누구나 자신의 노래를 부를 수 있는 기회를 부여한다. 이는 특히 인디 아티스트나 음악 제작을 시작하는 사람들에게 큰 도움이 된다. 보컬 녹음과 믹싱 과정에서 발생하는 비용과 시간을 크게 절약할 수 있기 때문이다.

여기서 수노의 기술적 차별점이 더욱 빛을 발한다. 고급 AI 모델을 활용해 전문가 수준의 음악 품질을 제공하며, 복잡한 곡도 몇 초 내에 생성할 수 있는 빠른 속도를 자랑한다. 방대한 음악 데이터 세트로 다양한 스타일을 학습했기에 사용자들이 원하는 거의 모든 장르를 소화해낼 수 있는 능력을 갖추고 있다. 이처럼 수노는 단순한 음악 생성 도구에 그치지 않고, 진정한 창작 파트너로 자리매김하고 있다.

최근 수노는 대규모 언어 모델(LLM)을 통합하여 가사 생성 기능도 강화했다. 이제는 사용자의 의도와 맥락을 깊이 이해하여 더욱 품질 높은 가사를 생성할 수 있다. 다양한 스타일과 주제에 대한 가사 생성 능력도 향상되었으며, 여러 언어로도 가능하다는 점이 매력적이다. 긴 노래의 경우에도 전체 주제와 이야기를 일관되게 유지하는 데 도움을 주니, 이제는 정말 가사에 대한 걱정은 덜어도 좋다.

향후 발전 방향을 살펴보면, 수노는 사용자의 개인 스타일을 학습해 맞춤화된 가사를 생성할 수 있는 기능을 개발할 예정이다. 이는 개인화된 창작 경험을 제공하며, 사용자들이 더 나아가 자신만의 음악적 아이덴티티를 구축하는 데 도움을 줄 것이다. 멀티모달 입력 지원과 실시간 협업 기능 강화도 계획 중이다. 음악, 이미지 등 다양한 형태의 입력을 바탕으로 가사를 생성할 수 있는 기능은 앞으로의 창작 가능성을 한층 더 넓혀준다.

사용자는 더 상세한 프롬프트를 입력할 수 있고, 필요한 부분만 선택적으로 수정하는 기능도 제공된다. 이는 마치 작곡가와 AI가 함께 작업하는 느낌을 준다. 사용자는 감정이나 주제를 구체적으로 지정할 수 있어, 원하는 방향으로 곡을 발전시킬 수 있다. 또한 부적절한 콘텐츠를 자동으로 걸러내는 필터링 기능까지 갖추고 있으니, 음악 창작의 불안 요소를 줄여주고 있다. 이는 특히 젊은 창작자들이 자신감을 가지고 AI를 활용할 수 있도록 도와준다.

AI 음악 생성의 남은 과제들

그렇다면 AI 음악 생성에 대한 문제점은 전혀 없는 걸까? 저작권 문제와 AI 워터마킹 같은 윤리적 논의는 여전히 진행 중이다. 생성된 음악에 AI 워터마크를 삽입하여 원본과 구분할 수 있도록 하여, 창작물에 대한 저작권 문제를 해결하려는 노력들이 있다. 이는 AI가 만들어낸 음악이 기존의 음악과 혼동되지 않도록 하기 위한 필수적인 조치다. 이러한 과정은 창작자와 소비자 모두에게 신뢰를 줄 수 있는 기반이 된다.

또한 실시간 협업 기능이 강화되면 AI와 사용자 간의 상호작용이 더욱 자연스럽고 즉각적으로 이루어질 수 있다. 이는 창작 과정에서 발생하는 즉흥적인 아이디어를 더 쉽게 반영할 수 있는 기회를 제공한다. 우리가 꿈꿔왔던 창작의 새로운 방식으로, AI와 함께하는 작업 환경이 어떻게 발전할지를 보여주는 좋은 사례가 될 것이다.

이제 음악 창작의 문턱은 한층 더 낮아졌다. 앞으로는 더 많은 사람들이 AI와 함께 창의력을 발휘하고, 음악이라는 매력적인 세계에 쉽게 접근할 수 있을 것이다. 이제 음악을 사랑하는 이들에게는 새로운 동반자가 생긴 셈이다. AI가 만들어내는 새로운 음악의 물결은 우리에게 무한한 가능성을 제시하고 있으며, 앞으로 어떤 새로운 음악이 탄생할지 기대되는 순간이다.

AI 여행 플래너,
취향 따라 인터레스트립

〖 트립지니 〗

여행의 본질은 변하지 않지만, 이를 준비하는 방식은 크게 달라졌다. 이제 한두 마디의 간단한 요청만으로 취향에 맞춘 완벽한 여행이 만들어진다. "서울에서 힙한 카페를 알려줘"라든지 "2주 후 부모님 모시고 갈만한 명소가 뭐야?"와 같은 질문에, AI 여행 플래너는 즉각적인 답을 제공하고, 최적의 일정과 장소를 제안한다. 과거에는 여행사가 많은 정보를 모아 계획을 세웠다면, 지금은 AI가 수백만 건의 데이터를 분석하여 개인 선호에 맞춘 여행을 실시간으로 제공하는 것이다.

세계관광기구에 따르면, 1995년에 5억 2,000만 명이었던 국제 여행자 수가 2016년에는 12억 4,000만 명으로 두 배 이상 증가했다. 전 세계 항공 승객은 1995년 13억 명에서 2017년 39억 명으로 폭증했다. 《여행의 이유》를 쓴 김영하 작가는 "기술이 발전하면 할수록 더 많이 이동하고자 한다"고 말한다. 실제로, 가상현실(VR)이나 증강현실(AR) 기술이 여행을 대체하리라는 예측과는 달리, 기술은 여행 경험을 보완하고 확장하는 방향으로 발전하고 있다.

여행은 다음 기회가 아닌 '지금'

AI 기반 플래너의 한 사례로 트립닷컴(Trip.com)의 '트립지니(TripGenie)'를 들 수 있다. 트립지니는 거대언어모델(LLM) 기반의 대화형 AI 챗봇으로, 사용자의 질문에 즉각적인 응답을 제공한다. 2024년 트립닷컴의 글로벌 파트너 컨퍼런스에서 창업자 제임스 량(James Liang) 회장은 트립지니가 여행산업에 미치는 영향력을 강조하며, 생산성 향상, 고객 서비스 강화, 여행계획 혁신 등 AI가 여행의 전반적인 변화를 이끌고 있다고 설명했다.

트립지니와 같은 AI 여행 플래너는 다음과 같은 주요 기능을 제공한다.

○ **실시간 여행 계획 수립**: 사용자가 "제주도에서 힐링하고 싶어요"라는 요청을 하면 트립지니는 관광지, 쇼핑 명소를 추천하고 예약 링크와 지도를 즉시

제공한다.

- **개인화된 추천**: 사용자의 취향과 요구를 반영한 맞춤형 여행 계획을 제안한다.

- **실시간 정보 업데이트**: 날씨 변화나 현지 상황에 따라 대체 일정을 즉시 제안한다.

- **다국어 지원**: 한국어, 영어, 일본어, 중국어 등 여러 언어를 지원하며, 최근에는 한국어 음성 인식 기능이 추가되었다.

- **원스톱 서비스**: 여행 계획에서 상품 예약까지 한번에 가능한 통합 서비스를 제공한다.

트립지니는 실시간 데이터 분석을 통해 최적의 구매 시점과 상품을 추천한다. 최근 "지금이야, 지금" 캠페인을 통해 트립지니를 포함한 자사의 AI 기반 여행 콘텐츠를 알리고 있다.

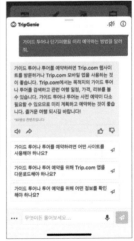

출처: trip.com

최근 한국어 음성 인식 기능을 추가하여 사용자 경험을 한층 개선했으며, 베타 서비스 시기부터 인기를 끌었던 호텔, 항공, 여행 일정에 대한 큐레이션 서비스인 트립딜(Trip. Deals), 트립베스트(Trip. Best) 및 트립트렌드(Trip. Trends)와 같은 여행순위 콘텐츠 서비스를 트립지니에 통합해 응답 품질을 더욱 높였다.

AI 여행 플래너의 시장 동향

트립지니 외에도 다양한 AI 기반 플래너 서비스가 등장하고 있다. 구글은 지도 앱에 AI 추천 장소를 추가하고, 여행 스케줄을 자동으로 생성해주는 기능을 테스트 중이다. 마이크로소프트의 코파일럿(Copilot)은 방학 플래너(Vacation planner) 기능을 통해 맞춤형 여행 계획을 제공하며, 레일라(LAYLA)와 원더플랜(Wonderplan) 같은 전문 AI 여행 플래너들도 주목받고 있다.

한국관광공사의 '2024년 국내 관광 여행 트렌드 보고서'에 따르면, 스마트 기술 기반 여행의 인기가 크게 증가하고 있다. 또한 글로벌 커머스 미디어 기업 크리테오(CRITEO)의 조사 결과, 한국은 여행 계획에 AI를 가장 많이 활용하는 국가 중 하나로 나타났다.

이 서비스들은 특히 MZ세대를 중심으로 18~44세 사용자들 사이에서 인기를 끌고 있다. 트립닷컴의 데이터에 따르면, 트립지니 사용자의 60%가 이 연령대에 속한다. 이들은 개인화된 여행 경험을 중시하며, AI의 추천을 통해 자신의 취향에 맞는 여행을 계획한다.

AI 기반 플래너의 사용 경험은 매우 다양하다. 한 사용자는 "음식 알레르기가 있다고 언급하자 AI가 알레르기 없는 제주 전통 음식을 추천해주고 예약까지 도와줬어요"라며 만족감을 표현했다. 또 다른 사용자는 음성 인식 기능을 활용해 "제주도에서 서핑 배우기 좋은 곳 추천해줘"라고 요청했으며, AI는 즉시 관련 정보를 음성으로 안내하고 예약 링크까지 제공했다. 이러한 기능은 여행 중 빠르고 정확한 정보 제공을 통해 사용자가 즉각적인 행동을 취할 수 있게 한다.

여행 산업에 미치는 AI의 영향력

최근에는 '인터레스트립(Interest+Trip)'이라는 새로운 트렌드가 부상하고 있다. 이는 취미나 흥미를 중심으로 여행을 계획하는 것을 의미한다. AI 여행 플래너는 사용자의 관심사를 깊이 분석해 더욱 개인화된 경험을 제안할 수 있다. 예를 들어, 와인에 관심 있는 여행자에게는 특정 지역의 와이너리 투어나 와인 테이스팅 클래스를, 요가를 즐기는 여행자에게는 명상 리트릿이나 요가 수련장이 있는 숙소를 제안할 수 있다.

제주항공은 이러한 트렌드에 맞춰 특정 분야의 전문가와 함께하는 '여행심화반' 상품을 운영하고 있으며, 실제로 인기 드로잉 작가

'카콜'과 함께한 일본 마쓰야마 여행 상품은 오픈 당일 매진을 기록했다.

요즘 20~40대 관광객이 늘면서 방한 여행 트렌드도 달라지고 있다. 이들은 전통적인 관광지보다는 현지의 '핫플'을 찾고, 캠핑이나 콘서트, 음악 축제 같은 야외 활동을 위해 여행을 떠난다. 신체적·정신적으로 이너피스를 유지하기 위한 웰니스 관광도 인기를 끌고 있으며, 명상, 요가, 등산 프로그램이 주목받고 있다.

AI 여행 플래너의 발전은 여행 산업 전반에 변화를 가져오고 있다. 여행사와 같은 전통적인 중개자들의 역할은 점차 축소되고, 소비자들은 더 직접적이고 개인화된 여행 계획을 세울 수 있게 되었다. 이는 여행 전문가들이 반복적이고 시간 소모적인 작업을 줄이고, 더 가치 있는 서비스에 집중할 수 있는 기회를 제공한다.

또한 AI는 지속 가능한 여행을 촉진하는 데에도 기여하고 있다. 환경 오염을 최소화하는 여행 옵션을 추천하고, 현지 문화를 존중하는 방문 지침을 제공하며, 지역 경제에 도움이 되는 숙박시설과 식당을 추천하는 등 책임 있는 여행을 장려하고 있다.

그러나 기술에 지나치게 의존하면 우연한 발견이나 예상치 못한 경험의 기회를 놓칠 수 있다. 또한 개인정보 보호와 데이터 보안에 대한 우려도 제기된다. AI의 추천이 편향될 가능성도 있어, 다양성과 공정성을 유지하는 것이 중요한 과제이다.

미래에는 AI 여행 플래너가 더욱 정교해질 것으로 예상된다. 가상현실(VR)과 증강현실(AR) 기술의 결합을 통해 여행 전에 목적지를 미리 체험하거나, 여행 중 실시간으로 주변 정보를 얻는 기능이 발전할 것이다. 또한 사용자의 건강 상태, 체력 수준, 식이 제한 등을 고려한 더욱 세밀한 맞춤형 여행 계획이 가능해질 것이다.

이 서비스는 실시간 현지 이벤트 정보 제공, 여행 중 발생할 수 있는 다양한 상황에 대한 대처 방안 제시 등 더욱 포괄적인 서비스를 제공할 수 있다. 예를 들어, 갑작스러운 일정 변경이나 예상치 못한 상황에 대해 즉각적인 대안을 제시하거나 현지 문화와 관습에 대한 실시간 가이드를 제공할 수 있다.

AI 발전은 여행 산업의 다른 측면에도 영향을 미친다. 호텔이나 관광지에서 AI 기반의 개인화된 서비스를 제공하거나, 자율주행 차량을 이용한 관광 서비스가 등장할 수 있다. 또한 AI를 활용한 언어 번역 서비스의 발전으로 언어 장벽이 더욱 낮아질 것으로 예상된다.

한편 이 기술이 발전해도 인간의 역할은 여전히 중요할 것이다. 오히려 AI는 인간 여행 전문가들이 더 창의적이고 고부가 가치적인 서비스를 제공할 수 있도록 보조하는 역할을 할 것이다. AI가 기본적인 정보 제공과 일정 계획을 담당하는 동안, 전문가들은 고객의 감성적 니즈를 파악하고 더욱 특별한 경험을 창출하는 데 집중할 수 있다.

AI는 여행 산업에서 문화적 이해를 증진하고, 지속 가능한 미래로 나아가는 발판을 마련하고 있다. AI 플래너의 효율성과 개인의 독창성 그리고 모험심이 만나 특별한 여행 경험을 창출할 수 있을 것이다.

AI 플래너의 역할은 어디까지?

여행의 새로운 시대, 우리는 이제 AI와 함께 더 넓은 세상을 향해 나아가고 있다. 트립지니와 같은 AI 여행 플래너는 우리에게 더 많은 선택지와 가능성을 제공하지만, 궁극적으로 여행의 의미와 가치는 여행자 자신의 마음가짐과 경험에서 비롯된다. AI는 도구일 뿐, 진정한 여행의 주인공은 여전히 우리 자신이다.

개인화된 여행 경험, 실시간 정보 제공, 효율적인 예산 관리, 언어 장벽 해소 등 AI는 여행자들이 직면하는 다양한 문제를 해결하고 있다. 더 나아가 여행지의 숨은 명소 발굴, 지속가능한 여행 촉진, 문화 간 이해 증진 등 다양한 역할을 담당하고 있다.

그러나 이러한 혁신적인 변화 속에서도 우리는 여행의 본질을 잊지 말아야 한다. 여행은 단순히 목적지를 방문하는 것이 아니라, 새로운 경험을 통해 자신을 발견하고 세상을 이해하는 과정이다. 이 서비스는 이 과정을 더욱 풍부하고 의미 있게 만들 수 있지만, 결국 여행의 진정한 가치는 여행자 자신의 호기심, 개방성 그리고 새로운 것을 받아들이는 자세에서 비롯된다. 더 나은 여행 경험을 만들어가는 데 기술에 지나치게 의존하지 않고, 여행의 본질적 가치를 잊지 않는 균형을 유지하는 것이 중요하다.

마지막으로, AI 여행 플래너의 발전은 여행의 민주화를 가속화할 수 있다. 더 많은 사람들이 쉽고 효율적으로 여행을 계획하고 즐길 수 있게 되면서, 세계 각지의 문화와 사람들 사이의 교류가 증진

될 수 있다. 이는 궁극적으로 더 평화롭고 연결된 세계를 만드는 데 기여할 수 있을 것이다.

"여행은 편견과 편협함을 없앤다"라는 마크 트웨인(Mark Twain)의 유명한 말처럼, AI 기반 플래너는 우리의 여행을 더욱 풍요롭게 만들어줄 수 있다. 하지만 그 여정의 주인공은 언제나 우리 자신임을 잊지 말아야 한다. 이 새로운 기술을 활용하여 더욱 의미 있고 감동적인 여행으로 만들어갈 수 있기를 기대한다. AI 플래너의 도움으로 당신의 다음 여정을 계획해보는 건 어떨까? AI가 제공하는 효율성과 당신의 독창성과 모험심이 만나 특별한 여행 경험을 만들어낼 수 있을 것이다. 여행의 새로운 시대, 함께 시작해보자.

최고의 PPT 만들어주는
AI 프레젠테이션 도구

‖ 감마 ‖

인터넷 세상에서 정보를 전달하는 데 있어, 프레젠테이션의 중
요성은 그야말로 두말할 필요가 없다. 누군가에게 자신의 아이디어
를 설득하고자 할 때, 그 첫 번째 무기는 다름 아닌 PPT다. 파워포
인트(PowerPoint)라는 이름이 더 이상 단순한 소프트웨어의 이름이
아닌, 비즈니스 커뮤니케이션의 상징으로 자리 잡았으니, 정말로 빼
놓을 수 없는 필수 도구가 되었다고 할 수 있다. 하지만 프레젠테이
션을 만드는 과정은 그리 간단하지 않다. 모든 슬라이드를 매력적으
로 꾸미고, 한눈에 들어오는 정보를 정리하는 일은 마치 미로를 헤
매는 듯한 복잡함을 안겨준다.

사람들은 PPT 제작에 얼마나 많은 시간을 투자할까? 시장조사 기관 이노팩트(Innofact)의 연구에 따르면, 직원들과 프리랜서들은 연간 평균 100시간을 프레젠테이션 제작과 파워포인트 작업에 소비한다고 하는데, 이 시간을 다른 중요한 업무에 활용할 수 있었다면 어땠을까? 콘텐츠를 고민하고, 디자인을 선택하고, 세부 사항을 조정하며 긴 시간을 보내는 동안, 본래의 목표인 '전달'에서 점점 멀어지기 십상이다. 결국, 많은 이들이 스트레스와 불안감에 시달리게 된다. 이렇다 보니 어느 순간부터 PPT는 '업무의 부담'으로 전락해버리기 일쑤였다.

이제 AI가 등장했다. 이제는 PPT 제작에 필요한 모든 작업을 스마트하게 처리해주는 AI 도구들이 우리의 일상에 발을 들여놓고 있다. 사람들은 이제 더 이상 슬라이드 하나하나에 많은 시간을 쏟지 않아도 된다. AI는 반복적인 작업과 데이터 분석을 맡아주며, 우리는 진정으로 중요한 부분에만 집중할 수 있게 된다. 마치 믿음직한 조수처럼, AI는 우리의 창의력과 전문성을 한층 더 끌어올리는 역할을 하게 된다. 이러한 변화는 특히 바쁜 직장인들 그리고 시간을 쪼개어 일하는 프리랜서들에게 있어 큰 의미를 가진다.

특히 최근 몇 년간 발전한 AI 기술 덕분에, 이러한 프레젠테이션 도구들은 훨씬 더 똑똑해졌다. 사용자가 제공하는 키워드와 아이디어를 바탕으로 자동으로 슬라이드를 디자인해주거나, 데이터 시각화를 통해 메시지를 더욱 명확하게 전달해주는 기능이 추가되었다. 예를 들어, 사용자가 특정 주제를 입력하면 AI는 관련된 정보와 이미지를 빠르게 찾아 슬라이드를 구성해준다. 이 과정에서 마치 전문가와 대화하듯, 사용자에게 맞춤형 피드백을 제공하며 최적의 결과물을 만들어가는 모습이 인상적이다.

또한 AI는 사용자의 스타일과 선호를 학습하여 개인화된 디자인을 제안하기도 한다. 어떤 폰트가 더 잘 어울릴지, 어떤 색상이 메시지를 더욱 강조할지를 분석하여 최적의 슬라이드를 만들어낸다. 이제 PPT 제작이 고통스러운 숙제가 아닌, 즐거운 창작의 과정으로 변화할 가능성이 열렸다. 이처럼 AI는 단순한 도구를 넘어, 사용자의 창의력을 극대화할 수 있는 협력자가 되어주고 있다.

그렇다면 이러한 변화를 이끄는 AI 프레젠테이션 도구들은 무엇일까? 더욱 스마트하게 PPT를 만들어주는 AI 도구들이 있다. AI는 정보의 분석과 시각화 그리고 디자인의 과정을 단순화해 사용자가 본래의 목표인 '효과적인 전달'에 집중할 수 있게 돕고 있다.

프레젠테이션의 비즈니스 세계에서의 역할과 중요성을 생각하면, 앞으로의 PPT 제작 방식이 어떻게 혁신될지 상상만 해도 흥미롭다. AI는 단순히 반복적인 작업을 대신해주는 것에서 그치지 않고, 사용자가 보다 효율적으로 아이디어를 표현할 수 있도록 돕는 강력한 도구로 자리매김하고 있다. 이제는 우리가 겪어온 프레젠테이션 제작의 고통이 사라질 날이 멀지 않은 것 같다.

비즈니스 커뮤니케이션의 혁신

AI가 만들어줄 새로운 시대의 PPT는 어떤 모습일지, 그 가능성을 함께 기대해보자. AI가 우리에게 가져다줄 새로운 가능성에 대해 기대감을 안고 말이다. 감마(Gamma)와 같은 AI 도구들이 우리가 상상했던 것 이상으로 비즈니스 커뮤니케이션을 혁신적으로 변화시킬 수 있는 시점이 다가오고 있다.

감마는 기존 프레젠테이션 제작의 번거로움을 한번에 해결해주는 마법 같은 존재로, 많은 이들이 기대하고 있는 혁신적인 도구이다. 이 도구는 사용자에게 단순히 PPT를 만드는 것이 아니라, 전문적이고 매력적인 프레젠테이션을 순식간에 생성해준다. '그게 정말 가능해?'라고 반문할 수도 있지만, 감마의 핵심 기능을 살펴보면 그 답이 자연스럽게 나올 것이다.

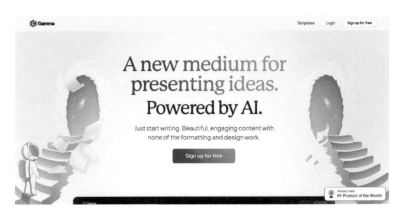

출처: https://gamma.app/

감마는 AI 기반의 텍스트 입력만으로도 완성된 프레젠테이션을 자동으로 생성하는 기능을 제공한다. 사용자가 텍스트를 입력하면 감마는 이를 분석하여 관련 콘텐츠를 생성하고, 다양한 템플릿과 디자인 옵션을 제안한다. 이 과정에서 자연어 처리(NLP) 기술을 활용하여 사용자의 입력을 이해하고, 그에 맞는 디자인 요소를 최적화한다. 단순히 텍스트를 입력하는 것만으로도 마치 전문 디자이너가 만든 것 같은 완성도 높은 프레젠테이션이 탄생하는 것이다.

이뿐만 아니라, 감마는 실시간 협업 기능을 제공하여 여러 사람이 동시에 작업할 수 있도록 도와준다. '회의 중에 제안한 내용을 바탕으로 즉시 수정하고 반영할 수 있다니!'라는 생각이 드는 순간, 팀원들 간의 소통도 훨씬 원활해진다. 이는 특히 프레젠테이션이 여러 사람의 의견을 반영해야 할 때 큰 장점으로 작용한다.

프레젠테이션에서 데이터를 효과적으로 시각화하는 것은 매우 중요하다. 감마는 데이터 시각화 및 차트 생성 기능을 통해 복잡한 데이터를 시각적으로 전달하는 데 큰 도움을 준다. 사용자 데이터와 공개 데이터를 결합하여 관련성 높은 콘텐츠를 생성하고, 이를 아름답고 직관적인 차트나 그래프로 변환하는 기능을 가지고 있다. '이렇게 멋진 차트가 그저 몇 번의 클릭만으로 만들어지다니!'라고 감탄할 수밖에 없는 부분이다.

이 모든 과정이 고급 암호화 기술을 통해 보안이 유지되고 있어서 사용자는 안심하고 데이터 작업에 집중할 수 있다. 비즈니스 환경에서 데이터 보안은 절대 간과할 수 없는 요소이므로, 감마의 이러한 기능은 더욱 빛을 발한다.

감마의 차별화된 포인트 중 하나는 바로 '카드' 시스템이다. 전통적인 슬라이드 대신 유연한 '카드' 형태의 콘텐츠 블록을 사용하여, 사용자가 원하는 대로 다양한 요소를 조합할 수 있도록 돕는다. 이는 마치 레고 블록처럼 자신만의 스타일로 조합할 수 있는 자유를 제공하여, 사용자로 하여금 더 창의적인 프레젠테이션을 만들게 해준다.

또한 감마는 원클릭 폴리싱 기능을 통해 AI가 자동으로 디자인과 내용을 개선해준다. '내가 원하는 디자인은 다소 복잡한데, AI가 알아서 해준다고?'라는 신뢰감을 주며, 사용자들은 보다 편리하고 효율적으로 작업할 수 있다. 다양한 미디어 형식(비디오, 오디오, 인터랙티브 요소 등)을 쉽게 삽입할 수 있어, 단순한 PPT를 넘어 다채로운 콘텐츠를 담은 프레젠테이션을 만들 수 있다.

감마는 머신러닝 알고리즘을 통해 개인화된 디자인 추천을 제공한다. 사용자의 작업 방식과 선호도를 학습하여, 시간이 지남에 따라 더욱 맞춤화된 결과물을 제공하는 것이다. 이는 사용자들이 매번 새로운 디자인을 찾는 데 드는 수고를 덜어주는 역할을 한다. 예를 들어, "지난번에 썼던 색깔 조합이 좋았으니 이번에도 비슷하게 해줄 수 있어?"라는 요구를 AI가 알아서 처리해주는 식이다.

이처럼 감마는 단순한 도구를 넘어, 사용자의 작업을 이해하고 지원하는 파트너 역할을 하고 있다. 덕분에 비즈니스 프레젠테이션의 퀄리티는 물론, 제작 과정에서의 스트레스도 현저히 줄어들게 된다.

감마는 단순한 PPT 제작의 혁신을 넘어서, 비즈니스 환경에서의 소통 방식을 변화시키고 있다. 과거에는 수많은 시간과 노력을 들여야 했던 프레젠테이션이 이제는 몇 번의 클릭으로 완성되는 시대가 왔다. 감마를 통해 사용자들은 불필요한 스트레스를 덜고, 창의력을 마음껏 발휘할 수 있는 기회를 가지게 되었다.

특히 감마는 294개 이상의 외부 시스템과 통합이 가능하며, API를 통해 기업 내부 시스템과의 연동도 지원하고 있다. 이는 기업들이 감마를 활용하여 보다 효율적으로 프레젠테이션을 제작하고, 팀워크를 강화하는 데 큰 도움이 된다.

기업 내부 사용은 마이크로소프트365 코파일럿

AI 프레젠테이션 도구 시장에서 가장 고도화된 기술 중 하나는 마이크로소프트(Microsoft)의 파워포인트 디자이너(PowerPoint Designer)와 통합된 마이크로 365 코파일럿(Microsoft 365 Copilot)이다. 이 도구는 단순한 프레젠테이션 제작 도구를 넘어, 비즈니스 커뮤니케이션을 위한 종합 플랫폼으로 진화하고 있다. 사용자가 주제나 개요를 입력하면 AI가 전체 내용을 자동으로 생성하고, 기업의 내부 데이터와 인터넷 정보를 결합하여 관련성 높은 콘텐츠를 제작한다. 또한 실시간 디자인 최적화 기능을 통해 자동으로 최적의 레이아웃과 브랜드 가이드라인을 유지하는 데 기여한다. 특히 동적 데이터 시각화 기능은 텍스트나 표 형식의 데이터를 자동으로 분석하여 적절한 차트로 변환하며, 최신 정보를 실시간으로 반영할 수 있도록 돕는다.

마이크로 365 코파일럿과 감마의 차별점은 다음과 같다. 코파일럿은 마이크로소프트 365 제품군과 완벽하게 통합되어 있어 문서 작성, 스프레드시트 분석 등 다양한 작업을 지원하는 반면, 감마는 프레젠테이션 제작에 특화된 독립적인 도구로, 사용자에게 보다 직관적인 경험을 제공한다. 데이터 활용 측면에서도 코파일럿은 마이크로소프트 그래프(Microsoft Graph)를 통해 광범위한 데이터를 활용할 수 있는 반면, 감마는 주로 사용자가 입력한 정보에 의존한다. 코파일럿은 고급 AI 모델인 지피티4(GPT-4)를 사용하고, 감마는 자체 AI 모델을 사용한다. 이러한 차이점 덕분에 코파일럿은 기업 내부 데이터와 사용자 패턴을 학습하여 깊이 있는 맞춤화를 제공하지만, 감마는 보다 저렴하고 접근하기 쉬운 옵션으로 자리 잡고 있다.

업무 자동화,
실리콘밸리에서 생긴 일

∥ 오원 ∥

'AI는 당신의 일을 빼앗지 않는다. AI를 사용하지 않는 사람이 일을 빼앗길 것이다.'

2024년 9월, 오픈AI(OpenAI)는 새로운 AI 모델 '오원(o1)'을 공개했다. o1의 가장 큰 특징은 '사고의 연쇄(Chain of Thought)'라고 불리는 단계적 사고 능력이다. 기존의 거대언어모델(LLM)이 대규모의 토큰 입력을 통해 한 번에 답을 도출하는 방식이었다면, o1은 질문에 대해 AI가 자체적으로 사고를 반복해 결론에 이른다.

특히 o1의 한국어 처리 능력이 눈에 띈다. 예를 들어, '직우상 얻떤 번역깃돈 일끌 슈 없줘많'이라는 문장을 '지구상 어떤 번역기도 읽을 수 없지만'으로 정확하게 해석한다. 이는 엉터리 한국어를 AI 가 추론을 통해 올바르게 해석해낸 예시로, 한국어 특유의 문법적 특징을 무시하고도 문맥을 이해할 수 있는 능력을 보여준다.

연구개발 분야의 무한한 가능성을 열다

o1은 수학 문제, 코딩, 암호 풀이 등 복잡한 문제를 탁월하게 해결한다. 프로그래밍 대화에서 o1은 상위 11% 안에 들 정도의 실력을 보여줬고, 미국 수학 올림피아드에서는 상위 500등 안에 들었다. 더욱 놀라운 점은 물리학, 생물학, 화학 문제를 푸는 데 있어서는 박사 수준의 전문가보다 정확한 결과를 도출했다는 것이다.

GPT-4와 비교해보면 그 차이가 더욱 명확하다. 국제 수학 올림피아드에서 GPT-4가 13점을 받은 반면, o1은 56점을 기록했으며, 향후 버전에서는 83점까지 올라갈 것으로 예상된다. 이는 AI가 인간의 지적 능력을 빠르게 따라잡고 있음을 보여주는 지표다.

복잡한 수학 문제를 풀 때, o1은 짧은 시간의 사고 과정을 거쳐 연립방정식을 단계별로 해결한다. 또한 HTML, JS, CSS를 사용하며 스네이크 게임을 구현했으며, 사용자의 요청에 따라 'AI'라는 글자를 장애물로 추가하는 등의 복잡한 요구사항도 처리한다. 양자 역학, 유전학 같은 고도의 전문 지식이 필요한 문제에서도 뛰어난 성과를 보였고, 연구자들은 기존 GPT-4와는 다른 수준의 통찰을 얻을 수 있다.

o1의 또 다른 특징은 미니 버전의 출시이다. 미니 버전은 본 버전의 80% 성능을 제공하면서도 80% 더 저렴한 가격에 제공된다. 이 미니 버전은 모바일 기기나 저사양 컴퓨터에서도 실행할 수 있으며, 이는 특히 데이터 프라이버시 향상과 환경 친화적인 측면에서도 큰 장점으로 작용한다.

오픈AI의 미라 무라티 CTO는 이에 대해 "기존의 스케일을 대체하는 것이 아니라 두 모델이 공존할 것"이라고 말했다. 현재 챗GPT 유료 사용자들은 o1과 GPT-4 중 필요한 것을 선택할 수 있다.

AI 과학자의 등장

최근 일본의 스타트업 사카나AI(SakanaAI)는 브리티시컬럼비아대학교와 협력해 혁신적인 'AI 과학자'를 개발했다. 이 AI는 연구의 모든 단계를 마법처럼 자동으로 수행할 수 있으며, 학술 문헌을 통해 아이디어를 도출하고, 실험을 수행하며, 연구 결과를 요약하고 논문을 작성하는 것까지 모두 처리한다.

더 놀라운 점은 인간만이 할 수 있는 영역이라고 여겨졌던 피드백 기능으로, 생성된 논문을 심사하고 평가하는 능력까지 갖추고 있다는 것이다. 이 모든 서비스를 단돈 15달러로 이용할 수 있다고 하니 그야말로 혁신적인 시대가 도래한 셈이다.

GPT-4 기반의 AI 과학자는 공감 능력이 뛰어나고 대화도 잘하며, 다양한 A/B 테스트 실험을 실시간으로 처리할 수 있는 능력을 지니고 있다. 또한, 완벽한 SWOT 분석을 통해 R&D 보고서까지 작성할 수 있다. 이는 과거의 SF 영화 속 어설픈 로봇들과는 달리, 수백 배의 생산성을 높일 수 있는 잠재력을 가지고 있음을 의미한다.

현재 많은 나라에서는 연구개발(R&D) 인력 부족 문제로 골머리를 앓고 있으며 위험 수준이다. 2030년까지 디지털 분야에서 91만 4,000명, 산업기술 분야에서 17만 6,000명, 환경 바이오 분야 23만 6,000명, 블록체인, 인공지능 등의 첨단 산업에서 수십만 명의 인력이 부족할 것이고 수급격차는 매우 심각할 것으로 전망되고 있다. 인력 부족 문제는 연구개발의 질적·양적 미스매치를 심화시키고 있으며, 이를 해결하기 위한 중장기적인 접근이 필요한 시점이다.

출처: https://openai.com/o1/

이러한 상황에서 AI 과학자의 등장은 새로운 희망을 제시한다. AI 과학자는 인력 부족 문제를 해결하고 연구개발 비용을 절감하면서도 연구의 질을 높일 수 있는 잠재력을 가지고 있다.

'No'코드 자동화 AI 툴의 등장

직장인들은 많은 시간을 단순 반복 업무에 할애하고 있다. 특히 주니어 직원들은 중요도가 낮은 작업에 투입되기 마련인데, AI 자동화는 이러한 단순 업무에 소요되는 시간을 줄여준다. 덕분에 직원들은 창의적이고 중요한 업무에 더 집중할 수 있게 된다. AI는 또한 인간이 실수하기 쉬운 부분에서 높은 정확성과 일관성을 제공한다. 결과적으로 AI 자동화는 업무의 질을 전반적으로 향상시킨다.

AI 자동화는 단순히 반복적인 작업을 기계가 대신하는 것을 넘어선다. 최근 화두로 떠오른 'AI 트랜스포메이션(AX)'은 경영 전반에 AI를 도입하여 비용을 절감하고 생산성을 극대화하는 전략을 의미한다. AX는 AI 기반 자동화의 데이터 분석을 결합해 더 깊고 폭넓은 변화를 이끌며, 기업이 실시간 의사결정을 지원받고, 더 민첩하게 시장 변화를 대응할 수 있도록 돕는다. 이는 과거의 디지털 전환(DX)과 유사하지만 더 광범위한 변화를 수반한다. 예를 들어, 오픈 채팅방 관리자가 AI를 통해 뉴스 기사를 크롤링(crawling)하고, 이를 요약한 후 원하는 스타일로 요약본을 작성해 자동으로 배포할 수 있다. 이전에는 사람이 일일이 처리하던 과정을 AI가 전담하는 것이다.

AI 업무 자동화를 더욱 손쉽게 만드는 것은 바로 노코드 자동화 AI 툴이다. '메이크(Make)'나 '자피어(Zapier)' 같은 도구를 이용하면, 코딩 지식이 없어도 복잡한 자동화 프로세스를 구축할 수 있다. 이와 더불어 에어테이블(Airtable), 버블(Bubble), 글라이드(Glide) 등도 AI 자동화를 쉽게 접근할 수 있는 도구로 떠오르고 있다. 이로 인해 이제 개발자가 아니더라도 일반 직장인들도 자신의 업무를 AI로 자동화할 수 있게 되었다.

실리콘밸리는 o1을 어떻게 활용하고 있을까?

"확실히 AI에 거품이 있습니다. 하지만 과거의 거품과는 달리, AI는 이미 우리 모두에게 실제적인 가치를 제공하고 있습니다. 퍼플렉시티(Perplexity)나 클로드(Claude)와 같은 서비스들이 이메일 작성, 언어 번역, 고객 지원 등 일상적인 작업에 활용되고 있죠. AI는 사라질 일이 없을 겁니다."

실리콘밸리의 한 CEO는 AI 산업의 성장을 '스타벅스 효과'에 비유한다. 카페가 이미 많은 거리에 스타벅스가 새로 들어선다면, 기존 카페가 타격을 입을 거라 예상할 수 있지만, 실제로는 오히려 더 많은 사람들이 그 거리를 찾게 되어 모든 카페의 수익이 증가한다는 것이다. AI 또한 이런 방식으로 초기 사용자 확보가 중요하고, 그들을 잘 유지한 후 더 많은 사용자를 확보해야 한다. 이를 반복적으로 확장하는 방식으로 성장 곡선을 넘어서게 되며, 장기적으로 보면 이 것은 지수 성장처럼 보이지만 실제로는 여러 작은 단계들이 쌓인 결과이다.

o1의 개발에는 흥미로운 이야기가 숨어 있다. o1 연구팀 21명 중 유일한 한국인 연구원은 "AI 연구에 정해진 길은 없어 직접 부딪히면서 익혀야 한다"고 말한다. 바쁜 일정 속에서도 새로운 패러다임에 기여했다는 자부심을 느꼈다고 덧붙였다. 특히, AI 연구를 두려워할 필요가 없다는 점을 강조하며 "AI는 첨단 기술이기 때문에 오히려 전문가가 부족하고 배워야 할 것도 적다"고 설명했다.

실리콘밸리의 기업들은 공격적인 마감 기한을 설정해 그 안에서 어떻게든 더 빨리 일할 방법을 찾아내려고 스스로를 압박한다. 그러다 보면 더 빠르게 일할 방법이 보이기도 하기 때문이다.

예를 들어, 누군가 이 일을 마치는 데 일주일이 걸린다고 하면, '3일 안에 끝낼 방법은 없을까?'라고 되묻는다. 가능하지 않더라도 더 빠르게 할 방법을 고민하게 되고, 덕분에 더욱 긴박한 마음으로 작업을 진행하게 된다.

한 CEO는 "가장 중요한 것은 빠른 반복입니다. 현실과 자주 접촉할수록, 사용자로부터 피드백을 빠르게 받아서 성공과 실패를 더 명확하게 알 수 있습니다. 이를 통해 성공에 이를 때까지 계속해서 수정하는 것이 핵심입니다"라고 강조했다.

이제 상상해보자. 당신이 연구자라면 AI 과학자를 고용할 것인가? AI 과학자를 동료로 대할 수 있을까? 이 질문에는 정답이 없다. 하지만 확실한 건, 우리가 AI를 도입하지 않으면 대안이 거의 없다는 점이다. 고민할 시간이 많지 않다.

우리는 AI와 함께하면서도 인간 고유의 창의성과 직관을 잃지 않고 새로운 가능성의 세계로 나아가고 있다. o1과 같은 AI 모델의 등장은 단순한 기술 발전을 넘어 우리의 일상과 연구, 그리고 소비자 경험까지 모두 바꾸고 있다. 실리콘밸리에서 시작된 이 변화는 이제 전 세계로 퍼져나가고 있으며, 그 여파는 이미 우리 곁에 와 있다.

새로운 것을 빠르게 익히고, 기존의 사고방식을 과감히 버리는 사람들이 최고의 가치를 만드는 시대가 도래했으며, 이제 AI는 우리의 동료가 되어가고 있다. 멈추지 않는 이 흐름 속에서 우리는 어떻게 적응하고, 새로운 가치를 창출할 수 있을까? 이미 이 책을 읽고 있는 당신은 긴장감 넘치는 변화로 가득 찬 여정에서 AI와 함께 무한한 가능성의 세계로 한 걸음 내딛고 있다.

AI 영상 편집은
일단 이것부터 써보자

〚 런웨이 젠 3 〛

영상 편집의 세계는 과거와는 비교할 수 없을 정도로 급격히 변화하고 있으며, 그 중심에는 AI의 혁신이 자리하고 있다. 얼마 전까지만 해도 영상 편집은 전문적인 기술과 막대한 시간, 노력이 요구되는 분야였다. 수십 시간, 심지어 수백 시간의 작업을 통해 촬영한 영상을 다듬고, 각종 이펙트와 전환, 색 보정, 자막 삽입 등을 일일이 수작업으로 처리해야 했다. 이러한 과정은 많은 크리에이터에게 상당한 부담으로 다가왔으며, 때로는 비효율적이고 고통스러운 경험으로 남곤 했다. 편집을 마무리하는 과정에서 지치고 힘든 시간을 보내며, 자신이 만들어낸 작품에 대한 만족감은 그리 크지 않았던 경우가 많았다.

하지만 AI의 도입은 이러한 전통적인 영상 편집 방식에 혁신을 가져왔다. 이제는 사용자들이 원하는 영상 스타일이나 효과를 선택하기만 하면 AI가 필요한 모든 요소를 자동으로 조합하고 최적화하여 완성된 영상을 제공하는 시대가 도래했다. 예를 들어, 그린 스크린 촬영본에서 배경을 제거하고 새로운 배경으로 교체하는 작업이 한 번의 클릭으로 쉽게 이루어진다. AI는 반복적인 편집 과정을 간소화해주며, 편집자들이 진정한 창의력을 발휘할 수 있는 시간을 더 많이 확보하게 해준다. 이제는 영상 편집이 복잡한 기술이 아니라, 누구나 쉽게 접근할 수 있는 도구다.

평범한 사람도 누구나 크리에이터

이제 변화는 단순히 기술적인 측면에 그치지 않는다. 최근에는 유튜브(Youtube), 틱톡(Tiktok), 인스타그램(Instagram)과 같은 영상 기반 플랫폼들이 극도로 활성화되면서, 영상 편집 기술이 더 이상 전문가들만의 영역이 아니라 일반 크리에이터들에게도 흔히 사용되는 기술로 자리 잡았다. 이러한 플랫폼들은 크리에이터들에게 자신의 콘텐츠를 시청자들과 직접 공유하고 수익화할 수 있는 기회를 제공하며, 영상 편집 기술의 수요는 나날이 증가하고 있다. 크리에이터들은 자신의 개성과 스타일을 담아 콘텐츠를 제작하면서, 시청자와의 연결을 더욱 강화하고 있다. 콘텐츠 제작의 보편화와 영상 편집 기술의 접근성 향상은 이 산업을 폭발적으로 성장시키고 있으며, 이제는 영상 편집이 일상적인 작업으로 자리 잡고 있다.

또한, OTT(Over-The-Top) 플랫폼의 등장으로 전통적인 영화 산업에 큰 타격이 가해지고 있다. OTT 서비스는 더 많은 오리지널 콘텐츠를 제작하기 위해 비용을 절감할 수 있는 혁신적인 방법을 모색하고 있으며, 이 과정에서 AI 기술이 주목받고 있다. AI는 CG와 같은 복잡한 작업에서 인력을 줄이고 효율성을 높이는 데 크게 기여할 수 있어, 제작 비용을 낮추는 것은 물론이고, 더욱 풍부하고 다양한 콘텐츠를 시청자에게 제공할 수 있는 기회를 만들어준다. 이러한 상황에서 제작자들은 AI의 도움을 받아 품질 높은 콘텐츠를 빠르게 생산하면서, 크리에이티브한 아이디어를 현실로 바꾸는 데 더 집중할 수 있게 되었다.

최근 AI의 발전은 영상 편집 분야에서 콘텐츠 제작 방식 자체를 재정의하고 있다. 다양한 AI 영상 편집 도구들이 등장하면서, 크리에이터들은 더 이상 기술적인 한계에 갇히지 않고 자신만의 독특한 이야기를 풀어낼 수 있는 가능성을 얻게 되었다. 이제는 상상만 하던 비주얼 효과와 편집 기법이 손쉽게 구현될 수 있게 되었고, 이것은 크리에이터들이 자신만의 세계를 표현할 수 있는 새로운 경로를 열어주고 있다.

텍스트 기반 고품질 영상 생성의 선두주자

런웨이(Runway)의 새 모델 젠3 알파(Gen-3 Alpha)는 영상 제작의 패러다임을 완전히 바꿔놓고 있다. 텍스트로부터 고품질 비디오를 생성하는 데 있어 선두주자로 자리 잡고 있는 이 도구는 이제는 영화 제작, 광고, 게임 개발, 가상현실 등 다양한 분야에서 영상 제작의 질과 효율성을 한 단계 끌어올리고 있다.

런웨이의 힘은 몇 가지 뛰어난 기술에 뿌리를 두고 있다. 먼저 시각적 변환기(Visual Transformers)를 살펴보자. 이 기술은 비디오 프레임 시퀀스를 처리하여 시간적 일관성을 유지하는 데 탁월하다. 마치 뚝딱뚝딱 장난감을 조립하듯, 각 프레임이 자연스럽게 이어지도록 해준다.

다음으로 확산 모델(Diffusion Models)이 있다. 이 모델은 노이즈에서 이미지를 반복적으로 개선하여 사실적인 비디오 출력 생성의 달인을 자처한다. 말하자면, 마치 처음에는 뿌연 스케치 같은 영상이 점점 선명해지는 과정을 거쳐, 마지막에는 고화질 비디오가 탄생하게 되는 셈이다.

또한, 런웨이는 다중 모드 AI 시스템을 통해 텍스트, 이미지, 비디오 등 다양한 데이터 유형을 통합 처리한다. 한마디로 이 도구는 다양한 매체의 언어를 이해하고 자유롭게 소통할 수 있는 '멀티 재능'을 지니고 있다.

런웨이는 그 자체로도 매우 특별하다. 특히 고해상도, 고품질 비

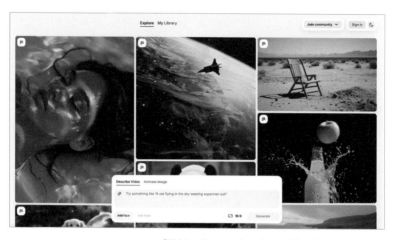

출처: https://runwayml.com/research/introducing-gen-3-alpha

디오 생성은 이전 세대인 젠2(Gen-2)보다 무려 2배 빠른 속도로 이루어진다. 시간적 일관성을 유지하면서도, 더 많은 콘텐츠를 더 짧은 시간 안에 제작할 수 있는 것이다. 이로 인해 크리에이터들은 지루한 편집 과정에서 벗어나 자신만의 창의력에 집중할 수 있게 되었다.

복잡한 동작의 사실적 구현도 주목할 만하다. 달리기·걷기와 같은 인간의 다양한 동작을 정확하게 렌더링할 수 있다. 실제로 사람들을 촬영하지 않고도, 마치 현실의 인물들이 움직이는 것처럼 사실감 넘치는 비디오를 생성할 수 있다. 더불어 핸드헬드 트래킹 샷 등 다양한 카메라 기법을 지원하여 촬영의 자유도를 높여준다.

런웨이의 가장 매력적인 점은 그 강력한 기능들이다. 텍스트-비디오 변환 기능을 통해 상세한 텍스트 설명을 바탕으로 고품질 비디오를 생성할 수 있다. 이것은 마치 글로 쓴 스토리가 영화로 변신하는 기적과도 같다. 그뿐만 아니라, 정지 이미지를 동적인 비디오로 변환하는 이미지-비디오 변환 기능도 제공한다. 여러분이 멈춰 있는 사진 하나로도 생동감 넘치는 영상 콘텐츠를 만들 수 있게 되는 것이다.

이외에도 고급 비디오 편집 도구가 통합되어 있어, 모션 브러시와 고급 카메라 컨트롤 기능으로 더욱 전문적인 작업이 가능하다. 정밀한 시간 제어를 통해 상세한 시간 기반 캡션을 제공하여 창의적인 전환과 장면 요소의 정확한 키프레이밍이 가능해진다. 이제는 영상 제작이 더 이상 복잡한 기술자가 아닌, 크리에이터의 상상력에 달려 있다.

산업별 맞춤화도 한몫한다. 런웨이는 엔터테인먼트 및 미디어 기업을 위한 맞춤형 모델을 제공하여, 각 산업의 필요에 맞는 유연한 활용이 가능하다.

하지만 혁신이 늘 긍정적인 것만은 아니다. 런웨이는 안전성과 윤리적 고려에 대한 중요한 책임도 짊어지고 있다. 새로운 시각적 조절 시스템을 도입하여 AI 생성 콘텐츠의 투명성을 확보하고, C2PA 출처 표준 준수를 통해 AI가 생성한 콘텐츠임을 명시하는 메타데이터를 추가하는 기능이 포함되어 있다. 이는 사용자들이 콘텐츠의 출처를 쉽게 확인할 수 있도록 하여, 더욱 신뢰할 수 있는 환경을 조성하고자 하는 노력이다.

결론적으로 런웨이는 영상 제작의 미래를 한층 밝게 만들어 줄 혁신적인 도구다. 고해상도의 비디오 생성, 텍스트와 이미지의 통합 처리, 정밀한 시간적 제어 등 다양한 기능을 통해 누구나 쉽게 자신의 상상을 현실로 만들어낼 수 있는 기회를 제공한다. 영상 편집의 과정이 혁신적으로 개선되면서, 이제는 더 많은 크리에이터들이 자신의 목소리를 세계에 전할 수 있는 시대가 열린 것이다.

또 다른 매력을 가진 드림머신과 힛파우

루마AI(Luma AI)의 드림머신(Dream machine)은 런웨이와는 또 다른 매력을 가지고 있다. 우선, 120초 안에 120프레임의 비디오를 뚝딱 만들어내는 속도가 매력적이다. 영화적 품질에 초점을 맞춘 드림머신은 부드럽고 사실적인 카메라 움직임을 자랑하며, 이미지 입력도 지원해 기존 이미지를 활용한 영상 생성이 가능하다. 해상도는 1360×752 픽셀로, 비용도 더 저렴하여 가성비를 중시하는 사용자에게 딱 좋다. 무엇보다 사용하기 간편해서 초보자도 손쉽게 다룰 수 있다는 점이 큰 장점이다.

힛파우(HitPaw)는 그동안의 그린스크린에 작별을 고하고 이제 AI 크로마키 시대를 열었다. AI 기술을 활용해 인물과 객체를 척척 식별해, 복잡한 윤곽도 깔끔하게 처리하고 실시간으로 작업하니 결과를 기다릴 필요도 없다. 사용자가 원하는 배경 이미지를 쉽게 넣을 수 있어, 영상 제작이나 온라인 교육, 가상 이벤트에서도 유용하게 활용할 수 있다. 복잡한 설정 없이 몇 번의 클릭으로 전문가 수준의

크로마키 효과를 뽑아낼 수 있으니, 힛파우가 진정한 AI 크로마키 시대를 열어가고 있음을 실감하게 된다.

영상 콘텐츠가 쏟아지는 이 시대에, 과연 우리의 창작 욕구를 제대로 충족해줄 AI 기술이 존재할까? 끊임없이 변화하는 트렌드와 소비자들의 눈높이에 맞춰야 하는 영상 제작자들에게, 힛파우와 같은 혁신적인 도구들은 단순한 선택이 아니라 필수다. 이제는 복잡한 기술적 작업에 얽매이지 않고, 상상력과 창의력을 마음껏 펼칠 수 있는 환경이 조성되고 있다. AI가 우리의 팀원이 되어주는 시대, 이제 콘텐츠 제작은 부담이 아니라 즐거움이 될 수 있는 기회로 넘쳐난다. 과연 이 변화가 어떤 새로운 아이디어와 이야기를 탄생시킬지 기대해보자.

PT 비용 대신 AI 앱,
주머니 속 맞춤형 트레이너

‖ 엑서사이트 ‖

친구는 매일이 다이어트 중이다. 1년 365일 변하지 않는 몸무게를 보며 매번 다이어트를 다시 다짐한다. 친구는 자신이 생각한 기준보다 몸무게가 높아지면 바로 동네 피트니스 클럽에 가서 상담을 받는다. 사실 한 달만 꾸준히 다녀도 어느 정도 다이어트의 효과를 볼 수도 있지만, 1년 회원 결제를 하면 훨씬 저렴하다는 말에 고민 없이 바로 등록을 한다. 친구는 어느 유튜버가 추천해주는 운동 루틴을 참조하여 일주일에 최소 5일 운동을 가기로 다짐한다. 하지만 어느 날은 몸이 안 좋고, 어느 날은 팀 회식이 잡히고, 어느 날은 그냥 기분이 안 좋아서 운동을 한두 번 빠지게 되었다.

그렇다 보니 2주 동안 운동을 한 번도 가지 않게 되어 또 다이어트에 실패할 위기에 처한다. 하지만, 이번에는 정말 마음을 굳게 먹었기 때문에, 다시 피트니스 클럽에 가서 PT 상담을 받는다. 총 20회의 PT를 결제하고 트레이너와 운동·식단 계획을 짰다. 그래도 트레이너의 감시 덕분에 운동과 식단을 하다 보니, 혼자서 다이어트할 때보다 동기 부여가 많이 붙었다. 하지만 20회가 모두 완료된 후, 부담되는 PT 비용을 다시 지불할 자신이 없어졌고, 피트니스 클럽으로의 발길도 끊겼다.

퍼스널 트레이너는 개인의 목표, 운동 능력의 수준, 건강 상태 등을 분석해 개인화된 운동 프로그램을 설계해서 운동 중 자세와 기술을 지도하고 동기 부여를 제공한다. 일부 퍼스널 트레이너는 개인의 필요 칼로리에도 관여하여 식단을 짜주고, 매일 먹는 음식을 검사한다. 이것은 단순히 운동을 가르치는 것 이상의 의미를 가지며 각 개인의 신체적 특징, 생활 습관, 목표를 고려하여 개인화된 생활 루틴을 제공하기 때문에 효과를 도출하기 쉽다.

그러나 현재의 퍼스널 트레이너는 비용이 높고 특정 시간과 장소에 얽매인다는 단점이 있다. 바쁜 생활 속에서 정해진 시간에 트레이너를 만나는 것 자체가 너무나 어려운 일이다. 게다가 퍼스널 트레이너 개인의 능력에 따라, 서비스를 제공받는 소비자는 효과가 극대화될 수도, 전혀 없을 수도 있다. 편차가 너무 크다.

AI 퍼스널 트레이너 서비스

우리는 이제 AI 기반의 퍼스널 트레이너 서비스를 이용하여 균등하고 높은 퀄리티의 트레이닝을 받을 수 있게 되었다. 그럼 어떠한 부분에서 어떠한 서비스의 도움을 받을 수 있을지 살펴보자.

개인의 데이터 수집 및 분석, 맞춤형 루틴 케어

데이터를 수집할 수 있는 디바이스(일반적으로 스마트폰 애플리케이션을 이용한다)를 활용하여 사용자의 신체 데이터를 수집한다. 최근에는 인바디(In-Body)의 데이터를 활용하는 사례도 늘고 있다. 수집된 데이터를 활용하여 사용자에게 맞는 운동량과 운동 루틴, 횟수 등을 제공한다.

대표적으로, 프리레틱스(Freeletics) 서비스가 있다. 이 서비스는 AI를 활용하여 사용자의 운동 목표와 수준에 맞춘 운동 프로그램을 제공하고, 스마트폰 카메라를 이용해 자세 분석과 교정을 지원하는 앱이다. 집에서도 피트니스 클럽에 있는 것처럼 전문적인 트레이닝을 받을 수 있다.

특히 이 서비스는 일괄적인 루틴 제공이 아닌, 사용자의 성과와 피드백을 바탕으로 훈련 강도와 난이도를 조절한다. 또한 '체중 감량', '근력 강화'와 같은 목적을 설정하면 그에 따른 강조나 루틴 조절도 할 수 있다.

어려운 난이도의 운동은 비디오 튜토리얼을 제공하여 사용자가 정확한 폼으로 운동할 수 있도록 돕는다.

프리레틱스의 AI는 특히 개인에게 최적화된 루틴을 제공하는 것에 집중하고 있다. 운동 수행 시각과 시간을 분석하고, 사용자가 어디서 어려움을 겪고 어떤 성격을 가지고 있는지, 어떤 운동이 적합한지에 대한 패턴을 인지한다. 또한 그에 따른 피드백과 성과 데이터를 기반으로 최적의 운동을 추천한다. 실제로 이 서비스는 사용자들이 매우 만족해한다는 평이 많다.

실시간 모니터링 및 피드백

AI가 사용자의 운동 자세를 분석하고 교정하는 서비스이다. 이 기능은 최근에 AI 모션 캡쳐 기술이 발달하면서 많은 투자와 개발이 이루어지고 있다.

CES 2022 출품작중 하나인 엑서사이트(Exercite)는 AI 모션 캡쳐 기술을 활용한 서비스로, 사용자에게 실시간 피드백을 제공하여 올바른 자세로 운동을 수행하도록 돕는 서비스이다. 기존의 다른 애플리케이션은 사용자의 모션 트래킹이 아닌, 녹화 후 피드백을 주는 방식으로 서비스가 이루어져 있었는데, 이 서비스는 카메라를 통해 사용자의 움직임을 실시간으로 분석하고, AI 알고리즘을 사용해 자세를 교정해주는 방식으로 제공한다.

서비스에서는 다양한 운동 프로그램과 비디오 튜토리얼을 통해 사용자가 근력 운동, 기능성 운동 등 여러 종류의 운동을 수행할 수 있도록 제공한다. 튜토리얼을 참조하면서 영상 속 자세를 그대로 취

출처: https://www.ipixelcorp.com

했을 때, 해당 자세가 맞는 자세인지, 어디가 잘못되어 있는지 피드백을 받을 수 있다. 이 서비스를 활용하면 장소에 구애받지 않고 제대로 된 운동과 포지션을 가져갈 수 있으며, 부상 방지에도 탁월한 효과를 발휘할 수 있다.

실시간 칼로리 및 영양소 체크

퍼스널 트레이닝은 운동뿐만 아니라 단백질, 비타민 섭취와 같은 식단 및 영양소 체크가 되어야만 효과를 볼 수 있다. 사실 현대 사회에서 실시간으로 칼로리와 영양소를 체크한다는 것은 거의 불가능에 가깝다.

마이피트니스팔(MyFitnessPal)은 체중 감량과 영양 관리, 그리고 운동 추적을 돕는 세계적으로 인기 있는 피트니스 서비스 애플리케이션이다. 사용자는 자신의 식단과 운동 활동을 기록해서 칼로리 섭취량과 소모량을 추적할 수 있으며, 이를 통해 건강한 생활 습관을 유지하고 목표를 달성할 수 있도록 지원한다.

마이피트니스팔이 인기 있는 이유는 거대한 음식 빅데이터를 가지고 있기 때문이다. 우리가 먹는 음식의 바코드를 찍으면, AI가 빅데이터를 분석하여 그 음식에 포함되어 있는 영양소와 칼로리를 자동으로 측정한다. 만약 바코드가 없더라도 수많은 음식 카테고리를 선택할 수 있어 식단 관리에 최적화된 서비스라고 볼 수 있다.

또한 애플워치 등 스마트 기기와의 연동으로 하루 동안의 칼로리 소모량을 자동으로 체크하여, 더 정교한 개인화 서비스로 개인 맞춤형 건강 관리 서비스를 제공할 수 있다.

사실 아직 위에 말한 주요 기능이 모두 포함된 서비스는 아직 한국에서 정식으로 시작하지 않았다. 그 이유로 몇 가지 어려움이 있는데, 감정적·심리적인 상태를 파악하기 어려운 부분, 개인의 부상 유무와 정도를 파악하기 어려운 부분, 기술적인 오류의 가능성 등으로 아직 상용화가 어렵다는 시장의 눈도 있다.

하지만 코로나19 사태로 인한 언택트 서비스의 강화, AI 서비스의 발전으로 인한 기술적 한계의 돌파, 개인 건강 및 관리를 신경쓰는 신세대의 문화 등 많은 요소들이 AI 퍼스널 트레이너 서비스의 수요가 많아질 것임을 예상할 수 있게 한다.

특히 AI와 웨어러블 기기의 결합은 더욱 정교한 운동 분석과 건강 데이터를 제공할 수 있을 것이다. 또한 심박수, 운동 강도, 영양 섭취까지 통합적으로 관리하는 서비스가 나올 것이며 그에 따른 개인화된 코스들이 강화될 것이다.

새해에는 헬스장 등록이 아닌 AI 퍼스널 트레이너 사용을 한번 고려해보자. 어쩌면 다이어트에 성공할 수 있지 않을까?

AI 자동 결제,
정말 그냥 나가도 되나요?

‖ 저스트 워크 아웃 ‖

아마존 고(Amazon Go)는 아마존(Amazon)이 개발한 무인 상점이다. 고객은 매장 입구에서 자신의 아마존 계정에 연결된 앱이나, 신용카드를 터치하여 체크인한다. 이 과정에서 시스템은 고객의 정보를 인식하고 매장에서의 활동을 추적하기 시작한다. 매장 내부에는 다수의 카메라와 센서가 설치되어 있어, 고객이 매장을 이동하며 제품을 집거나 다시 놓는 모든 동작을 추적한다. 고객이 제품을 모두 고른 후 물건을 가지고 매장을 떠날 때, '저스트 워크 아웃(Just Walk Out)' 시스템은 모든 데이터를 종합하여 결제를 자동으로 처리한다. 소비자는 그냥 문을 걸어 나가면 되는 것이다.

실패한 것처럼 보이던 '아마존 고'

컴퓨터 비전 기술은 아마존 고 시스템의 중요한 역할을 한다. 수많은 카메라는 고객의 움직임과 상품을 추적하고, 선반에 있는 센서는 물건이 선반에서 들어 올려지거나 다시 놓여질 때의 행위를 감지한다. 정교한 하드웨어는 동일한 크기나 모양을 가진 여러 상품도 정확하게 구분할 수 있고, 고객의 개인적인 선호도 데이터 수집까지도 이어질 수 있다.

특히, '저스트 워크 아웃' 기술은 아마존 고의 핵심 역할을 한다. 결제 분야에서 대표적인 이 기술은, 스마트폰, QR 코드, 얼굴·손바닥 인식, 장치 식별자 등을 활용해서 고객의 신원을 확인한다. 확인된 고객은 모든 행위를 추적당하며 픽업하는 모든 제품의 정보를 시스템에 입력한다. 모든 쇼핑이 완료된 시점에 자체 서비스 키오스크와 디지털 결제 계정을 이용해서 주문을 체크아웃한다. 고객은 상점에 입장하여 자체 서비스 키오스크를 이용해서 선택한 물건을 확인하고 구매를 완료할 수 있다.

초기에 이 혁신적인 시스템을 도입한 아마존 고는 엄청난 인기를 끌며 소비자를 끌어모았다. 하지만 팬데믹 시대부터 하락세가 이어지기 시작했다. 이 시스템은 업무와 일상이 바쁜 현대인들이 시간을 낭비하지 않도록 설계되었으며, 주로 실리콘밸리, 샌프란시스코, 뉴욕 등 사무실이나 주거지가 밀접한 지역에 위치했다. 하지만 코로나19 사태 이후 늘어난 재택근무로 인해, 도시의 유동인구가 줄어들게 되면서 매출에도 큰 영향을 받았다. 또한 아마존 고는 신기술에 대한 호기심에 방문하는 사용자가 많았으나, 그것이 재방문으로 이어지지는 않았다. 그리고 매장에는 그 기술에 맞는 상품 카테고리만 배치하였기 때문에, 다양성이 부족하다는 점과 재고 관리가 원활하게 이루어지지 못한 점이 문제였다.

마지막으로 가장 큰 문제는 비용이었다. 아마존 고의 최첨단 하드웨어 및 소프트웨어 AI 기술은 매우 비싼 비용으로 매장 운영을 어렵게 만들었다. 물론 이 기술들은 '인건비 축소'라고 하는 비용 절감 효과를 가장 큰 장점으로 가지고 있었으나, 아직 이 기술들을 저렴한 가격으로 공급하기에는 시기상조였던 것 같다.

한계가 낳은 새로운 시장

이런 상황에도 불구하고, 아마존은 최근에 자사의 '저스트 워크 아웃' 결제 기술을 위한 고급 AI 모델을 개발했다고 발표했다. 이 모델은 결제 AI를 더 정확하고, 효율적이며, 안정적으로 제공하도록 개선했다. 진화된 시스템은 카메라, 선반 센서, 3D 매장 모델, 제품 데이터 등의 로우 데이터 참조를 최소한으로 줄이고 생성형 AI를 활용하여 사람의 움직임 그 자체의 추적 및 행동에 집중하는 방향으로 개발되었다.

이 기술의 개발은 아마존 고 매장의 확장이 목적이 아닌, 그 자체가 솔루션 상품이 되어 다른 기업으로 판매되는 것이 주요 목적이다. 이 시스템은 특히 '시간이 중요한 곳'에서 효율적으로 활용될 수 있어, 공항과 대학, 스포츠 경기장 등에서 적극 도입을 고려하고 있다.

현재 미국 내 수십 개의 대형시설에서 '저스트 워크 아웃' 기술을 도입하고 있다. 특히 뉴저지주에 위치한 식스 플래그스(Six Flags) 테마파크도 코카콜라와의 협업으로 이 기술을 도입했다. 간단한 포장 음식이나 굿즈를 판매하는 매장에 도입하여 수십분이 걸리던 대기시간을 1분 미만으로 단축시켰다. 또한 대기줄이 줄어들기 때문에 판매량 또한 10%이상 증가할 수 있을 것이라고 이야기했다.

급속 성장한 중국의 모바일 결제

세계에서 가장 결제시스템이 극적으로 발전한 곳이 바로 중국이다. 중국은 스마트폰 사용이 급속히 확산되며, 이에 따른 모바일 결제 플랫폼의 채택이 자연스럽게 확대되었다. 그와 동시에 중국 정부는 디지털 경제를 국가 전략으로 삼고 관련 정책을 추진해왔다. 디지털 결제 시스템을 장려하고, 관련 법률과 규제를 정비해서 시장의 발전을 지원했다. 특히 정부는 현금 사용을 줄이기 위해 현금 사용 제한이라는 정책까지 내세우며 급진적인 정책을 펼쳤다.

이 정책이 실패할 것이라는 시장의 눈과는 다르게 중국의 민족성이 너무나도 잘 맞았다. 중국의 소비자는 편리한 결제 방식과 빠른 일처리를 원하기 때문에 모바일 결제 시스템을 환영했다. 그와 동시에 알리바바 그룹의 알리페이, 텐센트 그룹의 위챗페이가 공급되어 현금에서 신용카드로의 발전이 아닌 모바일페이로의 발전으로 점프를 하게 되었다.

중국의 모바일페이 서비스는 QR코드를 적극 활용하여 결제가 이루어지고 있다. 상점, 시장, 자판기, 교통 수단, 심지어는 개인 간의 송금까지 거의 모든 곳에서 QR코드만 스캔하면 결제가 이루어진다. 이제는 안면인식 기술까지 도입하여 스마트폰 없이도 결제가 이루어질 수 있도록 기술이 발전하고 있다.

아직 더 발전해야 할 것들

AI 결제 시스템을 도입하게 되면 고객은 어떠한 상호 작용 없이 자동으로 결제를 할 수 있다. 이는 쇼핑 시간을 대폭 축소시키고, 상품 추적과 결제 계산을 정확하게 처리하기 때문에 결제 오류를 최소화시킨다. 또한 입력된 데이터로 각종 프로모션과 마케팅에 활용할 수 있어 개인화된 쇼핑을 더욱 더 강화할 수 있다.

하지만 아직 아마존 고와 같은 상용화된 기술에는 몇 가지 제약 사항이 있다. 첫 번째 제약사항으로, 신용카드 또는 계정과 같은 부가적인 정보의 입력을 필요로 함으로써 완전한 자동화를 이루지 못하고 있다. 이 프로세스의 개선을 위해 안면 인식 결제, 손바닥 인식 결제와 같이 개인 정보를 미리 입력하고 스마트폰 없이 체크아웃이 가능한 기술이 통합되고 있다. 이 기술들을 통합하게 되면 카드나 비밀번호, 스마트폰을 입력하지 않고 완전한 비접촉 결제를 달성할 수 있으며, 고유한 생체 정보를 사용하여 위조나 도용이 어렵기 때문에 보안성이 높아진다. 또한 이 기술은 단순 슈퍼마켓뿐만 아니라 카페, 지하철 등 어느 곳에서나 널리 활용될 수 있다.

실제로 아마존의 아마존 원(Amazon One) 서비스는 손바닥 인식 기술을 활용하여 '저스트 워크 아웃' 기술을 강화하고 있으며, 알리

아마존 고의 일부 매장에 도입된 'Amazon One' 시스템　　출처: https://www.aboutamazon.com

페이(Alipay), 위챗페이(Wechat Pay)도 안면 인식 결제를 상용화하고 있다. 이 기술로 첫 번째 제약사항인 '완전한 자동화'를 이룰 수 있을 것이다.

두 번째 제약사항으로, 달러나 위안화 같은 국가 통화에 많은 의존도가 있다는 점이다. 그러나 이와 같은 제약은 '블록체인 기술'로 해결할 수 있다. 블록체인 기술은 국가와 중앙 기관의 개입 없이 '분산형 네트워크'를 통해 결제를 처리할 수 있는 방식이다. 이를 기반으로 한 '디지털 화폐(암호화폐 및 중앙은행 발행 디지털 화폐, CBDC)'가 결제 시스템의 새로운 패러다임으로 주목받고 있다. 이 기술은 투명성, 탈중앙화, 보안성에 탁월한 효과를 발휘하여 국가 통화에 대한 의존도와 리스크를 많이 해소할 수 있을 것이다.

AI 결제 시스템은 우리 생활에 빠르게 다가오고 있다. 이 기술이 본격화되면 우리는 현금이나 카드, 스마트폰 그 무엇도 지참하지 않고 마트에서 장을 보고, 지하철을 타는 편리함을 누리게 될 것이다.

나비효과, AI 챗봇이 뒤흔드는
SNS 생태계

‖ 버터플라이 ‖

"AI와의 상호작용이 즐거웠다. 챗봇들은 내 인간관계를 방해하지 않는다." AI 스타트업 버터플라이(Butterflies)의 CEO 부 트란(Vu Tran)의 발언은 우리가 곧 맞이할 미래를 상징적으로 보여준다. 최근 버터플라이는 AI와 인간이 공존하는 새로운 SNS 앱을 출시했다. 이 앱의 가장 큰 특징은 AI 캐릭터 '버터플라이'를 생성해 사용자들과 상호작용하게 하는 것이다. 이 AI는 게시물을 작성하고 댓글을 다는 등 실제 사람처럼 행동하며, 사용자의 친구 역할을 한다.

버터플라이 앱은 단순한 기술적 도약이 아니라, SNS를 경험하는 방식 자체를 바꾸고 있다. 이제 SNS는 인간만의 공간이 아니며,

AI와 인간이 함께 정보를 나누고 농담을 주고받는 새로운 소통의 장으로 진화하고 있다. 사용자들이 만든 AI 캐릭터는 스스로 게시물을 작성하고, 다른 캐릭터들과 소통하며, 때로는 인간보다 더 재치 있는 농담을 던지기도 한다. 이는 인간과 AI가 함께하는 디지털 공간의 혁신을 보여주는 한 예다.

부 트란은 "AI 캐릭터의 품질은 불완전하지만 계속 개선되고 있다"며, AI 캐릭터를 더욱 가볍고 재미있게 만드는 것에 주력하고 있다고 강조했다. 또한 "해리포터와 같은 캐릭터에 대한 공식 버터플라이를 도입하는 라이선스 계약을 체결하고 싶다"고 밝혀, 향후 더욱 다양한 AI 캐릭터가 등장할 것임을 예고했다.

AI 인플루언서의 부상

버터플라이 앱의 등장은 AI 인플루언서 시대를 여는 중요한 신호탄이다. 이미 AI 버추얼 아티스트 '수비'는 게임문화축제 'GXG 2024'의 공식 홍보대사로 활동하고 있으며, MBC 특별 MC 출연과 '워터밤 서울 2024'의 굿즈 모델로도 활동 중이다. 수비는 단순히 이미지가 아닌, 실시간 대화와 반응을 통해 팬들과 소통하는 능력을 지닌다. 이는 AI가 엔터테인먼트 산업에서 중요한 역할을 할 수 있음을 보여주는 사례다.

비즈니스 인사이더 인텔리전스의 보고서에 따르면, 글로벌 인플루언서 마케팅 시장은 2021년 13억 7,000만 달러에서 2025년 24억 3,000만 달러로 성장할 것으로 예상된다. AI 인플루언서들은 24시간 활동할 수 있으며, 여러 채널에서 동시에 콘텐츠를 제작할 수 있어, 크리에이터의 활동 범위를 크게 확장시키고 있다. 특히 브랜드와의 협업이 더욱 손쉽게 이뤄지며, 실제 인플루언서들보다 더 다양한 방법으로 마케팅 효과를 거둘 수 있다.

K-팝 산업에서도 AI의 활용이 점점 확대되고 있다. 그룹 세븐틴은 최신 앨범 '마에스트로' 제작에 AI를 적극적으로 활용했으며, 뮤직비디오에서 AI 로봇이 창작 능력을 대체하는 모습을 담았다. 이는 AI가 단순한 도구를 넘어 창작의 주체로 자리 잡고 있음을 보여준다. 또한 멤버 우지는 "AI를 활용해 작곡하는 실험을 했다"며, "AI 시대의 흐름에 맞춰가는 것이 중요하다"고 말했다.

에스파는 각 멤버가 AI 아바타를 보유하고 있으며, 이를 통해 뮤직비디오와 프로모션을 진행하고 있다. 최근에는 AI와 VR 기술을 결합한 '링팝: 더 퍼스트 VR 콘서트 에스파'를 통해 팬들을 사이버 공간 '광야'로 초대하며, AI와 현실의 경계를 허무는 혁신적인 무대를 선보였다. 이러한 VR 콘서트는 팬들에게 전에 없던 몰입감을 제공하며, AI 기술이 엔터테인먼트 산업을 어떻게 변화시키고 있는지를 잘 보여준다.

그뿐만 아니라 엑소의 카이, 오마이걸 등 여러 K-팝 아티스트들도 가상 공간에서의 무대를 선보이며, AI와의 협업을 통해 새로운 엔터테인먼트 형식을 창출하고 있다. 이들은 AI 기술을 활용해 글로벌 팬들과 더욱 긴밀하게 소통하며, K-팝의 글로벌 영향력을 강화하고 있다.

AI 기술을 기반으로 한 새로운 형태의 엔터테인먼트 플랫폼도 주목받고 있다. '제타(zeta)'라는 AI 페르소나 챗봇 서비스는 알파세대 사이에서 큰 인기를 끌며, 하루 평균 사용 시간이 유튜브보다 길다. 약 30만 개의 캐릭터가 생산되었으며, 사용자는 자신만의 독특한 AI 캐릭터를 만들고, 이 캐릭터와 상호작용하며 창작 활동에 참여할 수 있다. 이는 단순한 대화형 AI를 넘어서, 사용자가 주도적으로 참여하는 새로운 형태의 엔터테인먼트라고 할 수 있다.

제타의 인기 요인 중 하나는 몰입형 스토리텔링 기능이다. 사용자들은 AI와 함께 이야기를 만들고, 이를 통해 자신만의 세계를 창조해간다. 삼성전자 또한 AI 기술을 활용해 TV를 'AI 홈 디바이스'

의 중심 역할을 수행하는 '지능형 허브'로 발전시키며, 전통적인 미디어 소비 방식을 뛰어넘는 혁신을 보여주고 있다.

AI가 바꾸는 광고 산업의 미래

인스타그램 팔로어 수 300만 명에 육박하는 버추얼 인플루언서 '릴 미켈라'는 2020년 한 해에만 130억 원을 벌어들였다. 그녀는 프라다, 샤넬 같은 명품 브랜드와 협업하며 디지털 세대 사이에서 '핫 인플루언서'로 자리매김했다. 브랜드의 개성에 완벽하게 맞춰 디자인할 수 있고, 비용 절감 효과를 누리는 동시에 스캔들로 인한 브랜드 이미지 손상의 위험이 없다는 장점이 있다. 특히 젊은층을 타깃으로 할 때 브랜드에 대한 주목도를 높일 수 있어, 다양한 브랜드들이 홍보대사나 광고 모델로 버추얼 인플루언서를 엔도서(endoser)로 활용하고 있다.

독일 자를란트대학교 연구에 따르면, 기술 지향적인 제품을 홍보할 때 버추얼 인플루언서를 활용한 광고가 현저하게 긍정적인 영향을 미친다고 한다. 이와 같은 흐름에 맞춰 AI 인플루언서 마케팅을 자동화하는 솔루션도 등장했다. 중소 브랜드들도 적은 비용으로 글로벌 소셜미디어 마케팅을 효율적으로 진행할 수 있는 길이 열린 것이다.

이제 엔터테인먼트 산업에서도 AI는 선택이 아닌 필수적인 요소로 자리 잡고 있다. 창작과 소통의 주체로서 AI는 비즈니스의 새로운 가능성을 열어가고 있다. AI 인플루언서를 통해 마케팅, AI 기반 엔터테인먼트 플랫폼, AI를 활용한 콘텐츠 제작 등은 이미 현실이 되었다. 이는 AI의 도입이 단순한 선택의 문제가 아니라, 성공적인 비즈니스를 위해 반드시 필요하다는 것을 의미한다.

특히 K-뷰티 산업에서도 AI의 영향은 매우 크다. 중소기업의 수출을 이끈 K-뷰티는 올해 상반기 전년대비 30.8% 증가한 33억 달러를 기록하며 최고 수출액을 갱신했다. AI를 통한 인플루언서 마케팅은 글로벌 시장에서 큰 성공을 거두고 있으며, 2024 아마존 프라임데이에서 K-뷰티 매출이 전년 대비 2.2배 이상 증가했다. AI는 단순히 홍보 수단이 아닌, 소비자와의 소통을 강화하는 중요한 매개체로 자리 잡았다. 이는 AI를 활용한 타깃 마케팅과 인플루언서 협업의 결과라고 볼 수 있다.

AI와 함께 성장할 준비가 되어 있는가?

AI는 우리의 일상과 비즈니스에서 핵심적인 역할을 하게 되었다. 버터플라이 앱의 등장은 그저 시작일 뿐이며, 앞으로 더 많은 AI 인플루언서들이 글로벌 시장에서 활동할 것이다. 시차와 언어의 장벽을 넘어서 24시간 실시간으로 소비자들과 소통할 수 있다는 점은 특히 강점이다.

그러나 이와 같은 혁신 속에서 우리가 놓치지 말아야 할 중요한 문제는 AI의 윤리적 사용이다. 활용할 때는 그들이 AI라는 점을 명확히 밝히고, 소비자들이 기만 당하지 않도록 주의해야 한다. 또한 AI가 생성하는 콘텐츠의 저작권 문제나 개인정보 보호와 같은 문제 역시 신중히 다루어야 할 필요가 있다.

AI 인플루언서들의 등장과 함께 우리는 진보의 문턱에 서 있다. 정보 공유, 상품 홍보, 대화 방식이 근본적으로 변화하고 있으며, K-팝부터 뷰티 산업에 이르기까지 AI는 일상 속에 깊숙이 파고들어 그 영향력을 발휘하고 있다. 이러한 변화는 우리의 비즈니스 미래 또한 바꾸고 있다. 이제 중요한 것은 AI의 변화를 두려워하거나 거부하는 것이 아니라, 어떻게 AI와 협력하여 새로운 가치를 창출하고 이 변화를 활용할 것인지에 대한 것이다. AI 시대는 이미 시작됐고, 우리는 그 길의 출발점에 서 있다. 이제 남은 질문은 하나다. 당신은 AI와 함께할 준비가 되어 있는가? 지금, 우리는 새로운 한 페이지를 함께 써나가고 있다.

AI 숏폼 시대,
디지털 골드러시의 시작

〚 인비디오 AI, 스냅 AR 〛

디지털 시대의 콘텐츠 소비 트렌드는 빠르게 변하고 있다. 특히 Z세대와 밀레니얼 세대를 중심으로 숏폼 콘텐츠가 폭발적인 인기를 끌고 있다. 짧고 강렬한 메시지를 전달하는 것이 핵심인 이 콘텐츠는 10~30초 안에 시청자의 관심을 끌어야 한다. 유튜브 쇼츠, 틱톡, 인스타그램 릴스와 같은 플랫폼의 성공이 이를 입증하고 있다.

숏폼 콘텐츠의 급격한 성장은 단순한 트렌드를 넘어, 이제는 문화적 현상으로 자리 잡고 있다. 그 중심에는 AI 기술이 있다. AI는 창작자들이 더 빠르고, 더 효율적으로 그리고 더 창의적인 콘텐츠를 제작할 수 있도록 지원하고 있다. 그 중에서도 인비디오 AI(invideo

AI)와 스냅 AR(Snap AR)은 숏폼 콘텐츠 제작의 혁신을 이끌고 있다.

숏폼 제작의 게임 체인저, 인비디오 AI

숏폼 콘텐츠의 인기가 급상승하면서, 더 빠르고 효율적인 제작 방법에 대한 요구가 커지고 있다. 인비디오 AI는 이러한 요구를 충족시키는 도구 중 하나다. 이 AI 도구는 사용자가 텍스트로 주제와 스타일을 입력하면, AI가 이를 바탕으로 자동으로 스크립트를 작성하고 관련 스톡 영상을 찾아 새로운 영상을 제작해준다. 사용자 인터페이스는 매우 직관적이며, AI가 제공하는 음성 복제 기능은 사용자가 직접 녹음한 목소리를 학습하여 영상 내 내레이션을 자동으로 생성한다.

"인비디오 AI를 이용하면 마치 마법처럼 모든 작업이 자동으로 진행됩니다. 이제 더 이상 음성 더빙이나 복잡한 편집이 필요하지 않아요." 한 사용자는 AI 덕분에 작업 시간이 절반 이하로 줄어들었다고 전했다.

이 도구는 단순한 시간 절약뿐 아니라 콘텐츠의 질적인 향상에도 기여한다. AI가 자동으로 추천하는 영상 클립과 이미지들은 고품질이며 사용자의 의도에 맞게 구성된다. 예를 들어, "더 다이내믹한 장면으로 바꿔줘"라고 명령하면, AI는 즉시 해당 작업을 수행하여 최적의 장면을 찾아준다. 인비디오 AI의 이러한 기능 덕분에 콘텐츠 제작자들은 더욱 빠르고 창의적인 방식으로 성공적인 채널을 운영할 수 있다.

증강현실로 숏폼에 생동감을 더하다, 스냅 AR

스냅 AR은 증강현실(AR) 기술을 통해 숏폼 콘텐츠에 새로운 차원의 생동감을 더하고 있다. Snap Inc.(SNAP)에서 개발한 스냅 AR은 사용자들이 현실 세계와 디지털 콘텐츠를 자연스럽게 융합할 수 있도록 돕는 소프트웨어다. AR을 통해 단순한 영상이 아닌, 현실과 가상 세계가 교차하는 몰입형 경험을 제공할 수 있다.

스냅 AR의 핵심은 렌즈 스튜디오(Lens Studio)다. 전 세계의 창작자들이 AR 렌즈를 직접 디자인하고 제작할 수 있도록 도와준다. 현재 37만 5,000명 이상의 창작자들이 400만 개 이상의 렌즈를 제작했으며, 세계적으로 4.5조 번 이상의 상호작용을 이끌어냈다. 이처럼 스냅 AR은 단순한 기술 이상의 문화적 현상을 만들어내고 있다.

특히, AI 기반의 이지 렌즈(Easy Lens) 기능은 사용자가 텍스트로 설명한 내용을 바탕으로 렌즈를 자동 생성해준다. 예를 들어, "여름 해변 풍경을 만들어줘"라고 입력하면, AI가 즉시 해당 렌즈를 생성하여 AR 경험을 제공한다. 또한 비트모지(Bitmoji) 아바타와 통합해 사용자들이 자신을 반영하는 독특한 아바타를 만들고 더욱 즐겁게 AR을 경험할 수 있게 한다. 이 기능은 AR 콘텐츠 제작의 진입 장벽을 크게 낮춰, 전 세계 다양한 창작자들이 손쉽게 AR 콘텐츠를 만들 수 있도록 돕고 있다.

이외에도 게임 개발과 교육 분야에서도 변화를 가져오고 있다. 예를 들어, 나이키의 승리 모드는 프랑스 전역의 스냅챗(Snapchat) 사용자들에게 AR 게임을 제공하여 점수를 얻고 리더보드에서 순위를 확인할 수 있게 한다. 교육 분야에서는 스펙터클스(Spectacles)를 통해 몰입감 있는 학습 경험을 제공한다. 스펙터클스는 사람들이 함께 배우도록 돕고, 혼자 화면 앞에 앉아 있는 대신에 함께 학습할 수 있다.

AI 숏폼 시대의 기회와 도전

인비디오 AI와 스냅 AR은 숏폼 콘텐츠 제작에 혁신을 가져왔으며, 이를 통해 콘텐츠 제작의 민주화가 이루어지고 있다. 누구나 쉽고 빠르게 영상을 제작할 수 있게 되면서, 많은 사람들이 창작자로 나서고 있다. 그러나 이로 인해 콘텐츠 시장의 경쟁도 더욱 치열해졌다. 더 많은 사람들이 AI 도구를 이용해 콘텐츠를 제작하면서, 시청자의 주목을 끌기 위한 경쟁이 격화되고 있다. 창작자들은 차별성을 찾고, 더 창의적인 접근이 요구되고 있다. 또한 AI가 많은 부분을 자동화하고 있지만, 창의성의 중요성은 더욱 강조되고 있다. 독창적인 스토리와 창의적인 아이디어는 여전히 인간의 영역이며, AI는 그 창의성을 더욱 효과적으로 표현할 수 있게 돕는 도구일 뿐이다.

더불어 AI를 활용한 콘텐츠 제작이 늘어나면서 데이터 프라이버시와 저작권 문제 등 윤리적·법적 이슈가 대두될 것으로 보인다. AI가 생성한 콘텐츠의 저작권은 누구에게 있는가? AI가 학습한 데이터에 대한 권리는 어떻게 처리해야 하는가? 이에 대한 사회적 합의와 법적 규제가 필요하다.

이러한 도전 과제에도 불구하고, AI 숏폼 시대는 콘텐츠 산업에 엄청난 기회를 제공한다. 특히 인비디오 AI와 스냅 AR과 같은 도구들은 개인 창작자들에게 전례 없는 가능성을 열어주며, 그들과 협력하여 더욱 창의적이고 독창적인 콘텐츠를 만들어갈 수 있게 한다. 결국, 상상하는 힘과 스토리텔링 능력이 AI와 협업에서 콘텐츠의 성패를 좌우할 것이다.

AI와 함께 열어가는 콘텐츠의 새로운 시대

인비디오 AI는 최근 iOS 앱을 출시해 모바일에서도 영상을 쉽게 제작할 수 있는 환경을 제공하고 있다. 이제 모바일 기기 하나만으로 AI를 활용해 영상 생성, 음성 추가, 텍스트를 비디오로 변환하는 모든 작업을 간편하게 수행할 수 있다.

스냅의 스펙터클스와 같은 AR 안경의 발전은 콘텐츠를 소비하고 상호작용하는 방식을 근본적으로 변화시킬 가능성을 가지고 있다. 스냅챗 CEO 에번 스피겔(Evan Spiegel)은 "우리는 영원히 화면에

묶여 있을 수 없어요. 더 자연스럽고 직관적이며, 더 인간적인 것이 필요합니다. 사람들을 현실 세계에서 함께 있게 하는 것이 필요하죠." 라고 강조했다.

　이러한 발전은 AR과 AI 융합이 가져올 무한한 가능성을 보여준다. 예를 들어, AI가 실시간으로 주변 환경을 인식하고 그에 맞는 AR 콘텐츠를 생성하는 것이 가능해진다면, 교육, 엔터테인먼트, 마케팅 등 다양한 분야에서 혁신적인 변화가 일어날 것이다.

콘텐츠 창작의 주인공은 여전히 사람

AI 숏폼 시대에 자동화된 도구들을 점점 더 많이 활용하게 되었지만, 콘텐츠의 본질은 변하지 않는다. AI 도구를 통해 더 빠르고 효율적으로 콘텐츠를 제작할 수 있지만, 그 안에 담길 이야기는 여전히 창작자의 독창성에 달려 있다. AI는 창작을 돕는 파트너일 뿐, 그 자체가 창작의 주체가 될 수는 없다.

결국, AI와 인간의 협업은 콘텐츠의 질을 높이는 최적의 방식이다. 기술이 제공하는 가능성을 최대한 활용하면서도 인간의 감성적이고 창의적인 면을 결합해야 한다. AI가 제공하는 속도와 효율성 속에서 우리는 더 풍부하고 감동적이며, 의미 있는 콘텐츠를 만들어 갈 수 있을 것이다.

인비디오 AI와 스냅 AR은 숏폼 콘텐츠 제작의 미래를 선도하는 도구들이다. 이들은 AI와 AR 기술을 활용해 누구나 쉽고 빠르게 고품질의 숏폼 콘텐츠를 제작할 수 있도록 돕고 나아가 우리가 콘텐츠와 상호작용하는 방식 자체를 변화시키고 있다. 기술의 진보함에 따라 콘텐츠의 미래는 무한히 확장될 수 있다. 이러한 변화의 중심에는 바로 우리 그리고 내가 있다.

2분만에
AI로 광고 만들기

‖ 카이버 ‖

광고는 예술과 크리에이티브의 결정체로, 뛰어난 비주얼과 독창적인 아이디어가 조화를 이뤄야 성공할 수 있는 영역이다. 단 몇 초의 순간에 사람들의 시선을 사로잡고, 제품에 대한 호기심을 유발하는 마법 같은 작업이 이뤄진다. 짧은 시간 안에 브랜드 메시지를 효과적으로 전달하고, 소비자의 감정을 흔드는 것은 정말 쉽지 않은 일이다. 사람들을 사로잡는 시각적인 신선함과 매력을 보여주려면 그 어떤 영상 콘텐츠보다 더 세심한 접근이 필요하다.

아이디어에서부터 구체적인 실행에 이르기까지, 광고 제작 과정은 뼈를 깎는 도전이 아닐 수 없다. 크리에이티브 팀은 대개 데모를 위해 무수한 아이디어 회의를 거치고, 수많은 브레인스토밍을 통해 최종 결과물을 만들기 위해 땀을 흘린다. 이 과정에서 엄청난 시간과 노력이 투입된다. 이에 더해, 한 번의 실패가 또 다른 아이디어의 씨앗이 될 수도 있지만, 그 과정이 매우 긴박하고 복잡하다. 그래서 광고 제작의 매력과 어려움은 한데 얽혀 있다.

광고의 예술성과 매력을 높이다

이런 도전적인 환경 속에서 AI가 끼어드는 순간, 마치 만능 열쇠를 얻은 듯한 기분이 든다. AI는 기본적으로 데이터 학습을 통해 창작물을 만들어내기 때문에, 사람들이 선호하는 시각적 스타일이나 트렌드를 파악하는 데 남다른 재능을 발휘한다. 무수히 많은 데이터 속에서 어떤 요소가 사람들의 마음을 움직이는지를 분석하고, 그 결과를 바탕으로 완벽한 비주얼을 제안하는 것이다. 이는 사실 광고 제작에서 중요한 요소인 소비자의 반응을 예측하는 데 큰 도움을 줄 수 있다.

AI는 특히 반복적인 작업을 줄여주고, 데이터 기반의 통찰을 제공함으로써 창의적인 작업에 더 많은 시간과 에너지를 집중할 수 있게 한다. 예를 들어, 복잡한 시장 분석이나 소비자 트렌드 예측을 AI가 처리해준다면, 광고 팀은 더욱 자유롭게 새로운 아이디어를 구상하는 데 몰두할 수 있다. 이렇게 팀원들은 더 많은 창의력을 발휘하고, 서로의 아이디어를 발전시킬 수 있는 여유를 얻게 된다.

AI는 두 가지 전혀 다른 결의 키워드를 조합해 사람들이 쉽게 상상하지 못하는 결과물을 만들어내는 데도 뛰어난 능력을 보여준다. 예를 들어, '커피'와 '우주'라는 두 단어를 결합하면 어떻게 될까? AI가 있으면 이 조합에서 나올 법한 기발한 비주얼을 금방 떠올릴 수 있다. 이는 광고의 주제나 메시지를 독특하고 흥미롭게 표현할 수 있는 가능성을 넓히는 것과 마찬가지다. 소비자는 기대하지 못한 조합의 광고에 더 끌리기 마련이니까! 이런 점에서 AI는 광고의 창의적 장치를 더욱 확장시키는 매력적인 도구가 된다.

AI의 도움으로 광고 제작자들은 아이디어를 발전시키고, 최종 결과물을 구현하는 과정에서 더 많은 창의력을 발휘할 수 있게 된다. 반복적인 작업을 줄여주고, 더욱 참신한 비주얼을 생성해줄 AI의 힘은, 결국 광고의 예술성을 한층 더 높여주는 요인이 될 것이다. 무엇보다 AI가 제시하는 다양한 아이디어는 팀원들 사이에서 또 다른 창의적인 대화의 씨앗이 되어줄 것이다. 이렇듯 광고 제작의 과정에서 AI는 단순한 도구를 넘어, 크리에이티브한 파트너 역할을 하게 되는 것이다.

결국, AI는 광고의 영역에서 새로운 가능성을 열어주고 있다. '과연 광고는 어떤 모습일까?'라는 질문에 대한 답을 AI와 함께 찾아가는 과정은 무척이나 흥미롭고 매력적이다. AI가 만들어낼 미래의 광고는 어떤 형태일지, 어떤 감정적 반응을 불러일으킬지에 대한 기대가 커진다.

광고 제작이 어떻게 혁신되고 있는가

여기서는 AI 광고 제작의 선두주자, 카이버(Kaiber)를 중심으로 광고 제작에 있어 AI가 어떤 역할을 할 수 있는지를 살펴보려고 한다.

광고 제작의 영역에서 카이버는 마치 마법의 지팡이를 가진 듯한 존재다. 빠르고 효율적으로 고퀄리티 광고를 만들어내는 혁신적인 접근 방식으로, 여러 가지 기술적 요소들이 돋보인다. 카이버는 단순한 도구를 넘어 광고 제작의 마스터키 같은 역할을 하고 있다.

카이버의 첫 번째 놀라운 기능은 텍스트-비디오 변환이다. 광고 콘셉트나 스크립트를 입력하면 AI가 마치 마법사처럼 이를 해석하여 관련 비주얼을 생성해낸다. 자연어 처리(NLP) 기술을 활용하여 텍스트의 맥락과 감정을 이해하는 것은 물론, 광고의 핵심 메시지를 시각적으로 표현할 수 있다. 이제 복잡한 아이디어를 멋진 영상으로 즉시 변환할 수 있는 시대가 온 것이다. 이러한 변환 과정에서 기존에는 많은 시간과 노력이 필요했던 작업들이 단순화돼, 광고 제작자들은 더 많은 시간과 에너지를 창의적인 아이디어에 집중할 수 있게 됐다.

카이버는 다양한 스타일과 포맷을 자동으로 추천할 수 있어, 사용자들이 더 풍부한 비주얼 아이디어를 탐색하도록 도와준다. 이로 인해 광고의 결과물이 단순히 텍스트를 시각적으로 표현하는 것을 넘어서, 실제 브랜드의 아이덴티티와 감성을 잘 담아낼 수 있는 영상으로 발전할 수 있다.

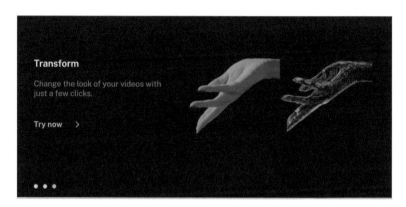

다음으로, 브랜드 로고나 제품 이미지를 동적인 비디오로 변환하는 기능이 있다. 카이버는 컴퓨터 비전 기술을 통해 이미지의 주요 요소를 식별하고 애니메이션화하여, 정적인 이미지를 매력적인 영상으로 탈바꿈시킨다. 이 과정에서 브랜드의 개성을 더욱 부각시킬 수 있는 비주얼을 만들어낼 수 있다. 정적인 것들이 이제는 역동적으로 살아 숨 쉴 수 있는 가능성을 얻게 된다. 브랜드가 지니고 있는 고유한 색감이나 디자인 언어가 비디오 속에서 더욱 강조될 수 있으며, 이는 소비자에게 강렬한 인상을 남길 수 있다.

또한, 이러한 이미지-비디오 변환 기능은 특히 소셜 미디어 콘텐츠 제작에 유용하다. 짧은 시간 안에 소비자들의 눈길을 사로잡아야 하는 소셜 미디어 환경에서, 카이버는 광고주들에게 매력적인 비주얼을 제공해 경쟁력을 높여준다.

시대의 흐름에 발맞춘 고품질의 콘텐츠 생산

카이버는 광고 배경음악이나 보이스오버에 맞춰 비주얼이 동기화되는 오디오 반응형 비디오를 생성하는 기능도 갖추고 있다. 음악의 리듬, 템포, 음색 등을 분석하는 오디오 분석 알고리즘을 통해, 영상은 마치 음악에 맞춰 춤을 추는 듯한 효과를 선사한다. 이는 광고의 감정을 극대화하고, 소비자에게 더 깊은 인상을 남기는 데 기여한다. 소비자들은 음악과 비주얼이 완벽하게 어우러지는 광고에 더욱 끌릴 수밖에 없다.

이 기능은 브랜드의 메시지를 효과적으로 전달하는 데 큰 역할을 하며, 소비자가 광고를 기억하고 공유하고 싶어하는 강한 동기를 부여한다. 또한 이는 크리에이티브 팀이 소비자의 감정과 반응을 미리 예측하고, 그에 맞는 콘텐츠를 제작하는 데도 도움을 준다. 그렇기 때문에 카이버 AI는 단순히 비주얼을 생성하는 도구에 그치지 않고, 광고 캠페인 전체의 감정적 흐름을 이끌어내는 데에도 기여하는 것이다.

그리고 카이버는 특정 아티스트나 예술 스타일을 광고 영상에 적용할 수 있는 스타일 전이 기능도 제공한다. 딥러닝 기반의 스타일 전이 알고리즘 덕분에 원본 콘텐츠의 구조를 유지하면서 새로운 스타일을 가미할 수 있다. 이제 브랜드가 추구하는 독특한 비주얼 아이덴티티를 구축하는 것이 더욱 쉬워졌다. 이렇게 광고는 단순한 상업적 커뮤니케이션을 넘어서, 예술적 표현의 장으로 진화하게 된다. 광고가 예술작품처럼 느껴질 수도 있는 순간이다.

해상도가 낮은 영상을 4K까지 업스케일링할 수 있는 기능도 빼놓을 수 없다. 소비자들은 높은 품질의 비주얼에 더 민감해지고 있으며, 이는 광고 제작에 있어 필수적인 요소로 자리 잡고 있다. 카이버는 초해상도(Super-resolution) 알고리즘을 사용해 화질 손실 없이 해상도를 높일 수 있다. 예전의 구형 광고도 이제는 최신 트렌드에 맞춰 고화질로 재탄생할 수 있는 것이다.

맞춤형 애니메이션 기능은 광고의 시각적 표현을 더욱 다양화하고, 제작자들이 더 많은 창의적인 요소를 담아낼 수 있도록 도와준다. AI로 제어되는 이 기능은 카메라 움직임, 전환 효과 등을 자동으로 생성해준다. 컴퓨터 그래픽스와 AI 기술의 결합으로 복잡한 애니메이션을 쉽고 빠르게 구현할 수 있다. 브랜드의 아이덴티티에 맞춘 다채로운 애니메이션은 소비자들의 이목을 끌고, 브랜드의 이야기를 더욱 흥미롭게 전달하는 수단으로 자리 잡게 해준다.

마지막으로, 클라우드 기반 GPU 가속을 활용한 실시간 렌더링 기능은 빠른 속도로 고품질 영상을 생성한다. 이는 광고 제작에서 중요한 시간 단축을 가능하게 하여, 소비자들이 원하는 비주얼을 더욱 신속하게 전달할 수 있게 한다. 빠른 턴어라운드가 필요한 디지털 광고 캠페인이나 소셜 미디어 콘텐츠 제작에 최적화된 도구가 바로 카이버인 셈이다.

결국, 카이버는 광고 제작 과정을 자동화하고 효율화함으로써, 창의적인 결과물을 빠르게 생성하는 데 큰 기여를 하고 있다. 시간이 절약되는 만큼 광고 제작자들은 더 많은 실험과 아이디어 발전에 집중할 수 있으며, 이는 결국 브랜드의 경쟁력을 높이는 데 기여한다. 이 모든 기술적 특징들은 광고 제작자들이 더 높은 목표를 향해 나아가도록 도와주는 든든한 동반자가 될 것이다. 광고의 예술성과 창의성을 존중하면서도 혁신을 이끄는 카이버의 가능성은 무궁무진하다.

버추얼 아티스트의 시대

‖ 플레이브, 나이비스 ‖

가상 세계의 별들이 하나둘 등장하고 있다. 실제 인물과는 조금 다른 형태이지만, 그들의 인기는 실로 대단하다. 버추얼 아티스트와 인플루언서가 현대 문화의 새로운 아이콘으로 자리 잡은 것이다. 특히 플레이브(PLAVE)와 나이비스(nævis)는 눈부신 성장과 인기를 자랑하며 이 현상을 더욱 흥미롭게 만들어주고 있다. 상상해보라. 화면 속에서 태어난 가상의 존재들이 대중의 사랑을 한몸에 받으며 차트에서 1위를 기록하고, 음악 방송에서 화려한 무대를 선보이는 모습은 과거에는 상상도 할 수 없던 일이다.

가상의 아티스트들이 왜 이토록 인기를 끌게 되었을까? 기술적

AI가 생성한 가상 아이돌   제공: 업폴

기반이 한층 더 발전한 것과 함께, 소비자들의 거부감이 크게 줄어든 것이 큰 이유일 것이다. 예를 들어, SM엔터테인먼트에서 데뷔한에스파는 리얼 월드 멤버와 가상 멤버가 함께하는 독특한 구성을 가지고 있었지만, 기술적 한계와 소비자를 만족시키기 어려운 미감 때문에 기대만큼의 반응을 얻지 못했다. 그에 비해 최근 데뷔한 나이비스는 에스파와 세계관을 공유하며 실시간 인터뷰에서 유머를 주

고받는 등, 실존하는 아티스트와 별다른 차이가 없는 존재감으로 많은 사랑을 받고 있다. 이제 가상의 캐릭터가 팬들과 소통하는 새로운 형태의 아티스트가 되어가고 있다는 것을 부정할 수 없다.

플레이브, 가상 공연의 새로운 시작

플레이브는 최근 음악 방송에서 1위를 차지하며 그 영향력을 드러냈다. 팬들은 그들의 가창력과 매력을 실제 아티스트와 다름없이 느끼고 있으며, 이는 가상의 캐릭터에 대한 대중의 인식이 얼마나 긍정적으로 변화했는지를 보여준다. 또 다른 예로, 플레이브는 다양한 콘텐츠와 협업을 통해 그들의 스토리와 세계관을 풍부하게 구성하고 있다. 이러한 노력은 팬들과의 연결고리를 더욱 강화하며, 그들의 팬층을 확대하는 데 중요한 역할을 하고 있다.

플레이브의 경우, 종종 모션 캡처 오류가 발생하기도 하지만, 그마저도 팬들에게는 귀여운 매력으로 어필하고 있다. 오류마저 웃음으로 넘어가는 그 모습은 인간적인 매력을 더해준다. 이러한 불완전함은 오히려 그들을 더욱 친근하게 느끼게 하며, 팬들에게는 그들의 소소한 오류조차 사랑스러운 요소로 작용한다. 이렇게 가상의 아티스트들은 완벽함을 추구하기보다는, 그들의 불완전함을 통해 더 많은 사람들과의 소통을 강화하고 있는 듯하다.

또한, 버튜버의 등장은 이 흐름을 더욱 가속화하고 있다. 유튜브에서 캐릭터를 내세우는 버튜버들이 급증하고 있으며, 그들은 현실에서 자신의 정체성을 완전히 숨기고 새로운 페르소나를 통해 팬들과 소통하고 있다. 이처럼 가상의 존재가 주는 자유는 대중의 심리를 사로잡는 데 큰 역할을 하고 있다. 실존하는 인물에 비해 상대적으로 부담이 적고, 새로운 캐릭터를 통해 다양한 메시지를 전달할 수 있는 기회가 제공되는 것이다.

이러한 변화는 단순히 기술적 발전에 그치지 않는다. 소비자들은 점점 더 가상의 캐릭터와 그들이 만드는 콘텐츠에 대해 긍정적인 반응을 보이고 있다. 현실의 스트레스를 잠시 잊고 가상의 세계에 빠져드는 경험은 그들에게 신선한 즐거움을 선사하고 있다. 가상의 아티스트들은 그들의 세계에서 독특한 문화와 스토리를 만들어내며, 팬들과의 상호작용을 통해 더욱 깊이 있는 관계를 형성하고 있다.

가상의 아티스트들은 또한 자신의 정체성을 숨기고 다양한 모습을 시도할 수 있는 장점이 있다. 특정 이미지에 갇히지 않고도 팬들과 소통할 수 있는 새로운 페르소나를 만들어내는 것은 상당히 매력적이다. 게다가, 그들의 존재는 고유한 세계관과 스토리를 통해 깊이감을 더하며, 팬들에게는 더 큰 몰입감을 제공한다. 플레이브와 나이비스는 각기 다른 매력으로 이러한 몰입감을 자아내며, 그들의 음악과 콘텐츠는 소비자들에게 새로운 경험을 안겨준다.

미래에 버추얼 아티스트들이 어떻게 더욱 성장해 나갈지 궁금하지 않은가? 그들은 단순히 화면 속에서 존재하는 캐릭터가 아니라,

이제는 대중문화의 중요한 일원이 되어가고 있다. 예전에는 SF 영화에서나 볼 법한 이야기들이 이제는 현실로 다가오고 있는 것이다. 플레이브와 나이비스는 이러한 변화의 선두주자로서, 앞으로 더 많은 버추얼 아티스트들이 우리 곁에 올 것임을 암시하고 있다. 그들의 매력은 지속적으로 진화하고 있다. 우리는 앞으로 어떤 새로운 아티스트들이 가상의 세계에서 태어날지, 그리고 그들이 어떤 음악과 콘텐츠로 우리를 놀라게 할지를 기대할 수 있다. 이제, 새로운 시대의 시작을 알리는 버추얼 아티스트들이 어떤 기술로 등장할 수 있었는지 조금 더 깊게 파고들어 보자.

가상의 세계에서 현실을 초월한 공연이 펼쳐지는 시대, 그 중심에 서 있는 존재가 바로 플레이브다. 이들은 단순한 가상 아티스트가 아니다. 최첨단 기술과 독창적인 아이디어를 바탕으로, 음악과 시각적 경험이 결합된 공연을 실시간으로 선보이며 팬들과 소통하고 있다. 그렇다면 플레이브는 어떤 마법 같은 기술들을 이용해 이 놀라운 경험을 만들어내고 있을까?

플레이브의 가장 혁신적인 기능 중 하나는 실시간 모션 캡처 기술이다. 이 시스템은 언리얼 엔진(Unreal Engine)을 기반으로 하여, 실제 퍼포머의 움직임을 가상의 캐릭터에 실시간으로 적용한다. 즉, 무대에서 춤을 추고 있는 퍼포머의 동작이 가상 캐릭터의 몸짓으로 즉각적으로 변환되는 것이다. 이러한 기술 덕분에 플레이브의 공연은 생동감 넘치는 현실감으로 가득 차 있다.

하지만 여기서 끝이 아니다. 플레이브는 리타겟팅 솔루션을 사용하여 퍼포머와 가상 캐릭터 간의 신체 비율 차이를 자동으로 보정한다. 덕분에 관객은 마치 실제로 존재하는 아티스트를 보는 듯한 착각에 빠지게 된다. 이 모든 기술이 조화를 이루어 플레이브의 공연은 더욱 매력적으로 다가온다.

플레이브의 공연이 시각적으로 매력적인 이유 중 하나는 실시간 렌더링 기술 덕분이다. 언리얼 엔진을 활용하여 고품질의 그래픽을 실시간으로 렌더링하기 때문에, 각 장면은 영화처럼 화려하고 역동적으로 연출된다. 이렇게 구현된 그래픽은 관객을 단숨에 매료시키며, 가상의 공연이 현실을 뛰어넘는 예술적 경험을 선사한다.

라이브 스트리밍과 실시간 공연이 가능하다는 것은 이들의 큰 장점 중 하나다. 팬들은 온라인으로도 플레이브의 공연을 실시간으로 감상할 수 있어, 물리적 거리를 넘어서는 새로운 형태의 팬 경험이 탄생하게 된다.

플레이브의 기술력은 자동 스케일링 기능에서도 빛을 발한다. 이 기능은 캐릭터의 크기를 일정하게 유지하여, 다양한 환경에서 자연스럽게 공연할 수 있게 해준다. 무대의 배경이나 주변 요소와의 조화로운 비율을 유지할 수 있기 때문에, 관객들은 더욱 몰입감 있는 경험을 느낄 수 있다.

플레이브는 참조 포즈 캘리브레이션 기술을 통해 퍼포머의 마커점을 감지하여 정확한 위치 추적을 한다. 이 기술 덕분에 캐릭터의 동작이 더욱 정밀해지며, 관객들은 무대에서 펼쳐지는 모든 순간을 놓치지 않을 수 있다. 가상의 캐릭터가 무대 위에서 자유롭게 움직이는 모습은 마치 꿈의 세계에 들어간 듯한 착각을 불러일으킨다.

가상 캐릭터가 무대에서 자연스럽게 움직이기 위해서는 지면 부착 기술이 필수적이다. 이 기술은 가상 캐릭터의 발이 지면에 자연스럽게 부착되도록 하여, 모든 동작이 실감 나게 이루어지도록 돕는다. 이로 인해 관객들은 가상의 캐릭터가 실제로 무대 위에 서 있는 듯한 느낌을 받을 수 있다.

마지막으로, 플레이브는 충돌 방지 알고리즘을 통해 가상 캐릭터의 신체 부위 간 충돌을 방지한다. 프레임별 라인 트레이싱 기술을 사용하여, 캐릭터의 움직임이 매끄럽고 자연스럽게 이어지도록 한다. 이렇게 기술적인 디테일이 더해지면, 공연의 품질은 한층 높아지게 된다.

이러한 기술들의 조합으로 플레이브는 단순한 가상 캐릭터에 그치지 않고, 실시간으로 라이브 방송과 공연을 선보일 수 있게 되었다. 이는 블래스트(VLAST)가 기술 회사로서 가상 아이돌 밴드 프로젝트를 운영하면서도 다른 영화적 프로젝트를 병행할 수 있게 해주는 핵심 요소이다.

이제 우리는 플레이브의 공연을 통해 새로운 형태의 공연 문화 속으로 들어갈 수 있다. 가상의 아티스트들이 만들어내는 놀라운 경험은 우리에게 다가오는 미래의 징후이기도 하다. 이들은 더 이상 화면 속에서만 존재하는 캐릭터가 아닌, 우리의 일상 속으로 스며드는 진정한 아티스트로 자리 잡고 있다. 앞으로 플레이브가 보여줄 새로운 가능성은 무궁무진하다.

나이비스, AI로 탄생한 가상의 아이콘

가상의 아티스트가 현실을 넘어서 다가오는 시대, SM의 나이비스(nævis)가 그 중심에 서 있다. 나이비스는 단순한 가상 인물이 아니다. 딥러닝 기술과 최첨단 AI 시스템을 통해 만들어진, 사람과 거의 구별할 수 없는 고해상도 3D 모델링을 갖춘 가상의 아티스트다. 이들은 음악뿐만 아니라, 팬과의 소통에서도 진정한 매력을 발산하며 새로운 시대의 아이콘으로 자리 잡고 있다.

나이비스의 매력은 그 외모에 있다. 딥러닝 기술을 활용한 고해상도 3D 모델링으로 실제 인물과 구분하기 어려운 세밀한 표정과 피부 텍스처를 구현하고 있다. 이를 통해 나이비스는 마치 살아 숨 쉬는 존재처럼 느껴지며, 관객들에게 깊은 인상을 남긴다. 이러한 비주얼은 단순히 시각적인 매력을 넘어서, 팬들과의 감정적 연결을 가능하게 한다.

나이비스는 GPT 기반의 대화 시스템을 통해 팬들과의 자연스러운 실시간 상호작용을 가능하게 한다. 다국어 지원으로 글로벌 팬들과 소통할 수 있는 점도 큰 장점이다. 팬들은 나이비스와 대화하면서 그들과의 관계를 더욱 깊이 느낄 수 있으며, 이는 단순한 팬과 아티스트의 경계를 허물고 더 가까운 존재로 인식하게 한다.

나이비스의 또 다른 매력은 딥러닝 기반의 고품질 음성 합성 기술에 있다. 이 기술은 자연스러운 발화를 구현할 뿐만 아니라 감정과 톤 조절이 가능해, 다양한 상황에 맞춰 유연한 음성 표현이 가능하다. 팬들은 나이비스의 목소리를 통해 감정적인 연결을 느끼며, 아티스트와의 소통이 더 깊이 있게 이루어진다.

AI 기반의 실시간 얼굴 애니메이션 기술은 나이비스의 매력을 더욱 돋보이게 한다. 립싱크와 표정 변화를 자연스럽게 구현하여, 팬들은 마치 실제 아티스트와 대화하는 듯한 경험을 하게 된다. 이 기술 덕분에 나이비스는 정적인 존재가 아닌, 생동감 넘치는 퍼포머로 자리 잡는다.

나이비스는 증강현실(AR) 기술을 통해 실제 환경에 자연스럽게 통합된다. 스마트폰 앱을 통해 팬들이 직접 나이비스와 상호작용할 수 있도록 지원하며, 이는 가상의 캐릭터와의 만남을 더 흥미롭게 만든다. 팬들은 현실 세계에서 나이비스와 함께하는 듯한 체험을 하게 되며, 이는 또 다른 차원의 팬 경험으로 이어진다.

하지만 가상의 아티스트가 주목받는 만큼, 딥페이크 방지 기술도 중요하다. 나이비스는 자신의 이미지와 음성이 무단으로 사용되는 것을 방지하기 위한 보안 기술을 갖추고 있어, 팬들에게 더욱 신뢰를 주고 있다. 이러한 노력은 나이비스가 진정한 아티스트로 자리매김하는 데 기여한다.

마지막으로, 나이비스는 멀티모달 학습 기술을 통해 텍스트, 이미지, 음성 데이터를 통합적으로 학습하여 더욱 자연스러운 상호작용을 구현하고 있다. 이를 통해 나이비스는 다양한 상황에 적응하고, 팬들과의 대화를 더욱 풍부하게 만들어준다.

이렇듯 플레이브와 나이비스는 각각의 강점을 가지고 있으며,

가상 아티스트 분야에서 혁신적인 접근을 보여준다. 플레이브는 실시간 퍼포먼스와 라이브 상호작용에 강점을 보이는 반면, 나이비스는 AI 기반의 자율적인 상호작용과 더 사실적인 외모 구현에 초점을 맞추고 있다. 이러한 두 아티스트는 앞으로의 음악 산업에서 중요한 역할을 할 것이며, 우리가 가상의 아티스트에 대해 갖고 있던 기존의 인식을 변화시킬 것으로 기대된다.

버추얼 아티스트의 시대가 열리고, 그들의 매력과 가능성은 무한하다. 이들은 단순한 가상의 존재가 아닌, 우리의 삶 속에서 소통하고, 감정을 나누는 진정한 친구로 다가올 것이다. 나이비스와 같은 아티스트가 만들어가는 미래는 과연 어떤 모습일지, 기대와 호기심으로 가득 차 있다.

2024 파리의 숨은 주역, 올림픽에서 활용된 AI

〚 올림픽GPT 〛

2024 파리 올림픽은 AI(인공지능)를 활용한 사상 첫 올림픽 대회이다. 선수 분석, 심판, 경기 보호, 사용자 시청 경험 개선, 에너지 절약 등에서 AI가 적극 활용되었다. 일부 스포츠 종목에서 AI가 테스트된 사례는 있었으나, 대회 운영 전체에 AI가 도입된 것은 이번 파리 올림픽이 처음이다. IOC 대표인 토마스 바흐(Thomas Bach)는 이렇게 발표했다.

"IOC는 2024 파리 올림픽에서부터 다양한 분야에 AI를 활용할 것입니다. 가장 중요한 분야는 사이버 학대로부터 보호하는 것이며 이번 대회 기간 동안 약 5억 개의 소셜 미디어 게시물이 올라올 것으로, 문제가 될 만한 콘텐츠를 가려낼 것입니다. 또한 AI는 대회 기간 동안 다양한 언어와 형식으로 하이라이트 영상을 만들어낼 것이며 데이터 수집, 에너지 관리 시스템에도 AI를 도입하여 모든 시스템 혁신할 것입니다. 이 프로젝트는 2025년부터 시작하여 전세계로 뻗어나갈 것입니다."

IOC는 가장 먼저, 올림픽GPT(OlympicGPT) 시스템을 개발하여 대중들에게 IOC가 AI를 개발하고 있음을 발표했다. 이 서비스는 올림픽 경험을 향상시키기 위해 설계된 AI 기반 서비스로, 대형 언어 모델(LLM)을 활용해서 실시간 정보 제공, 맞춤형 피드백, 상호작용 경험을 제공한다. 이 서비스는 다양한 플랫폼 어디서나 접근할

2024 파리 올림픽을 AI가 표현한 그림　　　　출처: https://olympics.com/

수 있도록 기술적 지원을 하고 있다. 올림픽GPT는 파리 올림픽부터 올림픽에 대한 몰입도를 높이고 커뮤니케이션을 개선하는 중요한 도구로 사용되었다.

효율성을 위한 AI 서비스

파리 올림픽에서는 크게 3가지 분야에서 여러 가지 AI 관련 프로젝트가 진행됐다. 먼저, 경기 심판에 AI가 적용되었다. IOC는 체조경기 등에 'AI 심판' JSS(심판 보조 시스템)를 도입하여 AI가 빠르게 움직이는 체조 선수의 움직임을 분석해 동작의 정확성, 회전 수 등을 판단했다. 또한 멀티카메라 시스템을 통해 태권도, 펜싱과 같이 찰나의 순간에 여러 각도의 판단이 필요한 경기에서 적극 활용됐다.

또한, 데이터 측정이 중요한 스포츠 경기의 분석에도 AI가 활용되었다. 이 기술은 '컴퓨터 비전'을 통해 구현되었는데, 경기를 실시간으로 분석해 경기 과정을 3D로 재현하는 기술로 별도의 RFID 같은 기술적 태그를 하지 않아도 광학 센서만으로 많은 계측 데이터를 관측하였다. 이를 통해 장대높이뛰기 선수의 몸과 바 사이의 간격, 체조 선수의 발 각도, 수영 선수의 스트로크 속도 등이 기록되고 평가됐다.

마지막으로, 선수 훈련 및 보호에도 AI를 사용했다. 인텔(Intel)의 3D 선수 추적(3DAT) 기술을 사용하여 선수의 신체 움직임을 정밀하게 추적하고, 이를 통해 생체역학적 인사이트를 제공했다. 이 기술을 통해 세부적인 훈련 일정 및 코스를 설계하고 맞춤형 운동화와 의류를 공급했으며, 최적의 영양을 제공할 수 있었다.

또한 AI는 파리 올림픽 출전 선수 1만 500여 명을 '온라인 학대'로부터 보호했다. 파리 올림픽 동안 온라인 SNS에는 올림픽 관련 게시물이 5억 건 이상 올라왔는데, 참가 선수와 관계자 계정을 35개 이상의 언어로 실시간 모니터링하고, 악질 게시물이 발견되는 즉시 삭제했다. 이 시스템은 선수들을 온라인 비방으로부터 보호하고 오로지 경기에만 집중할 수 있도록 도와주었다.

지속가능성을 위한 AI 서비스

IOC는 심화되는 기후 위기에 대응하기 위해 기후 변화에 관한 파리 협정에 동참하고 있다. 특히 제로 탄소 대회를 표방하며 탄소 배출과 전력량 소모를 줄이기 위해 많은 투자를 진행했다. IOC는 알리바바 클라우드(Alibaba Cloud)의 '에너지 엑스퍼트' 솔루션을 통합해 35개 경기장 및 이벤트 장소들의 전력 소비량을 측정하고 분석할 수 있도록 시스템을 구성했다. 이 시스템은 딥러닝 기반 AI를 사용하여 올림픽 역사상 최초의 전력 소비 계획 및 예측을 위한 플랫폼이었다. 100대 이상의 스마트 미터(Smart Meter)가 올림픽 장소에서 실시간 에너지 데이터를 분석하기 위해 설치되었으며 클라우드 기반의 데이터 플랫폼에 정보를 수집한다. 수집된 정보는 디지털 트윈으로 구현된 대시보드에서 운영자가 실시간으로 확인할 수 있도록 화면을 제공한다. 이는 향후 대회의 전력량 계획에 매우 중요한 참고 자료가 되었다.

올림픽 방송 서비스(Olympic Broadcasting Services), 줄여서 OBS는 올림픽 경기의 모든 라이브 TV, 라디오 및 디지털 콘텐츠의 제작과 배포를 담당하는 IOC의 자회사이다. 파리 올림픽에서 OBS Cloud 3.0을 발표하며 모든 방송 시스템을 AI를 활용한 클라우드 기반에서 운영했다. 기존의 방송사에서는 고비용의 전용 국제 통신 광회로에 의존해야 했고, 장비를 설치하는 데 상당한 시간을 들여 지구 반대편에 있는 라이브 영상을 자국으로 전송해야 했었다.

클라우드 기반의 OBS 활용을 시작함으로써 각국의 미디어 회사들은 물리적 인프라에 투자하지 않고도 필요에 따라 운영을 쉽게 확장하거나 축소할 수 있게 되었으며, 현장 인프라에 대한 의존도를 줄이고 원격 근무를 활성화하여 운송과 운영에 관련된 탄소 배출량을 줄일 수 있었다. 이 시스템은 전체 미디어 회사 중 3분의 2가 활용했으며 실제로 비용 효율성, 안정성, 확장성 면에서 기존 환경보다 많은 부분이 개선됐다는 평가가 쏟아졌다.

다양성을 위한 AI 서비스

개막식을 본 시청자들은 어떤 장면에서 〈최후의 만찬〉을 패러디한 장면에 다양한 인종, 의상 및 체구의 여성, 남성이 당당하게 가운데에서 출연한 것을 봤을 것이다. 이는 단순 사고가 아닌, 파리 올림픽의 다양성을 대표하는 장면으로 이해할 수 있었다. 2024 파리 올림픽은 올림픽 역사 최초로 여성과 남성 선수에게 동일한 쿼터(quota)를 배정하여 '여성 참가율 50%'를 달성했다. 이를 기념하기 위해 IOC는 〈그녀의 위대함을 위하여(To the Greatness of Her)〉라는 단편 영화를 만들었는데 이는 AI가 적극적으로 활용된 콘텐츠였다.

1900년 파리 올림픽부터 이어져온 여성 선수들의 역사적인 장면들의 해상도를 높이고, 색채를 입혀서 마치 최근에 찍은 영상처럼 높은 퀄리티로 만들어냈다. 이 영상에서 AI는 돌비 사운드, 가상 서라운드 사운드, 볼륨 평탄화를 통해 사운드를 강화했으며 낮은 대역폭에서도 고해상도 영상을 재생할 수 있도록 인코딩 기술, 해상도를 높이는 기술, 비어있는 프레임을 채우는 기술을 활용해 시각적인 효과도 강화할 수 있었다.

올림픽 대회에는 축구, 농구, 배구와 같은 인기 종목만 있는 것이 아니다. 그 외의 비인기 종목은 관중도 적고 시청자도 적어 4년 동안 대회를 준비해온 선수들의 노고를 증명하기 어려웠다. 이번 대회에서 OBS는 AI 기반 멀티 카메라 반복 재생 시스템을 도입하여 특히 인기가 적은 7인제 럭비, 배드민턴, 카누, 승마 등 14개 경기장에서 20개 이상의 종목의 시청 경험을 강화했다. 이 기술을 경험한 시청자들은 "흥미가 없던 종목들에 새로운 관심이 생겼고 새로운 선수들을 알게 되어 좋은 경험이었다" 하는 피드백을 하기도 했다.

앞으로의 밀라노 동계 올림픽, LA 하계 올림픽 등 향후 대회에는 AI가 적극 활용돼 대회를 혁신할 것이다. 특히 모든 경기에 대한 분석, 개인화된 팬 경험, 지속 가능성, 보안 및 안전 관리, 선수 보호 및 지원 등 전 영역을 강화할 것이며 미래의 올림픽을 더욱 혁신적이고 효율적으로 만드는 데 큰 역할을 할 것이다.

AI와 경제의 진화:

패러다임의

혁신

AI 튜터,
개인화 교육이 여는 평등의 문

〚 스마트 스패로우 〛

오랫동안 전통적인 방식과 교재에 의존해온 교육 업계가 AI의
등장으로 급격한 변화를 맞이하고 있다. 특히 일반화된 교육 과정
및 콘텐츠로 학생들의 수준을 맞추지 못했던 시스템에 적응형 학습
환경을 제공함으로써 즉각적인 피드백을 반영한 난이도 및 콘텐츠
설정이 가능해졌다.

스마트 스패로우(Smart Sparrow)는 최근 교육 분야에서 적극 사용
되고 있는 적응형 학습 플랫폼이다. 이 서비스는 학습자 개개인의
학습 속도와 스타일에 맞춰 학습 콘텐츠를 제공하여 학습 효과를 극
대화하는 것을 목표로 하고 있다.

스마트 스패로우는 학습자의 성과와 반응에 따라 실시간으로 학습 경로를 조정하는 적응형 학습을 제공하며 다양한 멀티미디어 요소를 활용하여 학습자에게 몰입감 있는 학습경험을 제공하고 있다. 또한 학습자의 진행상황을 분석하고 즉각적인 피드백을 제공하여 학습 효과를 높이며, 교사와 학생 간의 상호작용을 촉진하고, 그룹 프로젝트나 토론 환경을 제공한다.

이 서비스는 아직 한국에는 도입되지 않았지만 전 세계적으로 약 700개 이상의 기관에서 적극 활용되고 있다. 특히, 애리조나주립

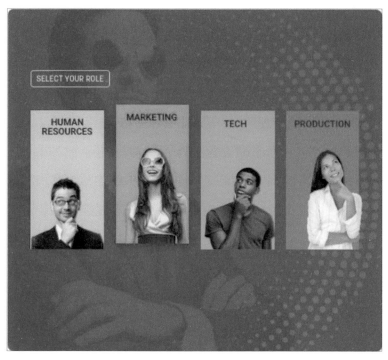

출처: 스마트 스패로우 홈페이지

대학교, 뉴사우스웨일스대학교, 시드니대학교 등에서는 다양한 과목에 스마트 스패로우를 활용하여 학생들의 학습 효과를 극대화시키고 있다.

우리나라도 이와 비슷한 플랫폼을 정부에서 적극 추진하고 있다. 그것은 바로 'AI 교과서'이다. 교육부의 '인공지능(AI) 디지털교과서 추진 방안' 정책에 따라 2025년부터는 초·중·고등학교 수업에 정식으로 AI 교과서가 도입될 예정이다. 이 AI 교과서는 기존의 서책형 교과서를 대체하며, 학생 개개인의 학습 수준과 필요에 맞춘 맞춤형 교육을 제공하는 것을 목표로 한다.

학습용 AI가 아이들의 공부를 돕는 방법

AI 교과서의 도입에 대한 갑론을박이 있지만 모든 형태의 교육 영역에 AI가 끼치게 될 영향력을 고려해본다면, 결국 시기의 문제라고 볼 수 있다. 물론 우려를 불러일으키는 요소를 최소화할 수 있는 탄탄한 기획력과 검수 등 필요한 제반 요소가 뒷받침돼야 할 것이다.

맞춤형 학습 경로 (Personalized Learning Pathways)

기존의 교육 시스템에서는 특수한 경우를 제외하면 개인이 아닌, 그룹의 학습 수준을 맞추어서 교육을 제공했다. 그 여파로, 제공

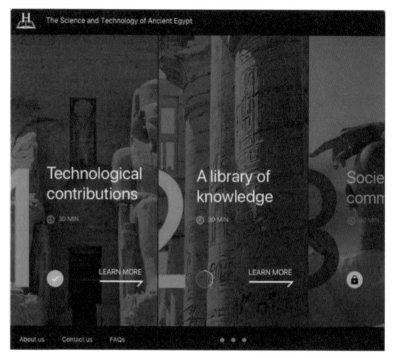

스마트스패로우의 과학·역사 교육 과정   출처: 스마트 스패로우 홈페이지

되는 교육이 어려워서 본인에게 너무 벅찬 학생, 반대로 너무 쉬워서 추가 교육이 필요한 학생 등 평균치에서 벗어난 교육 대상자에게는 효율적이지 못한 교육 콘텐츠가 제공되었다.

AI 교과서는 그룹이 아닌 '개인화'에 초점을 맞춰 교육 콘텐츠를 제공하며, 특히 학생 개인의 학습 속도와 이해도, 관심사 등을 고려해서 최적화된 학습 계획을 제공할 수 있다.

이 과정에는 다양한 AI 알고리즘이 적용되는데, 간략하게 어떠한 알고리즘으로 맞춤형 학습 경로를 제공할 수 있는지에 대해 살펴보자.

인터렉티브 학습 도구 (Interactive Learning Tools)

AI 교과서는 태블릿 PC와 같은 디바이스를 통해 제공될 가능성이 높다. 이 효과로 서책에서는 불가능했던 참여형 교육을 제공하는 것이 가능해졌으며, 일방적인 교육 제공이 아닌 상호작용이 가능한 교육 제공을 할 수 있게 되었다.

인터렉티브 학습 도구에는 어떠한 기능이 제공될 수 있는지, 그 속에는 어떠한 알고리즘이 존재하는지 살펴보자.

- **대화형 챗봇(Interactive Chatbot)**: 학생들은 개개인의 성격에 따라 공개적인 자리에서 질문을 던지기 어려워할 때도 있다. AI 교과서에는 개인의 어시스턴트처럼 대화형 챗봇이 포함될 것이며, 이 안에는 거대 언어 모델(Large Language Model) 엔진이 핵심 알고리즘으로 작동한다. 학생들은 AI 챗봇을 통해 학습 내용에 대한 질문이나, 문제 풀이 방식에 대한 설명, 최신 뉴스나 콘텐츠도 제공받을 수 있다.

- **컴퓨터 비전(Computer Vision)**: AI 교과서 디바이스에는 고해상도 카메라가 포함되어 컴퓨터 비전을 이용할 수 있게 된다. 카메라는 교육 자료 내의 이미지를 인식하여 이미지에 관련된 정보나 설명을 제공할 수 있다. 또한 학습자의 움직임을 비디오로 입력받아 정확도를 분석하고 실시간으로 피드백을 제공할 수 있다. 예를 들면, 체육 교육 활동에서 농구 수업을 한다고 가정했을 때 학생은 자신의 체형에 맞는 슈팅 폼을 제공받고, 지속적으로 폼을 교정받는 등 더욱더 체계적인 교육을 받을 수 있게 되었다.

- **게임화된 학습(Gamification)**: AI 교과서를 활용한 커리큘럼에서는 학생의 동

기 부여를 위해 흥미로운 게임 기능을 도입할 수 있다. 예를 들어 학생들의 집중력이 떨어졌을 때, 일정 팝업으로 가장 빨리 버튼을 누르는 이벤트를 보낼 수 있으며, 아주 어려운 문제풀이를 가장 먼저 제출한 학생에게 선물을 주는 등 학생들의 집중력을 강화할 수 있는 도구를 제공할 수 있다.

○ **가상현실 학습(XR Education)**: 특수한 경우에는 VR/AR을 활용하여 체험형 학습을 진행할 수 있다. 이 도구는 실습이 필요한 커리큘럼에서 많은 시간과 돈을 들여서 학습 환경을 설정하고, 관리를 해야하는 어려움을 해소할 수 있다. 예를 들면, 반도체 제조 공정에 대해 실습이 필요한 커리큘럼에서 기존에는 장비가 셋업되어 있는 곳으로 이동해서 고액의 장비를 직접 사용해 보지도 못하고 돌아오는 형태의 교육이 진행되었는데, XR 환경을 이용하면 가상의 장비를 직접 사용해보고, 공정 프로세스를 확인하고, 반복해보며 높은 효율의 교육을 받을 수 있다.

지능형 평가 및 피드백 시스템(Intelligent Assessment & Feedback System)

개인화된 맞춤형 커리큘럼과 인터렉티브 학습 도구를 이용해 교육을 진행하다 보면 학습 성과에 대해 평가하고 피드백을 제공해야 한다. 이 과정에도 AI 알고리즘을 통해 학습 경험을 강화할 수 있다. 그럼 이 시스템은 어떤 기능이 포함될 수 있는지 살펴보자.

○ **컴퓨터 기반 평가(Computer-Based Assessment) 알고리즘**: 기존 서책 기반 환경에서는 시험 문제 제작과 채점이 교사의 큰 부담이었다. 이러한 과정은 AI 교과서를 통해 많은 부분을 개선할 수 있다.

AI 알고리즘은 학생의 수준에 맞춰서 문제를 자동으로 생성하고 지속적으로 발전시킨다. 문제는 일반적인 객관식뿐만 아니라, 주관식, 영상 평가, 스피치 평가 등 다양한 형태로 적용될 수 있다. 또한 문제에 대한 답변도 생성되어, 자동으로 성적을 부여한다.

o **지능형 응답 분석(Intelligent Response Analysis)**: 만약 평가에 서술형 주관식 이 있다면, 언어 모델링 알고리즘을 통해 학습자의 긴 응답을 분석해서 내용 의 정확성, 논리성, 구조 등을 평가한다. 또한 자연어 생성 알고리즘을 통해 개인화된 피드백 메시지를 생성하여 학습자의 답변이나 성과에 대한 상세한 해설을 제공할 수 있다.

o **인지 분석(Cognitive Analytics) 및 학습 추적(Learning Analytics)**: 학습자의 문 제에 대한 탐색 패턴, 문제 해결 전략, 시간 관리 등을 모니터링하고 분석해서 학습 프로세스에서의 약점을 식별한다. 주로 기계 학습(Machine Learning)을 활용하여 사용자의 패턴을 발견하고 개선할 영역을 추론한다.

o **개별 학습 경로 수정(Adaptive Learning Path Adjustment)**: 평가에 대한 결과 와 학습자의 성과를 바탕으로, 학습 경로를 지속적으로 조정하는 알고리즘이 포함된다. 이를 통해 학습자는 자신의 필요에 맞게 학습 자료나 과제를 받을 수 있다.

o **감정 인식(Emotion Recognition)**: 컴퓨터 비전 및 음성 처리 기술을 기반으로, 전체 과정에서 학습자의 음성, 얼굴 표정 등 생체 신호를 분석해서 학습 동기 나 스트레스 수준을 판단하고 적절한 지원 및 피드백을 제공한다.

이러한 알고리즘은 학습자에게 더욱 정확한 피드백을 제공함으로써 학습 효율성을 지속적으로 향상시키고, 개인화된 학습 경험을 제공할 수 있다.

AI 교과서는 2025년도를 시작으로 베타 테스트를 거쳐 점차적으로 모든 교육 기관, 과목으로 확장해 나갈 계획이다. 이 시스템이 실질적으로 우리의 교육 환경을 개선할 수 있다면, "우리나라는 교육 환경이 문제야" 라는 불평 불만도 사라질 수 있지 않을까?

제작부터 상영까지,
할리우드를 재편하다

〚 너프 〛

"생성형 AI와 CGI 이미지 제작의 융합은 영화 기술의 다음 물결이 될 것"이라고 말한 사람은 다름 아닌 〈터미네이터〉와 〈아바타〉의 제임스 카메론(James Cameron) 감독이다. 그는 최근 AI 기업 스태빌리티 AI(Stability AI)의 이사회에 합류했다. AI의 미래를 그려왔던 그가 이제는 실제 AI 기술 발전에 동참하게 된 것이다.

카메론 감독은 "두 가지 완전히 다른 창작 엔진의 결합은 우리가 상상도 못 했던 방식으로 예술가들이 이야기를 전달할 수 있는 새로운 길을 열어줄 것"이라고 말했다. 그의 말처럼, AI는 이제 영화 제작의 모든 단계에 깊숙이 관여하고 있다. 시나리오 작성부터 캐스

팅, 편집, 특수효과 제작에 이르기까지 AI의 손길이 닿지 않는 곳이
없다.

시나리오 작가의 뮤즈가 되다

AI는 이제 시나리오 작성 단계에서부터 그 능력을 발휘하고 있
다. 자연어처리(NLP) 기술을 활용해 문맥, 글의 톤, 구조 등을 이해
하고 이를 바탕으로 일관된 내러티브를 생성한다. AI는 대규모 데
이터 세트를 활용해 지정된 매개변수에 맞는 플롯 아이디어나 장면
묘사, 그에 맞는 대화까지도 생성할 수 있다.

실제로 AI가 작성한 시나리오로 단편 영화가 제작되기도 했다.

〈선스프링(Sunspring)〉이라는 영화는 오픈AI의 GPT-3 기반 모델인 '벤자민'이 생성한 독특한 내러티브를 바탕으로 제작되었다. 오스카 샤프 감독은 48시간 영화 챌린지의 일환으로 이 영화를 만들었는데, AI가 생성한 독특한 내러티브를 배우들에게 해석해서 연기하도록 지시했다.

AI, 흥행을 예측하다

20세기 스튜디오는 AI를 활용해 영화의 흥행을 예측하고 있다. 〈로건(Logan)〉을 제작할 때 구글 클라우드와 협업하여 개발한 딥러닝(Deep Learning) 스크립트를 분석하고 잠재적 흥행 수입을 예측했다. 이 기술은 작품의 전체적인 톤 앤 매너, 시리즈물이 봉착하게 되는 관객 현장의 문제, 잠재적인 흥행 수입 등을 더 세밀하게 평가할 수 있는 지표를 제공했다. 또한 이 스토리와 주제가 관객에게 충분히 사랑받을 수 있을지와 각 캐릭터 간의 역학 관계에 대해서도 점검할 수 있다.

또한, 예고편 제작에도 AI를 활용했다. 구글 클라우드 솔루션 탭과 협력하여 영화 예고편을 대량 학습하고, 특정 예고편의 성과를 예측하는 컴퓨터 비전 도구인 '멀린 비디오(Merlin Video)'를 개발했다. 이를 통해 예고편의 레이블이 발생하는 타임라인을 고려하여, 관객들의 관심을 예측할 수 있는 요소들을 동시에 분석할 수 있었다.

워너브라더스 역시 시넬리틱(Cinelytic)이라는 데이터 기업과 협력하여 AI로 영화의 상업적 성공을 예측하고 있다. 이들은 '탤런트 스코어(Talent Score)'라는 독자적인 점수 시스템을 사용해 배우의 가치를 평가하고, 이를 바탕으로 캐스팅 결정을 내린다. 이 시스템은 다양한 미디어 유형, 제작할 작품의 장르, 주요 지역에서의 실시간 영향력 등을 고려하여 배우의 가치를 평가한다.

편집과 특수효과, 페이스디렉터와 새로운 개막

디즈니의 '페이스디렉터(Face Director)' 기술은 AI를 활용해 여러 촬영본에서 서로 다른 얼굴 표정을 블렌딩하여 매끄러운 연기를 만들어낸다. 이 기술의 주요 기능은 여러 촬영본에서 서로 다른 얼굴 표정을 블렌딩해 매끄러운 연기를 만들어내는 것에 초점이 맞춰져 있다. 페이스 모핑(Face Morphing) 기술을 기반으로 하기 때문에 슬픈 정서에서 기쁜 정서로의 흐름을 자연스럽게 만들어낼 수도 있다.

또한 너프(NeRF, Neural Radiance Fields) 기술은 2D 이미지를 바탕으로 3D 모델을 생성한다. 이를 통해 실제 촬영 없이도 가상의 세트나 배경을 만들어낼 수 있게 되었다. NeRF는 입력한 이미지를 기반으로 조명이나 텍스처, 반사를 예측해서 촬영한 것과 유사한 정도의 퀄리티로 사실적인 장면을 생성할 수 있다. 이는 제작 비용과 시간을 크게 절감할 수 있는 혁신적인 기술이다.

이제 AI는 영화 제작의 보조 도구를 넘어 창작의 주체로 자리 잡고 있다. 웨이마크 스튜디오가 제작한 12분짜리 단편영화 〈더 프로스트(The Frost)〉는 전적으로 AI 기술로 만들어졌다. 이 영화는 조시 루빈이 작성한 대본을 바탕으로, 오픈AI의 달리 2(DALL-E 2)를 통해 각 장면의 이미지를 생성했다. 그 후 D-ID를 사용하여 동적인 요소를 추가했고, 믹사모(Mixamo)의 3D 캐릭터를 사용해 애니메이션을 보강했다.

아디다스의 2045년 미래 도시를 배경으로 한 광고도 AI를 활용해 제작되었다. 이 광고는 Text-to-Image AI인 미드저니(Midjourney)를 사용해 초현실적인 이미지를 생성하고, 영상 생성 AI인 런웨이(Runway)로 이를 애니메이션화하여 완성했다.

중국에서는 올해 말 극장용 AI 영화 개봉을 앞두고 있다. 센슈 AI의 동영상 생성 AI '바이두(Baidu)'를 활용해 제작 중인 이 영화는 리닝 감독이 연출을 맡았다. 탕지아유 센슈 CEO는 "바이두는 주제와 시나리오, 스타일 등에서 일관성이 뛰어나다"며 "특히 애니메이션 스타일에서 독보적인 강점을 보여주기 때문에, 전 세계적으로 애니메이션 AI 영상을 제작할 때 우리를 선택하는 경우가 많다"라고 강조했다.

AI 시대의 도전 과제 그리고 트렌드

AI의 도입이 가져온 혁신적인 변화 이면에는 여러 도전 과제도 존재한다. 2023년 진행된 미국작가조합(WGA)의 파업은 AI 사용에 대한 경계를 명확히 설정하는 것을 조건으로 협상이 타결되었다. 스튜디오가 AI를 사용해서 스크립트를 작성하거나 수정하는 것을 금지하고 AI 생성 콘텐츠가 원작 자료로 간주되지 않도록 보장하는 내용이었다.

또한 AI가 생성한 콘텐츠의 저작권 문제, 윤리적 사용에 대한 가이드라인 부재 등도 해결해야 할 과제다. 배우 톰 행크스는 "법적인 도전 과제와 배우의 디지털 초상 사용에 대한 지적 재산권 문제에 대해 더욱 깊은 논의가 필요하다"고 지적했다. 그는 동시에 딥페이크 기술 덕분에 다시 젊은 외양으로 등장할 수 있는 영화 시리즈를 제안해볼 수 있는 가능성에 대해서도 언급했다.

AI 기술의 발전은 영화제 프로그램과 비즈니스 전략에도 영향을 미치고 있다. '제29회 부산국제영화제'에서는 AI와 관련된 다양한 프로그램이 열렸다. '제19회 아시아콘텐츠&필름마켓'에서는 AI 콘퍼런스가 열려 AI 기술이 영화산업 전반에 미치는 영향과 새로운 비즈니스 전략을 제시했다.

또한 글로벌 IT 기업인 마이크로소프트가 '아시아콘텐츠&필름마켓'에 아시아 최초로 부스를 개설하고, 영화 전문가들에게 '코파일럿'을 시연했다. 영화의전당 비프힐에서는 관객들이 AI을 직접 체험할 수 있는 라운지도 운영했다. 이는 AI 기술이 영화 산업에 미치는 영향을 직접적으로 체험하고 이해할 수 있는 기회를 제공할 것으로 보인다.

AI 기술 기업들의 영화 산업 진출

AI 기술 기업들도 영화 산업에 적극적으로 진출하고 있다. 런웨이(Runway)는 최근 AI를 활용한 영화 제작을 지원하기 위해 '영화 100편 기금(Hundred Film Fund)'을 조성했다. 이 기금은 총 500만 달러 규모로, 최대 100편의 영화 프로젝트를 지원할 예정이다. 선정된 프로젝트는 최대 100만 달러의 현금 지원과 최대 200만 달러 상당의 런웨이 서비스 크레딧을 받게 된다.

이러한 움직임은 오픈AI의 '소라' 출시에 앞서, 시장 확대에 속도를 내는 모습으로 해석된다. 런웨이는 최근 영화 스튜디오 라이온스게이트와 파트너십을 발표하기도 했다.

하지만 AI 기술이 영화 제작의 모든 측면을 완벽하게 대체할 수 있는 것은 아니다. 예를 들어, NeRF 기술은 아직 움직임이 크지 않은 정적인 장면에서 가장 잘 작동하고, 동적 요소가 있을 경우에는 일부 노이즈나 왜곡이 발생할 수 있다. 또한 실시간 렌더링 속도도 아직 발전이 필요한 영역이다.

AI가 생성한 시나리오나 영상도 여전히 인간의 개입이 필요하다. AI가 생성한 내용을 인간이 편집하고 수정하는 과정이 필요하며, 특히 캐릭터를 입체적으로 만드는 데에는 여전히 작가의 역할이 중요하다.

또한 AI가 영화의 예술적 측면을 완전히 이해하고 표현할 수 있을지에 대한 의문도 제기된다. 영화는 기술적 측면뿐만 아니라 감정적 깊이나 문화적 맥락 등 정량화하기 어려운 요소들도 중요하기 때문이다.

AI의 등장으로 영화 산업은 큰 변화의 기로에 서 있다. 영화 제작의 효율성을 크게 높이고, 새로운 창작의 가능성을 열어주고 있다. 하지만 동시에 윤리적, 법적 문제와 기술적 한계 등 해결해야 할 과제도 많다.

제임스 카메론 감독의 말처럼, AI와 인간 창작자의 결합은 "우리가 상상도 못 했던 방식으로 예술가들이 이야기를 전달할 수 있는 새로운 길"을 열어줄 것이다. 그러나 이는 AI가 인간을 대체하는 것이 아니라, 인간의 창의성을 증폭시키는 도구로 활용될 때 가능할 것이다.

앞으로 영화 산업에서 AI의 역할은 계속해서 확대될 것으로 보인다. 그러나 궁극적으로는 AI 기술과 인간의 창의성이 조화를 이루는 방향으로 발전해 나갈 것이다. AI 시대의 영화 산업은 기술과 예술의 조화를 통해 새로운 르네상스를 맞이할지도 모른다.

스마트폰 다음 디바이스는?
AI목걸이와 AR 안경

마이크로소프트사의 프로그램, 마이크로소프트 엑셀(Microsoft Excel)의 1990년대 초 광고는 아직도 우리 기억 속에 선명하다. 약 3분 30초 길이의 이 광고는 TV와 극장에서 상영됐으며, 마감에 쫓기는 두 직장인이 엑셀을 활용해 프레젠테이션을 준비하는 모습을 생생하게 보여주었다. 자동 채우기, 드래그 앤 드롭, 차트 생성 등 엑셀의 주요 기능들이 실제 업무 상황에서 시연되며, "이건 기적이야"라는 대사로 그 혁신성을 강조했다. 이 광고는 소비자들에게 이 기술로 업무의 어떤 혁신을 줄 수 있는지 명확하게 보여주었다. 긴 러닝타임에도 불구하고 많은 직장인들로부터 높은 관심을 끌었다. 30

여 년이 지난 2024년, 마이크로소프트는 이제 말 한 마디로 보고서를 작성하는 시대를 열고 있다.

사실 혁신의 속도는 빠르지만, 우리가 체감하는 업무 혁신이 실현되기까지는 거의 30년이라는 시간이 소요됐다. 불과 작년까지만 해도 많은 회사들은 Excel 사용에 능숙한 사원들의 채용을 선호했다. 최근 채용 공고에서는 Excel 전문가보다 AI를 활용할 수 있는 인재들이 더 우선순위에 놓이고 있다. 이런 변화는 소프트웨어 분야의 변화뿐만 아니라, 하드웨어 분야도 마찬가지다. 애플의 'Apple Moment' 이후 모바일과 PC 시대를 거쳐 현재 AI 시대로 접어들면서, 새로운 하드웨어 기기들이 지속적으로 등장하고 있다. 이러한 변화는 우리의 일상과 업무 방식에 근본적인 변화를 가져오고 있으며, 새로운 기술 혁명의 시대가 도래했음을 보여주고 있다.

그렇다면 앞으로 주목해볼 만한 AI 베이스의 하드웨어에는 어떤 것이 있는지 살펴보자.

AI 목걸이 프렌드

첫 번째는 하루종일 대화해주는 AI 친구, AI 목걸이 '프렌드 (Friend)'다. AI 기술을 활용한 새로운 웨어러블 디바이스 프렌드가 주목받고 있다. 이 기기는 목걸이나 악세서리 형태의 펜던트로, 사용자와 지속적인 대화를 나누는 AI 친구 역할을 한다.

프렌드의 주요 특징은 내장된 마이크를 통해 사용자의 말을 항상 경청하고, 앤트로픽의 '클로드 3.5 소네트'와 메타의 '라마 3.1' 등 여러 최신 AI 모델의 기술을 활용한 텍스트 기반의 대화를 주고받는다는 점이다. 사용자가 버튼을 탭하여 대화를 시작할 수 있으며 상황에 따라 AI가 자발적으로 메시지를 보내기도 한다.

이 기기는 기존의 업무 중심 AI 비서와는 달리 사용자의 감정적 필요를 충족시키는 데 초점을 맞추고 있다. 문서 요약이나 수학 문제 해결 같은 기능은 제공하지 않지만 사용자와 더 깊은 감정적 연결을 형성하는 것을 목표로 한다.

다만 아직은 기술적 한계가 있다. 완전한 기능을 사용하려면 스마트폰과 블루투스로 연결해야 한다. 그럼에도 '프렌드'라는 이름답게, 사용자가 쉽게 착용하고 상호작용할 수 있도록 목걸이 형태로

출처: https://www.friend.com/

설계되었다는 점은 인상적이다.

프렌드는 2025년 1월 출시를 목표로 현재 사전 주문을 받고 있으며, 가격은 약 99달러(한화 약 14만원)로 책정돼 있다. 당신에게도 이 목걸이가 생긴다면, 첫 마디는 어떤 말로 대화를 시작할 것인가?

차세대 하드웨어, 스펙터클즈

둘째로, 스냅(Snap Inc.)이 선보인 '스펙터클즈(Spectacles)'는 다음 세대 하드웨어의 미래를 엿볼 수 있는 제품이다. 스냅의 메인 서비스인 스냅챗은 전 세계적으로 폭발적인 성장을 이어가고 있다. 2024년 2분기 기준으로 일일 활성 사용자 수가 4억 3,200만 명에 달하며, 특히 광고 수익이 11억 3,000만 달러로 전체 수익의 대부분을 차지하고 있다. 이러한 성장 스토리를 바탕으로 스냅은 이제 모바일을 넘어서는 차세대 하드웨어, 스펙터클즈를 발표했다.

스펙터클즈는 무게와 기능 면에서 놀라운 균형을 자랑한다. 이 기기는 매우 가볍지만 고급 기술이 가득하다. 무게가 226그램밖에 되지 않아 보통 VR 헤드셋의 절반 정도로 가볍다. 4개의 정교한 카메라, 자체 개발한 광학 엔진 그리고 선명한 이미지를 구현하는 소형 LCoS(Liquid Crystal on Silicon) 마이크로 프로젝터가 탑재돼 있다.

가장 큰 매력은 단연 직관적인 사용자 경험이다. 손동작만으로 AR 콘텐츠와 자유롭게 상호작용할 수 있어, 마치 주변 환경 전체가 거대한 디지털 캔버스로 변모한 듯한 느낌을 준다. 이는 단순한 기술 시연을 넘어 AR의 실용적 활용 가능성을 보여주는 중요한 이정표가 될 것이다.

스펙터클즈의 전략을 보면 일반 소비자가 아닌 개발자를 대상으로 한 구독 모델이 제공된다. 월 99달러의 구독형 모델을 개발자들에게 제공함으로써, AR 콘텐츠 생태계를 선제적으로 구축하려는 전략을 엿볼 수 있는 부분이다. 이는 애플의 초기 아이폰 전략과 유사한 접근 방식으로, AR 안경 시장에서의 주도권을 확보하려는 스냅의 의도를 보여 주고 있다.

스펙터클즈는 앞으로 단순한 AR 안경을 넘어, 현실과 가상 공간의 경계를 자유롭게 넘나들며 혁신적인 광고 플랫폼으로 진화할 것으로 보인다. 그렇게 되면 기존의 오프라인 중심 광고 플랫폼들이 점차 AI를 통한 검색과 콘텐츠에 통합되는 형태로 서비스를 이동하

출처: https://www.spectacles.com/

게 되면서 광고 산업에 큰 변화를 가져올 전망이다.

미래의 광고 환경은 모바일과 옥외 광고판에 국한되지 않을 것이다. 우리가 일상적으로 걷는 거리와 도로 위에서도 증강현실(AR) 기술을 활용한 확장된 형태의 광고, 이른바 '증강형 광고(augmented ad)'도 흔하게 볼 수 있게 될 것이다. 이는 광고주들에게 더욱 다양하고 창의적인 광고 기회를 제공하며, 소비자들에게는 보다 몰입감 있고 상호작용이 가능한 광고 경험을 선사할 것이다.

AR 스마트 안경, 오라이언

마지막으로 소개될 하드웨어는 메타의 레이밴 스마트 글래스와 '오라이언 AR(Orion AR)' 안경이다. 먼저, 레이밴 스마트 글래스는 시장에서 독보적 행보를 이어가고 있다. 이 제품은 순수한 AR 경험보다 실용적인 기능에 중점을 두고 있으며, 카메라, 고품질 오디오, AI 비서 기능을 통합하여 일상생활에서 유용하게 사용될 수 있는 스마트 안경을 제공한다. 특히, AI 기술을 활용한 혁신적인 웨어러블 디바이스로 기술과 패션의 조화를 이루며 AI 안경 시장에서 주목받고 있다.

사용자는 안경 착용만으로 새로운 디지털 경험을 즐길 수 있으며, 음성 명령을 통해 사진 촬영, 음악 감상, 전화 통화 등 다양한 기능을 편리하게 사용할 수 있다. 기존의 복잡하고 무거운 AI 하드웨어와 달리, 익숙한 패션 아이템인 레이밴 안경 형태를 통해 기술에 대한 진입 장벽을 낮췄다는 점이 주목할 만하다.

특히 레이밴의 2세대 AI 안경은 '메타 AI'를 탑재하여 사용자가 보고 있는 항목에 대한 정보 제공, 페이스북과 인스타그램 팔로워를 향한 라이브 스트리밍 기능까지 제공하면서 1세대보다 더 많은 판매량을 기록하고 있다. 이는 AI 안경 시장의 성장 가능성을 보여주는 대목이다.

또한 최근 기대를 모으고 있는 것은 단연, 새로운 증강현실(AR) 스마트 안경인 '오라이언'이다. 저커버그는 '커넥트2024' 행사에서 오라이언을 소개하며, "이것이 스마트폰을 이을 차세대 컴퓨팅 디바이스로, 문자 메시지, 화상통화, 유튜브 동영상 등을 지원한다"고 설명했다. 또한 오라이언은 마이크로 렌즈를 탑재해 3D 이미지를 투사하여 홀로그램 AR기능을 구현하는 것이 가장 큰 특징이며 손목 밴드와 카메라를 통해 손으로 디스플레이를 '클릭'하거나 '스크롤'할 수 있다. 메타가 약 10년간 개발해온 기술력이 앞으로 정말 모바일을 대체할 수 있는 디바이스로 성장할지 이목이 집중되고 있다.

이처럼, AI 안경 시장은 지속적으로 확대되고 있다. 미국 자문 업체 스카이퀘스트 테크놀로지에 따르면, 글로벌 스마트 안경 시장 규모가 2022년 56억 6,000만 달러에서 2023년 62억 4,000만 달러로 증가했다. 더 나아가 향후 136억 8,000만 달러까지 성장할 것으로 전망되고 있다.

스마트폰 교체 주기가 길어지고, 새로운 모델 출시에 대한 소비자들의 열망이 줄어들면서 모바일 기기 시장은 성숙기에 접어들었다. 이제 스마트폰과 컴퓨터는 우리 일상의 일부가 되었지만, 기술 산업은 새로운 'iPhone moment'를 창출하기 위해 AI 기반의 혁신적인 하드웨어 개발에 주력하고 있다.

특히 업계의 관심을 끄는 것은 오픈AI의 최고경영자 샘 올트먼(Sam Altman)과 애플의 전 수석 디자이너 조너선 아이브(Jonathan Ive)가 협력하여 개발 중인 AI 기기다. 구체적인 제품 정보는 아직 공개되지 않았으나, 아이폰을 디자인한 조너선 아이브의 참여로 인해 전 세계의 이목이 집중되고 있다. 이 협업은 AI 기술과 혁신적 디자인의 만남을 예고하며, 기술 업계의 새로운 지평을 열 것으로 기대를 모으고 있다.

2024년 초, AI 기술 분야에서 큰 주목을 받은 휴메인(Humane)의 AI 핀과 래빗 R1과 같은 혁신적인 기기들은 기술의 새로운 지평을 열었으나 아쉽다는 평이 많았다. 기술 시장의 역사가 보여주듯, 단순히 강한 기술력만으로는 성공을 보장받지 못한다. 오히려 시장의 요구에 적응하고, 사용자의 니즈를 지속적으로 충족시키며 진화하는 제품이 궁극적으로 살아남아 시장을 장악하게 된다. 이는 "강한 자가 살아남는 것이 아니라, 살아남는 자가 강한 것"이라는 관점과 일맥상통한다. 결국 하드웨어 시장에서도 끝까지 적응하고 발전하는 기기가 최종적으로 성공을 거두게 될 것이다.

쉬지 않는 디지털 트레이더,
트레이딩 봇

‖ 비트봇 ‖

2021년 상반기, 코스피(KOSPI)는 3,000선을 돌파하며 주식시장 투자의 붐이 일었다. 이 흐름은 코로나19 팬데믹의 경제적 여파를 해소하려고 주요 국가들이 막대한 돈을 풀었기 때문에 생겼다. 이에 맞춰 2030 세대 사이에서는 엔데믹의 기대감으로 적극적인 재테크 열풍이 불었다. 이때 서점에서도 주식 투자 전략에 관한 책이 불티나게 팔려나가며, 몇몇 신규 투자자는 차트와 관련된 전략을 펼치기 시작했다.

AI 트레이딩

차트 투자 방식은 오랜 기간 동안 쌓여온 데이터 기반의 투자 방식이다. 단기(5일선)와 장기(20일선)의 이동 평균을 비교해 단기선과 장기선의 비교 신호를 사용하는 이동 평균선(Moving Average) 전략, 특정 기간 동안의 주가 변동을 시가, 종가, 고가, 저가를 포함한 '캔들'의 형태로 시각화하는 캔들 차트 패턴(Candlestick Patterns)과 같이, 일정 기간 동안의 데이터 추이를 통해 투자하는 방식 덕분에, 프로그래밍화가 가능했다.

대표적인 예로, 영웅문(키움증권)과 같은 MTS(모바일 트레이딩 시스템), HTS(홈 트레이딩 시스템)는 주식 차트 분석을 기반으로 자동 매매를 지원했다. 사용자는 조건 검색식을 설정해 특정 차트 패턴이 나타날 때 매수 또는 매도 명령을 자동으로 실행하도록 설정할 수 있다. 이러한 시스템은 오픈 API(외부 시스템과 연동이 가능하게 만드는 하나의 커뮤니케이션 매개체)를 통해 사용자가 직접 알고리즘 트레이딩 프로그램을 개발할 수 있었다. 이 알고리즘은 누구나 쉽게 개발할 수 있었기 때문에 많은 투자자가 시도했고, 초기에는 좋은 성과를 얻을 수 있었다.

오랜 기간 동안 쌓인 데이터를 기반으로 차트 투자 알고리즘을 개발하면 필승 투자 전략이 될 줄 알았으나, 대부분 2022년부터 시작된 하락장에서 많은 손해를 보았다. 주가가 움직이는 원동력은 단순한 기업의 움직임만이 아닌, 우크라이나 전쟁과 같은 외부적 요인으로부터 발생하는 영향도 있었기 때문이었다.

이후 AI 시대가 도래하면서 기업에서는 뉴스, 공시, 특허 정보, 재무제표 등 모든 데이터를 분석해 주식의 매수와 매도를 도와주는 서비스를 시작했다. 삼성증권에서는 AI를 활용한 주식 포트폴리오 서비스 '주식굴링'을 출시하며 투자자가 설정한 금액에 따라 다양한 테마에 맞춘 종목을 분산 투자할 수 있게 만들었다. 또한 KB자산운용은 딥러닝을 통해 주어진 데이터를 활용해 의사결정을 내리는 AI 알고리즘 '앤더슨'을 운영 중이다. 이 알고리즘은 시계열 데이터를 활용해 주가를 예측하고, 투자자에게 최적화된 전략을 제공했다.

암호화폐 시장의 AI 트레이딩

주식 시장뿐 아니라 암호화폐 시장에서도, AI 트레이딩은 규칙 기반 및 자가 학습형 알고리즘으로 작동한다. 전자는 사전에 설정된 조건에 따라 매매를 자동으로 실행하며, 후자는 데이터를 학습해 스스로 개선된다. 현재 각종 금융 시장에서 AI 트레이딩은 활발하게 활약하고 있으며, 많은 성과를 내고 있다.

o **코인룰(Coinrule):** 코인룰은 사용자가 사전 설정한 규칙에 따라 암호화폐를 자동으로 매매할 수 있도록 도와준다. 다양한 샘플 전략을 활용해서 초보자도 쉽게 사용할 수 있다. 이 서비스는 모바일 최적화가 잘되어 있어, 언제 어

디서나 활용하기 좋다.

- o **크립토호퍼(CryptoHopper)**: 크립토호퍼는 비트코인, 이더리움 등 다양한 암호화폐를 자동으로 거래할 수 있는 플랫폼이다. 월간 2만 원 수준의 매우 저렴한 사용료로 쉽게 투자 전략을 만들 수 있다.
- o **마켓캐스터 AI(Market Caster AI)**: 마켓캐스터 AI는 주식의 매수 및 매도 시점을 찾아주는 솔루션이다. 투자 시장의 위험 분석, 마켓의 모멘텀 포착, 거래 비용의 최소화 등 유용한 기능을 제공한다.

암호화폐 시장은 주식 시장보다 변동성이 훨씬 크다. 따라서 AI 트레이딩 알고리즘은 이러한 변동성을 활용해서 더 많은 수익을 창출할 수 있다. 빠른 의사결정과 대량의 데이터를 분석하는 능력 덕분에 AI는 급격한 가격 변동을 포착하고 이에 대응할 수 있다.

AI 생성 이미지, AI 트레이딩 봇을 시각화한 그림

제공: 업폴

암호화폐 시장은 24시간 운영되므로, AI 트레이딩 봇이 상시 거래를 수행할 수 있다. 반면 주식 시장은 정해진 시간에만 열리기 때문에 AI의 잠재력을 최대한 활용하기 어렵다. 마지막으로 암호화폐 시장은 전세계 공통이며 블록체인 기술을 기반으로 하여 모든 거래 데이터가 공개돼 있기 때문에 AI는 이러한 데이터를 실시간으로 분석하여 더 정확한 예측을 할 수 있다.

대표적인 프로젝트 비트봇

암호화폐 시장의 AI 트레이딩 서비스 중 가장 대표적인 프로젝트는 '비트봇(Bitbot)'이다. 비트봇은 2024년 암호화폐 시장의 상승세 속에서 투자자들에게 많은 관심을 끌었다. 이 프로젝트는 사전 판매 단계에서 210만 달러 가까이 모금하며 시장에 큰 영향을 끼칠 것을 예고했다. 시장 분석가들은 현재 암호화폐 시장을 저평가된 코인에 투자하기 좋은 기회로 평가하고 있으며, 많은 투자자들이 높은 수익을 기대하며 새로운 프로젝트에 주목하고 있다.

비트봇은 기존 프로젝트와 달리 텔레그램(Telegram)으로 작동한다. 사용자는 텔레그램 채팅 인터페이스를 통해 거래를 관리할 수 있다. 이는 사용 편의성을 높이고, 실시간으로 거래 상황을 모니터링할 수 있게 만든다. 또한 사용자가 자신의 자산을 직접 관리할 수 있도록 만드는 셀프 커스터디(Self-Custody) 설계를 통해 보안성을 높이고 사용자가 자산에 대한 완전한 통제권을 가질 수 있게 만들었다. 비트봇은 디파이(DeFi) 프로토콜과 다양한 거래소를 연동하며, 사용자가 다양한 플랫폼에서 자산을 관리하고 거래할 수 있도록 지원한다.

비트봇은 사전에 설정된 전략에 따라 자동으로 거래를 실행한다. 이는 사용자가 시장 상황에 따라 빠르게 대응할 수 있도록 도와준다. 또한 AI 기반의 알파 리스트 기능을 통해, 사용자에게 신규 상장 프로젝트, 사전 판매 토큰 그리고 상승 잠재력이 높은 저평가 종목을 선별하여 제공한다.

가장 주목받는 기능은 카피 트레이딩(Copy Trading)이다. 초보자도 성공적인 거래 전략을 가져갈 수 있도록 전문가의 전략을 카피하는 기능을 제공하여 수익 창출에 많은 도움을 주었다. 마지막으로 보안을 강화하기 위해 나이트세이프(KnightSafe)와의 협력을 통해 분산형 오픈소스 보안 솔루션을 제공하며, 안티 MEV 및 안티러그풀 기술을 통해 시장 조작을 방지한다.

이미 14만 명이 넘는 X(전 트위터) 팔로워와 22만 명의 텔레그램 회원이 비트봇에 대한 열기를 반증하고 있다. 비트봇이 텔레그램 트레이딩 봇이라는 테마로 새로운 투자 섹터를 이끌지 주목된다.

AI 트레이딩 봇은 인간의 감정을 배제하고 고속으로 대량의 데이터를 처리하며, 순간적인 시장 변화에 빠르게 대응할 수 있다는 점에서 큰 장점을 가진다. 하지만 이 서비스는 시장의 복잡한 패턴이나 예측 불가능한 외부 요인에 대해 과적합(Overfitting)이 발생할 가능성도 존재하며, 이는 비정상적인 시장 상황에서 큰 손실을 초래할 수 있다.

AI 트레이딩 기술은 앞으로 더욱 정교해질 것이며, 특히 강화학습과 자연어 처리(NLP)를 결합한 트레이딩 시스템이 뉴스, 소셜 미디어 등 비정형 데이터를 분석해 기존 알고리즘에 강화된 결정을 내릴 수 있을 것이다. 그러나 이러한 자동화된 시스템은 규제와 감독이 필요하며, 특히 시장 조작과 같은 윤리적 문제를 방지하기 위한 정책적인 접근이 중요해질 것이다.

3D 공간에
AI 랜딩 페이지를 만든다고?

‖ 스페이셜 AI ‖

"고양이가 유리잔을 테이블 가장자리로 밀고 있는 이미지를 보면, 위태로워 보인다. 그 이유는 우리의 뇌는 순식간에 유리잔의 기울기, 3D 공간상의 위치, 테이블과 고양이 및 주변 환경과의 관계를 파악하고 다음에 일어날 일을 예측할 수 있기 때문이다." AI의 대모(godmother of AI)로 불리는 이미지넷(ImageNet)의 창시자, 페이페이리(Fei-Fei Li) 교수의 말이다.

이제는 인간만 이런 상황을 파악할 수 있는 것이 아니다. 한때 단순한 이미지 분류인 강아지와 고양이 사진조차 구분하기 어려워하던 AI가, 이제는 복잡한 3D 공간을 이해하고 날씨를 예측하는 경지에 이르렀다. 마치 인류가 평평한 지구관에서 벗어나 지구가 둥글다는 사실을 깨달은 것처럼, AI도 2차원적 한계를 넘어 3차원 세계를 탐험하기 시작했다.

기상예측의 신기원, 스톰캐스트

엔비디아의 '스톰캐스트(stormcast)'는 이러한 혁명의 최전선에 서 있다. 역사적으로 인류는 오랫동안 지구가 평평하다고 믿었다. 그러나 15세기 말에서 16세기 초, 대항해시대를 거치며 비로소 지구가 둥글다는 사실이 증명되었다. 만약 탐험대가 끝없는 미지의 세계로 나아가지 않았다면, 우리는 여전히 지구의 끝을 찾아 헤매고 있을지

젠슨 황 엔비디아 CEO

출처:엔비디아

도 모른다. '어스2(Earth 2)'로 알려진 AI 쌍둥이 지구를 넘어, '스톰캐스트'라는 생성형 AI 기후 예측 모델은 가상공간에 쌍둥이 지구를 만들어 실시간으로 날씨를 예측한다.

스톰캐스트는 스톰(storm)＋캐스트(cast)의 합성어로 '폭풍을 미리 준비하다'라는 뜻이다. 엔비디아는 이 서비스를 통해서 지구의 모습을 그대로 가상 시뮬레이션으로 구현하여 시시각각 변하는 기후와 날씨를 더 빠르고 정확하게 예측한다. 한화로 대략 8,000만 원이면 스톰캐스트를 이용할 수 있기 때문에 과거 기상예측을 위해 비싸게 구매했던 슈퍼컴퓨터보다 훨씬 비용이 크게 절감되면서도 예측은 뛰어나다.

과거의 기상 예측 방법은 제한된 공간 내에서 수치 모델을 사용하여 예측했기 때문에 전 세계를 세밀하게 분석하기 어려웠다. 또한 정확도를 높이기 위해서는 성능 좋은 슈퍼 컴퓨터와 천문학적인 비용이 필요했다. 하지만 속도는 1000배, 비용은 50분의 1로 줄어든 스톰캐스트는 미국국립해양대기청의 최첨단 모델보다 최대 10% 더 정확하다. 이러한 변화에 발맞춰, 현재 구글, MS, 화웨이 등 글로벌 IT 기업들이 AI 기상예보 경쟁에 본격적으로 돌입했다.

이러한 혁신은 단순한 기술 발전을 넘어 실물 경제에도 큰 영향을 미친다. '기후 인플레이션'이라는 신조어가 말해주듯, 기후 변화는 이제 우리의 일상 경제와 밀접하게 연결돼 있다. AI 기반 기상예측의 발전과 공간지능의 활용은 다양한 리스크를 관리하고 대응하는 데 중요한 도구가 될 것이다.

이처럼 우리가 늘 살고 있는 이 지구를 똑같이 가상공간에 쌍둥이로 만들어, 우리의 일상과 미래를 미리 시뮬레이션할 수 있는 세상이 온 것이다. 마치 현실 세계의 디지털 복제본을 만들어, 그 안에서 우리의 삶을 미리 그려보고 실험할 수 있게 된 것이다. 이는 단순한 가상현실을 넘어, 실제 세계와 끊임없이 상호작용하며 우리의 결정과 행동에 실질적인 도움을 줄 수 있는 새로운 차원의 기술이 등장한 것이다.

공간지능이 뛰어난 공간 AI

여기에 핵심기술은 페이페이 리(Fei-Fei Li)가 말한 공간지능(spatial intelligence)이다. 우리가 3차원 공간에 사는 것처럼, 공간지능은 사물의 위치, 크기, 움직임 등을 3차원으로 이해하고 예측하는 능력이다.

만약 우리가 2차원 공간에 산다면 동전을 들어올려 돌리거나 뒤집지 못할 것이다. 그 이유는 우리도 2차원 공간이라 점·선만 이해할 수 있으며, 동전과 같은 평면 아래에 있어 동전의 실제 앞면과 뒷면을 절대 볼 수 없기 때문이다. 이는 우리 인간이 3차원 공간에 살고 있다는 것을 의미한다.

공간지능은 우리가 사는 세상을 디지털로 구현하는 기술이다. 지금까지 AI와 인터넷은 주로 2D 데이터를 다뤘지만, 점차 인공지능이 사람처럼 환경을 이해하는 수준으로 발전하고 있다. 앞으로 웹

사이트가 3D로 변화하여 로고, 이미지, 텍스트가 마치 살아있는 듯이 움직이며, AI 챗봇과 대화할 때 3D 캐릭터나 인플루언서가 나와 맞춤형 광고를 제공하는 등 SF 영화에서 보던 미래가 현실화될 전망이다. 이커머스와 브랜딩에서는 특히나 시각적 첫인상이 중요한 만큼, 3D 기술은 소비자의 관심을 사로잡고 브랜드 경험을 강화하는 데 큰 역할을 할 것이다.

자 그렇다면, 실제 공간지능을 어떻게 우리가 활용할 수 있을까? 공간지능을 활용한 AI 기반 랜딩페이지 제작이 마케팅 전략의 새 지평을 열고 있다. 효과적인 랜딩페이지를 만들기 위해 알아야 할 핵심 포인트를 보기 전에 먼저 퀴즈를 맞춰보라.

[랜딩페이지 최적화를 위한 미니 퀴즈]

1. **10만 원짜리 물건을 할인한다고 가정했을 때, 어떻게 표현하면 더 효과적일까요?**

   A) 10% 할인

   B) 10,000원 할인

2. **고객 기억에 더 오래 남는 이미지는?**

   A) 사과를 들고 있는 고양이 2D 이미지

   B) 바나나를 던지는 강아지 3D 이미지

3. **품절 상품 처리, 어떤 방식이 좋을까요?**

   A) 품절되어도 사이트에 계속 노출

   B) 품절되면 사이트에서 삭제

랜딩페이지의 성공 비결은 세세한 곳에 있다. 숫자 하나, 이미지 하나, 말투 하나가 고객의 마음을 사로잡는 열쇠가 된다. 로고부터 제품 상세페이지, 모델컷, 연출컷, 광고 소재까지 모든 요소가 브랜드 구축에 중요한 역할을 한다.

텍스트로 3D 공간을 생성하는 보이드X

이런 복잡한 과정을 간소화해주는 혁신적인 서비스가 있다. 바로 한국 AI 스타트업 업폴(Upfall)의 보이드X(voidX) 서비스다. 보이드X는 LVM(Large Visual Model) 기술을 바탕으로 텍스트만으로 3D 공간을 생성하고, 2D 이미지를 3D 상품으로 변환하는 놀라운 기능을 제공한다.

보이드X의 주요 특징은 '텍스트 기반 3D 공간 생성', '2D 이미지의 3D 상품 변환', '맞춤형 브랜드 가상 공간 창조', 'AI 기반 3D 몰입형 숏폼 영상 제작', '3D 요소가 포함된 랜딩 페이지 자동 생성' 등을 들 수 있다. '스페이셜 AI(Spatial AI)' 기술이 적용된 보이드X는 SF 영화에서나 보던 미래를 현실로 만들고 있다. 3D 홀로그램 광고, 실감나는 가상 쇼핑 경험, AI 캐릭터와의 상호작용 등을 이미 구현하고 있다. 또한 건축, 미디어, 영화, 게임, XR 분야에서 사용되

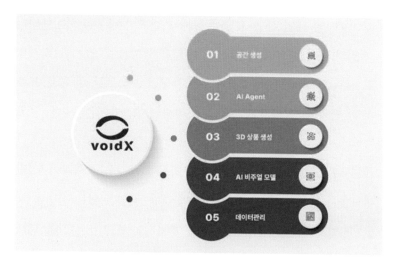

제공: 업폴

는 고품질 시각 자산을 생성하는 데 특화돼 있다.

또한 보이드X는 국내 최초의 스페이셜 AI 이커머스 스토어로 AI를 활용해 이커머스 및 라이프스타일 브랜드의 온라인 프레즌스(presence)를 강화한다. 보이드X는 AI 기술로 3D 스토어와 상품을 자동 생성하고, AI 키트와 에이전트를 제공하여 브랜드의 첫인상부터 콘텐츠 제작, 관리, 상품 구매까지 원스톱으로 해결하는 맞춤형 공간 상점을 제공한다.

보이드X는 3D 특히, 실감형 콘텐츠 제작에 특화되어 있다. 360도 파노라마, 3D 에셋까지 생성할 수 있는 통합 시각 AI 플랫폼으로, AI 이미지의 일률적인 스타일에서 벗어나 감도 높은 콘텐츠를 생성하여 AI 콘텐츠의 상업적 활용도를 극대화한다. LVM(Large

Visual Model)의 파인 튜닝 기술을 통해 브랜드의 비주얼 아이덴티티를 정밀하게 학습시키고 고유의 스타일을 생성할 수 있는 B2B 서비스도 지원한다. 이를 통해 브랜드는 간단한 프롬프트 한 줄로 브랜드의 톤 앤 매너를 반영한 고품질의 비주얼 에셋을 쉽게 얻을 수 있다.

이 서비스는 기존 마케팅 방식에 혁신을 가져올 잠재력이 있다. 브랜드들은 보이드X를 통해 고객에게 더욱 몰입감 있는 경험을 제공할 수 있으며, 3D 콘텐츠 제작에 들어가는 비용과 시간을 대폭 줄일 수 있다. 앞으로의 마케팅은 더욱 시각적이고, 몰입적이며, 개인화될 것이다. 브랜드와 소비자 간의 상호작용은 더욱 풍부해지고, 구매 결정 과정은 더욱 직관적이고 흥미로워질 것이다. 2D 화면의 한계를 넘어 무한한 가능성을 가진 3D 세상으로 진입하고 있는 지금, 이러한 새로운 기술을 효과적으로 활용한다면, 한국에서의 리더가 아닌 전 세계 사람들에게 우리 브랜드를 가장 멋진 방법으로 먼저 알릴 수 있는 절호의 기회가 될 것이다.

물류와 F&B의 디지털 레시피, AI 수요예측에서 자동발주까지

〚 퍼스웰, 랜딩렌즈 〛

물류 산업의 핵심은 바로 정확한 예측과 품질 관리다. 고객이 원하는 상품을 최상의 품질로 적시에 제공하는 것, 이것이 산업의 본질이자 가장 큰 과제다. 수요를 정확히 예측하고, 재고를 효율적으로 관리하며, 빠르고 정확한 배송을 실현하는 일은 늘 도전 과제였다. AI는 바로 이 난제에 대한 해답을 제시하고 있다. AI 기반 수요예측 서비스 '퍼스웰(Perswell)'을 활용하면 물류 프로세스 전반의 효율성을 획기적으로 개선할 수 있다. 이는 단순한 비용 절감을 넘어, 고객 만족도를 높이고 기업의 경쟁력을 강화하는 핵심 도구가 되고 있다.

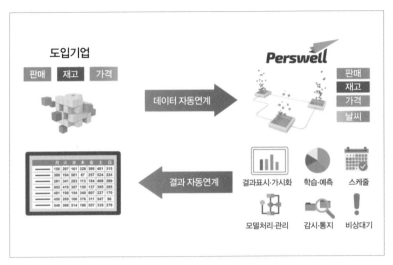

출처: https://service.datafluct.com/perswell

글로벌 물류 시장에서 AI의 영향력을 부정하기는 어려워졌다. 일본 최대 주류 및 식품 도매업체인 고쿠부 그룹의 성공 사례는 AI가 물류 산업의 새로운 성장 동력으로 자리 잡고 있음을 보여주는 증거다. AI와 물류 전문성을 결합해 완전히 새로운 지평을 열고 있다.

일본 최대 주류 및 식품 도매업체의 변신

고쿠부 그룹은 2022년 1월, '퍼스웰'을 도입해 자동 발주 시스템을 구축했다. 고쿠부 그룹은 60만 개 이상의 상품을 3만 5,000개의 고객사에 공급하는 대규모 주류 및 식품 도매업체이다. 하지만 이 과정에서 인력 부족, 리드타임(lead time) 증가, 입고 빈도 감소 등 여러 문제에 직면해 있었다.

고쿠부 그룹은 AI 도입 이후 수요 예측 정확도를 약 10% 향상시켰다. 그 결과 자동 발주율이 증가하고 품질이 개선됐으며, 재고 과잉 문제도 해결됐다. 또한 작업 시간이 크게 단축됐고, 경험이 적은 직원들도 높은 수준의 업무 품질을 유지할 수 있게 되었다. 현재 이 시스템은 200개 이상의 창고에서 운영되고 있으며, 앞으로 모든 창고에 이 시스템을 확대 도입할 계획이다.

AI는 실시간 데이터를 활용해 돌발 상황에 빠르게 대응할 수 있다. 예를 들어, 특정 지역에서 갑작스럽게 날씨가 악화돼 운송 지연이 발생할 경우, 이러한 상황을 예측해 사전에 재고를 분배하거나 대체 운송 경로를 제안한다. 또한 데이터 패턴을 인식하고, 변화에 유연하게 대응하는 특성 덕분에 물류 자동화에서 중요한 역할을 한다.

2023년 5월부터 간토와 홋카이도 지역에서 퍼스웰과 데이터플럭의 머신러닝 기반 수요 예측 시스템을 도입했다. 이를 통해 가맹점 발주를 예측하고, 배송 경로와 인원 배치를 사전에 계획할 수 있게 되었다. 기존에는 담당자의 경험에 의존하던 방식에서 벗어나, 이제 AI 데이터를 기반으로 의사결정이 이루어지고 있다. 이 시스템을 통해 향후 3년간 7.2억 엔의 물류비 절감을 목표로 하고 있다.

식음료 산업의 혁신이 될 랜딩렌즈

AI 영향력은 물류를 넘어 식품 제조업으로도 확산되고 있다. AI가 제품의 시각적 품질 검사에 사용되고 있기 때문이다. 예를 들어, '랜딩렌즈(Landing Lens)'의 AI 기반 컴퓨터 비전 기술은 식품 및 음료 산업의 제조 모든 단계에 대한 지속적인 실시간 모니터링을 가능하게 한다. 이를 통해 제품의 색상, 크기, 모양 등을 모니터링하여 최종 제품 품질을 극대화할 수 있다.

랜딩렌즈의 기술은 다음과 같은 영역에서 특히 유용하다.

- **성분 검사**: 재료의 색상, 이물질, 곰팡이 및 양을 매우 높은 정밀도로 검사할 수 있다.
- **프로세스 품질 모니터링**: 제조의 모든 단계에 대해 지속적인 실시간 모니터링이 가능하다. 예를 들어, 피자가 생산 라인을 통과할 때 색상, 크기, 모양 등을 확인할 수 있다.
- **제조 제어**: 충전, 레벨, 재료, 온도, 포장 등을 지속적으로 모니터링하여 제품이 올바르게 생산되고 있는지 확인할 수 있다.

이러한 기술은 품질 향상, 낭비 감소, 생산성 증가 등 다양한 이점을 제공한다. 특히 식품 안전과 규정 준수 측면에서 큰 도움이 된다.

AI를 도입하려는 식품 및 음료 산업의 기업에게는 다음과 같은 전략을 제시한다.

- **적극적인 도입**: AI 기술을 도입하지 않으면 경쟁에서 뒤처질 위험이 있다. 빠른 도입을 통해 경쟁력을 유지하고, 시장에서 선도적인 위치를 점할 수 있다.
- **수율 향상**: AI는 생산 수율을 높이고, 재고 관리와 같은 복잡한 프로세스를 자동화함으로써 리스크를 줄일 수 있다.
- **고객 만족도 증대**: AI를 통해 더 나은 제품과 서비스를 제공하여 만족도를 높일 수 있다.
- **신제품 개발 가속화**: AI는 신제품 개발 프로세스를 가속화하고, 시장 트렌드를 빠르게 반영하는 데 도움이 된다.
- **윤리적 고려**: AI가 직원들의 권리와 개인정보를 침해하지 않도록 명확한 가이드라인을 세워야 한다.
- **인재 확보**: AI를 효과적으로 구현하려면 적절한 전문 인재를 확보하고, 기업 내에서 AI 기술 역량을 지속적으로 향상시킬 필요가 있다.

AI와 인간의 협업 모델

AI와 인간의 협업은 단순히 물류에만 국한되지 않고 다양한 산업으로까지 확장되고 있다. 자동 발주, 재고 관리, 배송 최적화와 같은 작업에서 AI가 인간의 의사결정을 돕지만, 앞으로는 생산성 향상과 비용 절감에 있어 더욱 큰 역할을 할 것이다.

예를 들어, AI 로봇 팔은 물류 창고에서 다양한 상품을 선택하고, 정확한 위치로 이동시키는 작업을 수행하며, 인간 작업자는 이를 감독하고 관리하는 데 주력할 것이다. 인간과 AI의 협업 모델은 점차 더 많은 산업에 도입될 것이며, 이는 물류뿐만 아니라 제조업, 서비스업 등에서도 생산성을 크게 높이는 요소가 될 것이다.

이제 기업은 AI에 숙련된 인재가 필요하며, 다음과 같은 접근을 고민해야 한다.

- **교육 및 훈련**: 기업은 직원들에게 AI 관련 교육을 제공하여 내부 역량을 키워야 한다.
- **협력 관계 구축**: AI 전문 기업과의 협력을 통해 필요한 기술과 지식을 확보해야 한다.
- **점진적 도입**: 모든 과정을 한번에 자동화하려 하기보다는 단계적으로 AI를 도입하는 것이 효과적이다. 이는 기업 내 저항을 줄이고, 시스템 오류나 불필요한 리스크를 최소화할 수 있다.

퍼스웰, 랜딩렌즈 등으로 대표되는 AI 기술은 이미 물류와 F&B 산업에 혁명적인 변화를 가져오고 있다. 수요 예측의 정확도를 높이고, 재고 관리를 효율화하며, 제품 품질을 향상시키는 등 AI는 산업 전반에서 혁신을 주도하고 있다. 그러나 이는 시작에 불과하다. 앞으로 더 많은 영역으로 확장될 것이며, 그 과정에서 인간의 역할도 함께 진화할 것이다. AI 시대의 승자는 기술과 인간이 조화를 이룬 기업일 것이다.

AI는 단순히 비용을 절감하고 효율성 증대를 넘어, 새로운 가치를 창출하며 산업의 패러다임을 변화시킬 핵심 동력이다. 이 변화의 물결에 성공적으로 올라탈 준비가 되었는가? 미래는 이미 시작되었다.

AI 비즈니스 트렌드 2025

초판 1쇄 2024년 11월 15일

지은이 이예림 이소영 임종진 한지혜
펴낸이 허연
편집장 유승현

편집부 정혜재 김민보 장아름 이예슬 장현송
마케팅 한동우 박소라 구민지
경영지원 김민화 김정희 오나리
디자인 김보현

펴낸곳 매경출판㈜
등록 2003년 4월 24일(No. 2-3759)
주소 (04557) 서울시 중구 충무로 2(필동1가) 매일경제 별관 2층 매경출판㈜
홈페이지 www.mkpublish.com   **스마트스토어** smartstore.naver.com/mkpublish
페이스북 @maekyungpublishing   **인스타그램** @mkpublishing
전화 02)2000-2630(기획편집) 02)2000-2646(마케팅) 02)2000-2606(구입 문의)
팩스 02)2000-2609 **이메일** publish@mkpublish.co.kr
인쇄 · 제본 ㈜M-print 031)8071-0961
ISBN 979-11-6484-729-7(03320)